明治期の地方制度と名望家

飯塚一幸著

吉川弘文館

目次

序章　地方制度と名望家研究の動向と課題

一　地方制度研究の展開と問題点

はじめに、地方制度に関するこれまでの研究動向と課題について述べておきたい。

明治期の地方制度に関する研究は膨大な蓄積があるが、その特徴の第一は、寄生地主の地域支配を法的に支えた制度として捉えてきたことである。大石嘉一郎以来、寄生地主制の成立を通して行政村にまで地主的土地所有が拡大し、その行政村が近世村を超えて展開する寄生地主の地域支配を支える役割を果たすことで、明治国家の地方支配の根幹をなしたと理解してきたのである(1)。その結果、地方制度研究は行政村に最も深く関わる町村制の成立とその施行に偏り(2)、市制及び府県制郡制の成立過程や明治地方自治制施行後の具体的機能に対する関心は薄く、府県制郡制及び市制町村制の改正については研究史上の空白といってよい状況を生み出してきた。

ところが、一九八〇年代から九〇年代になると、地方名望家と行政村の関係の見直しを迫る重要な研究が相次いで出された。まず、石川一三夫は町村制の機能を検証し、町村長をはじめとした名誉職の担任を忌避する地方名望家の実態を鮮やかに描いてみせた(3)。また、高久嶺之介は、滋賀県神崎郡金堂村の役職数や重層的に存在する各種集会での合意形成に関する精緻な分析を通して、三新法期の村行政が村内中上層の集団的運営となっていることを示した(4)。次いで、大阪府箕面を対象とした住友陽文の研究では、こうした集団的行政運営が町村合併で成立した行政村の運営をも規定したことが明らかにされた[5]。近世村や明治の町村合併で成立した行政村を、寄生地主の利害を実現する場と捉える見方に強い疑義が呈されたのである。大石嘉一郎も、町村制施行直後には部落連合的性格の強かった行政村が、日露戦後の地方改良運動を通して官僚的統治と町村有力者層＝地方名望家層の末端との連繫ができあがり、行政村が定着するとの見解を打ち出すに至る[6]。

しかし、こうした研究動向にもかかわらず、直ちに府県制や郡制に関心が向かったわけではない。その背景には、三新法以降の地方制度の展開を自由民権運動への対応体系と解してきた、地方制度研究の第二の特徴があった[7]。例えば、一八八〇年の府県常置委員の設置[8]を自由民権運動対策としてとられた藩閥政府の名望家層取り込み策と考えたために、常置委員会だけでなく府県制の制定により常置委員会を引き継いだ参事会も研究対象とならなかった[9]。参事会を行政裁判所[10]の下級審と位置付け、市町村に対する監督行政への参与を規定するなど幅広い権限を与えたにもかかわらず、参事会への関心が低かった要因には、行政裁判所の判決の大半が行政の判断を正当化して行政を擁護したことや、監督行政こそが日本の地方制度の官治的性格を特色付けるものとされたことがあった。さらに、府県制における参事会を「補助議決機関」あるいは「副議決機関」と規定し、行政への参与を特色とするドイツの本来の参事会とは性格を異にする矮小化されたものと認識してきた点[11]も、参事会研究を生まなかった一因である。

また、戦後長い間府県会研究が自由民権運動研究の一環として行われ、自由民権運動の「敗北」とともに府県会闘争にも終止符が打たれたと理解したために[12]、帝国議会開設後の府県会研究の動機に欠けるところがあった点も見逃せない。こうした研究状況を克服して府県会研究を主導した有泉貞夫は、地方名望家が政費節減・民力休養路線から転換して積極主義を受け入れていく経過や要因を見事に描いてみせた[13]。ところが、有泉は明治地方自治制の統合機能を評価せず、積極主義が地方政治における政党化に帰結し、知事が政党に依存せざるを得ない構造が生み出されていく制度的枠組みへの関心は希薄であった[14]。

以上のような地方制度研究上の偏りは、その後次第に是正され[15]、近年刊行された居石正和『府県制成立過程の研究[16]』により、ようやく府県制成立過程について信頼するに足る全体像を得られた。そこで、同書の成果などに基づき府県制成立過程の要点を以下にまとめ、本書の構成と課題を明確にしておきたい。

（一）一八八八年九月二六日に閣議決定された郡制・府県制案＝「内閣原案[17]」は、内務官僚により作成された「地方制度編纂委員会案[18]」に法制局が若干の修正を加えたものである。その特徴は、①市制町村制と同じく地方分権と自治の原理に基づき編纂され、府県・郡を自治団体と認め、②名誉職制・等級選挙制・大地主議員制などを通して、各地方自治団体の規模に見合った地方名望家に自治行政の経験を積ませ、彼らが国会議員となることで立憲体制の基礎を固めようとした点にある。「内閣原案」は一〇月一日から元老院の議定に付されたが、主に①をめぐって紛糾し時期尚早説や廃案説が続出した。結局一二月八日元老院は法案を内閣に返上し、「内閣原案」は事実上廃案となる。

（二）「内閣原案」に理論的根拠を提供したモッセ[19]は、近代国家を、国家と人民が直接対峙するフランスのような中央集権国家と、両者の間に中間団体（自治体）が介在するイギリスやドイツのような分権型国家に分け、後者を選択し、町村・郡・府県という三段階の自治体構成を提示した。モッセの自治論は、国家権力による権利の侵害から個人を守るのが近代国家であるとする法治国論に基づいている。モッセにとって、法治国を実質化する制度の一つが自治制であり、①名誉職制による自治体行政への住民参加、②参事会による行政権の濫用防止、③監督行政への参事会の参与による官吏の権限濫用防止、④行政裁判機能を付与された参事会を通じた行政による権利侵害からの住民の保護に注目する。モッセ自治論の要の位置を占めていたのが参事会制度なのであった。

(三) 井上毅は、一八八八年一〇月五日に提出した「府県制ニ対スルノ杞憂」[20]で、「内閣原案」を痛烈に批判した。その要点は、①英米流の自治論を共和主義として自治を国制問題に結び付け、②府県会や府県参事会の組織・権限が執行権への優位を生み、政府に対する国会の優越に繫がると警戒したところにあった。これに対し内務省は、「山県大臣府県制郡制弁明書」[21]により、府県行政を「国ノ行政ニ関スル事項」と「公共事務ニ関スル事項」とに分け、府県制は後者について定めたに過ぎないと述べ反論を試みる。さらに、プロイセンの州制が府県制よりも大きな権限を州会や州参事会に与えているにもかかわらず、州制と君主主義は両立しているとして、井上を批判した。井上は、直ちに「府県自治意見」[22]と「自治ノ訳義」[23]を作成して再批判を行った。元老院での審議が紛糾する状況を受け、府県制・郡制の早期成立を目指す山県有朋内相は「郡制府県制決行ノ件」を閣議に提出しようとしたが、それは井上への屈服といえる内容であった。

(四) 井上毅の批判の基となった「ロエスレル氏府県制郡制論」[24]は、①日本の府県はプロイセンの州ではなく君主主権体制を支えていた県に相当する、②国政事務と自治事務の区別が曖昧で、大部分の府県行政が自治事務とされかねず、町村にのみ自治事務を認め府県や郡には認めるべきでない、③行政の素人である名誉職参事会員が執行機関である参事会の意思を左右すると、天皇大権である行政権を侵す恐れがあり、また執行機関は独任制が望ましく参事会を補助議決機関とすべきである、④国家の立法権と抵触しかねない条例及び規則制定権など府県会の権限が広過ぎ、現行の府県会規則こそ日本にふさわしい、⑤「地方制度編纂委員会案」のモデルとされたプロイセンの一八七二年郡条例、七五年州制は、イギリス憲法体制を理想とする自由主義者への妥協として導入された制度である、⑥イギリス流の憲法体制とその理論は、自由主義・議院内閣制・自治制と結び付いており、君主主権体制を掘り崩す危険性を孕んでいるとする、包括的なものであった。井上の批判が政府内に強い影響力を持ったのは、ロエスレルの批判が憲法にまで及ぶ原則的批判であったためと推測される。[25]

（五）元老院が「内閣原案」を返上した後、一八八九年三月の閣議決定で伊藤博文の意見を踏まえて修正することになり、内務省での修正作業は井上馨の下で行われた。この結果「明治二二年五月案」[26]ができたが、①府県の法人格を認め自治団体とする条項を削除し、②府県会の議長を府県会議員の互選とし、③府県参事会を執行機関から府県会の補助議決機関とするなど井上毅の批判を受け入れつつ、「内閣原案」の骨子も残す折衷案となった。井上毅はこの案に基本的な賛意を表し、曽禰荒助・水野遵・山脇玄を調査委員として法制局で府県制作成作業に取り掛かる。こうして七月に成立した「調査委員案」[27]は、井上毅の批判をほぼ全面的に採用したものとなった。ところが、欧州巡遊中の山県が「内閣原案」への確信を深めたため、山県との調整が必要と考えた内務省の要請により府県制の修正作業はここで停止された。

（六）山県の帰国後に内務省で作成された「明治二二年一一月案」[28]は、①府県に規則制定権を認め、②府県会議員の被選挙権を市町村公民にまで広げ、③三大都市への特例規定を復活するなど、重要な点で「内閣原案」に回帰した。また、山県が欧州巡遊で確信した、知事の府県会議長兼務や府県名誉職参事会員の減員も盛り込まれた。その後、編纂作業は内務省と法制局との協議に移り、一八九〇年一月一七日「法制局内務省会同協議案」[29]が成立する。この過程で再び自治的要素を持った条項は削除され、知事の府県会議長兼務も否定されて府県会議員の互選となった[30]。他方で三大都市の特例規定はより整備され、山県が確信した府県名誉職参事会員の減員も徹底された。こうして府県制の骨格が固まり、元老院・枢密院で若干の修正が施された後、確定する。

以上のように府県制成立の複雑な過程が明らかになったものの、なお明治期の地方制度については未解明の課題が数多く残されている。その第一は郡制の独自性である。これまでの研究では、基本的に府県制の立法意図や編纂過程と同じ次元で郡制も論じられてきたが、「内閣原案」を元老院に下付する際に添付された「郡制府県制草案理由」[31]において、簇生する連合町村会・全郡連合町村会との関係から郡の自治団体化の必然性を説明しており、郡制制定には固有の理由があった。また、モッセが自治政研究会での講義で、東エルベのクライス方式を原則とする立場から西エルベのザムト・ゲマインデ制＝連合町村会を批判している点も重要である[32]。かつて山田公平は、連合町村組合方式を支持するロエスレル―井上毅と、町村合併方式を推すモッセ―内務省との対立の構図を描いてみせた[33]が、郡制についても、全郡連合町村会・全町村組合方式を支持するロエスレル―井上毅と、郡制を推すモッセ―内務省との対立を想定できるのではないか。こうした郡制制定の固有の理由を三新法下の全郡連合町村会の展開にまで遡って捉え返し、さらに郡制公布後に郡制未施行府県で全郡連合町村会を引き継いで成立した全町村組合の実態を明らかにしたのが第一部第一章である。

第二は、府県制郡制及び市制町村制の改正過程である。周知のごとく、府県制郡制は第二次山県有朋内閣の下で改正されたが、その立法過程を本格的に検討しないまま、この改正は政党勢力への対抗と官僚の独自性確保を狙ったものと解してきた。そこで第一部第二章では、府県制郡制に視点を据えて、第二次松方正義内閣の内務省内で全面改正案が作成されてから実際に改正されるまでの経緯と改正目的を明確にするとともに、政党と内務官僚の改正への関わり方を検討する。

日清戦後の内務省における地方制度改革構想は、府県制郡制から市制町村制に及ぶ全面改正としてプランニングされていた。この内、市制町村制の改正は、第二次山県内閣において政府と政党間で合意できず、全面改正は第二次桂太郎内閣まで待たねばならなかった。第一部第三章では、第二次伊藤博文内閣から第一次大隈重信内閣に至る市制町村制改正作業を追い、改正案作成の意図と、政党と内務官僚の改正案への関わり方を明らかにする。また、日清戦後の市制町村制改正案と、日露戦後の一九〇六年に第一次西園寺公望内閣によって初めて帝国議会に上程された市制町村制改正案及び一九一一年改正市制町村制との継承関係を明確化することも課題とする。

以上の第一部第二・三章の分析を通して、日清戦争後に政治的地位を高めた政党勢力、なかでも初の政党内閣である大隈重信内閣の内務省に多くの党員を送り込んだ旧自由党が、府県制郡制及び市制町村制という内務行政の根幹をなす制度改正に深く関与していた実態が明らかになるだろう。

ところで、日清戦後の地方制度改正作業においては郡制廃止問題が浮上した。その淵源を探ると、郡分合が進まず郡制未施行府県が多数となった結果、町村制第一一六条に基づき全町村組合を設置する地域が次々と現れた点を踏まえ、第八議会で自由党の田艇吉が郡制改正案中に町村組合の持つ権限を盛り込むよう主張したことにいき着く。自由党内に、郡制を廃止して町村組合への一元化を目論む郡制廃止論が芽生え始めたのである。その後、第一次大隈内閣に至り、旧自由党系が主導する内務省は郡制を廃止し町村組合規定を拡充する案を作成する。以後、郡制廃止・町村組合規定の拡充を掲げる原敬＝立憲政友会と、郡制改正による郡制の維持を目指す山県閥とが対立していく。若干の間をおいて、ロエスレル―井上毅の構想は原敬＝立憲政友会へ継承されているようにみえるのである。第一部第二・三章では、この郡制廃止問題についても分析を行う。

第三の課題は、常置委員会・参事会の位置付けや実態である。この点に注目するのは、一八九二年八月に発足した第二次伊藤内閣で井上馨が内相に就任し、府県制郡制公布から二年余りしか経っていないにもかかわらず、地方制度改正を課題に掲げ調査に着手したからである。(34) 焦点となったのは、府県会・常置委員会・参事会の実態、とりわけ常置委員会や参事会が制度上の権限を「逸脱」して執行機関的機能を果たしている状況を変えることであった。

そもそも水野遵・山脇玄・中根重一等法制官僚が刊行した府県制郡制の解釈書では、(35) 通説とは異なり参事会を副議決機関ではなく執行機関としていた。府県制編纂作業に関わった法制官僚は、モッセの提起した参事会の必要性に関する論拠や、モッセが踏まえていた学説までを否定したわけではなく、あくまでも日本の実情に合わせて一定の手直しを行ったに過ぎないと理解していた。府県制の章立てをみても、府県参事会は知事と同じく「第三章　府県参事会吏員及委員」で扱われており、また府県制編纂過程で参事会の職務権限とされた行政裁判権・争議決定権・町村監督事務への参与を幅広く規定した条項は、修正を受けなかったのである。井上毅の自治論は法制局内で孤立していたのではないか。第一部第四章では、これまでの府県制郡制研究では見過ごされてきた、常置委員会・参事会の位置付けや実態の分析を行うとともに、内務官僚が府県制郡制改正に込めた狙いを改正府県制の施行過程まで含めて検討することで明らかにする。

第一部では、明治維新後の地方制度改革によって創出された府県が（部分的には郡も）、地方名望家により共通の利害を有する公共空間として認識され、主に議会を通して様々な事業が企画されるようになっていく経緯を明らかにする。それは、官治的性格を強く帯びているとされてきた明治期の地方制度について、地域社会の側から捉え返す作業でもある。その際の鍵を握るのが、地方名望家に担われた全郡連合町村会・全町村組合（郡制）、府県会・常置委員会・参事会（府県制）なのであり、日清戦後になるとそこに政党が加わるのである。

二　地方名望家研究の現状と課題

次に、地域社会の側から地方制度を捉え返す際に、鍵を握る組織の担い手である地方名望家の研究の現状と課題について触れておきたい。

一九八〇年代以降、個別地主の経営分析を基本とする地主制研究が次第に衰退し、地主が行った政治活動をはじめとする様々な公的活動と、それを通じた地域社会でのヘゲモニーのあり方に関心が移った。いわば、地主制研究から地方名望家研究へと変化したのだが、その後の地方名望家研究は、国家が民衆を統合する際に地方名望家が果たした役割を問題とし、居村（近世村）及びその周辺（主として行政村）での地主の行動や公的活動に関心を寄せる傾向が強かった。(36)

地方名望家研究のこうした特徴は、地方制度研究と同じく、寄生地主制の成立を通して行政村にまで地主的土地所有が拡大し、その行政村が近世村を超えて展開する寄生地主の地域支配を支えたとの理解に起因していた。かつて中村政則は、明治の町村合併で成立した一万五八二〇町村に対し、一八八六年における地価一万円以上所有地主は五二〇八名に過ぎないことを示し、地方名望家の中心を所有地価四〇〇円以上一万円未満の在村の中小地主、手作り地主、自作上層に求めた。(37)民衆と直接接しているこの層を、国家が行政村を通して地域社会を統合する際の担い手と考えたのである。また、規模の大きな地主層は豪農から寄生地主へと転化し、日清戦後には政策的誘導もあって有価証券へと投資先を広げつつ金利生活者へ上昇していくとの見通しがあった。(38)この結果、府県や郡を範囲として広域的に活動する地方名望家のネットワークがまだ機能していたにもかかわらず、彼らの地域社会での影響力は失われていくとみたのである。ここで想定されている地域社会は行政村であり、自ずと検討対象は町村レベルの地方名望家に向くことになった。

他方、地域政治史研究で扱われる地方名望家は異なる。山梨県会議員の行動と支持基盤を分析した有泉貞夫は、立憲政友会成立前後における同県の代議士・県会議員・政党の県支部役員について、憲政本党が地価一万円以上の地主に代表される大地主層に、政友会がより下層の所得税三円から六円の納税層（自作では田畑四町歩、小作料収入に依拠する地主では田畑一〇町歩程）に基盤を置くことを示した。(39) また高久嶺之介は、地方名望家について「町村・郡における一定の経済力保有者であることを前提とし、そのうえで郡段階以上で名声ある層」と規定した。(40) さすがに所有地価一万円以上の大地主に限ると狭すぎるが、いずれも郡あるいは数郡に跨って政治的・経済的活動に従事し人的ネットワークを有する地主・商人を、地方名望家としているのである。

近年、阿部武司・谷本雅之・中村尚史らにより、右のような地域政治史研究における地方名望家像を経済史・経営史に導入して、企業勃興において地方資産家の果たした役割を高く評価し、産業革命研究に新境地が開かれつつある。(41) 地方名望家に支えられた地域経済圏をサブ・システムとする明治大正経済システムを提唱した寺西重郎の研究も、同様の研究動向に属する。(42) これらの経済史・経営史研究で分析対象となっている地方資産家は、郡あるいは数郡に跨る広域での人的ネットワークに基づき、企業設立に伴うリスクを低減・回避できる規模の大きな地主や商人である。

これらの研究において、企業勃興と地方資産家の関係は、次のように捉えられている。松方デフレにより資本主義的市場が成立すると、産業発展やそれを支える交通手段をめぐる地域社会間の格差が問題となり始める。地方名望家の間に産業発展から取り残されるとの不安が広がり、一八八〇年代後半から競って株式会社の設立による地域振興を図るようになる。企業勃興と呼ばれるこうした動きは、東京・大阪といった大都市だけでなく、全国各地に及ぶ。谷本雅之は、この時期の地方資産家を地域経済との関わり方によって、①自ら出資リスクを引き受けると共に経営を積極的に担っていく地方企業家的資産家、②出資リスクは引き受けるが経営にはあまり関与しない地方名望家的資産家、③専ら利益獲得に着目した投資行動を行っていくレントナー的資産家の三類型に分類した。(43) 企業勃興期、株式会社の設立による地域経済への関与が名望獲得の領域となるのである。

確かに、地域社会の振興策として公益を付与されたなかで企業設立が進展する事例は、決して珍しくない。例えば、福岡・熊本・佐賀三県を基盤として一八八八年八月に創立された九州鉄道会社の設立過程を検討した中村尚史は、①安場保和福岡県知事・富岡敬明熊本県知事・鎌田景弼佐賀県知事の主導性が明確である、②株主募集に際して県庁―郡役所―戸長役場という行政組織が深く関与しており、募集の基本的な単位は郡である、③株式配当の収益率からすると鉄道投資は必ずしも有利とはいえないにもかかわらず、多額の株式引受を求められた商人や地主は、鉄道会社設立運動が掲げた地域振興という旗印に逆らえなかった、④熊本県の場合、地域社会の共有財産である郡備金・郷備金・村備金などを出資金として用い、佐賀県では、村を単位に資金を徴収し共有株として購入する形態が広くみられるなど、いわば地域社会そのものが出資者となることを明らかにした(44)。

ところが、一九〇〇年の日清戦後恐慌を境に、企業勃興の中心を担った鉄道業や紡績業での企業合併が本格化し、銀行業でも〇一年の一八六七行をピークに行数が減り始め、会社の地方への分散は中央への集中へと転じる。名望家投資の限界が露呈するのである。

ところで、有泉貞夫によると、初期議会期において、産業発展とその条件としての交通手段の地域格差が広がり、近隣府県の発展から取り残されるのではないかとの恐れが生じ、明治十年代後半からの自然災害の大規模化により災害復旧や河川改修が府県町村の手に余るようになることと相俟って、藩閥政府による利益誘導に応じようとする地方名望家の動きが生まれる(45)。地域経済における企業勃興と地方での利益政治は、いずれも資本主義的市場の成立に起因する地域格差に対処しようとして地方名望家がとった地域振興策という側面を有していたのである。しかも、企業の設立も地方利益＝公共事業予算の獲得も、地域振興に結び付けられることで、その担い手である地方名望家の名望獲得の領域となる。それだけでなく、近隣府県の発展に遅れてはならないとの動機に裏付けられているために、とりわけ地方利益の拡大による府県財政の膨張は、府県が住民共通の利害を有する地域社会であるとの認識を強めていく。

次に、地方名望家に担われた府県会議員のあり様と企業勃興や利益政治の成立との関係を検討したい。

一八七八年に府県会規則が制定され翌年に府県会が開設されたが、府県会議員の選挙区は郡を単位に設定された。一八八九年に大日本帝国憲法が公布され立憲制が導入されると、翌年七月に第一回総選挙が行われた。衆議院は、数郡を組み合わせた定数一の選挙区を基本とする小選挙区制であり、郡を単位として地方名望家が予選を行って候補者を選んだり、党派対立が激しい郡では党派ごとに予選を実施するのが一般的であった。従って、多くの有権者を有する郡が結束して候補者を推すと圧倒的に有利となった。一八九九年、第二次山県有朋内閣での選挙法改正により、府県を範囲とする大選挙区制となったが（市部は独立選挙区）、政党は郡を組み合わせた地域割を実施して、この制度改正に対応した。地域社会においては郡が基本的な政治空間として機能しており、地方名望家がその名望により政治的ヘゲモニーを得なければならない地理的範囲は、差し当たり郡であった。

以上を前提に、府県会開設以後二〇年余りにおける府県会議員の変化について、京都府与謝郡を例に検討する。表1に明らかなように、府会開設から一八八〇年代まで府会議員の在職期間は極めて短く、府県会規則で定められた六年の任期途中で辞職する者も珍しくなかった。与謝郡では最初に当選した五名共、任期満了を待たずに辞職している。一八八四年一月に当選して在職一四年に及んだ西原利兵衛は例外的であり、地方名望家にとって府会議員はできるだけ避けたい職であった。ところが、一八九九年の府県制改正後は任期四年を全うするのが普通になり、二期・三期と務める人物も出てくる。(46) 与謝郡では、一八九八年の第一次大隈重信内閣崩壊後に政党化が加速し、府会議員・郡会議員の議席をめぐって憲政党＝立憲政友会と神鞭知常派＝憲政本党との間で熾烈な争いが展開されるようになる。府会議員の地位は、政党化と利益政治の進展によって大きな意味を持つようになり安定化する。

次に、府会議員の出身をみてみたい。与謝郡は宮津町を抱え大半が旧宮津藩領であったが、宮津藩士の出身者は沢辺正修と松本砂の二人だけである。他は大庄屋・庄屋あるいは宮津町の名主役を務めた家系であり、府会開設から第一次世界大戦まで大きな変化はなかった。経歴については、①企業勃興のなかで設立された宮津銀行（一八九三年創立）や丹後銀行（一八九六年創立）、丹州汽船株式会社（一八八七年創立）・伊根汽船合資会社（一八九六年創立）の重役を務め、②郡農会、郡蚕糸同業組合、郡水産組合、郡縮緬同業組合などの組合長や役員を経験し、③区長・副区長・戸長、町長・村長を歴任した、郡有数の名望家であるという共通項が挙げられる。企業勃興や農業諸団体における地方名望家の役割が、府会の議席に見事に繋がっているのである。

表1には府会議員の学歴も掲げた。一八六〇年以前に生まれた者は、居村の医師・漢学者に師事した糸井徳之助、宮津藩士に学んだ品川藤右衛門、宮津智源寺の住職についた品川万右衛門のように、漢学を修めている。また、田井五郎右衛門は但馬国出石郡中山村で簿記・勘算の任に当たり、和算を習得している。こうした例から、大庄屋・庄屋として必要であった測量技術の基となる和算など、幅広く実学を身につけていることが推測される。この世代の府会議員には、豊岡県第一三大区地租改正総代人を務めた石川三良介、副区長として地券係・徴兵議員を兼ねた田井五郎右衛門、用掛として地価評定のため土地の測量や帳簿の調整に尽力した西原利兵衛、地券下調係に任じられた品川藤右衛門など、地租改正を現場で担った人物が数多く存在する。彼らはそうした任務をこなせるだけの「知」を備えていた。一八九〇年代に入り、京都府財政は土木費を中心に次第に膨張して、拡大する土木行政を京都府吏員のみでは支えきれない事態が生じた。この時に法令で定められた職務権限を超えて府会の常置委員が土木行政を担えたのも、地方名望家が持つ実学的能力のなせる業なのであった。

これに対し、一八六三年生まれの上家祐吉からは、小学校を卒業後、私塾もしくは宮津に設立された中等教育機関天橋義塾に進むようになる。なかでも、一八六八年生まれの砂野米蔵は、天橋義塾で修学後、八三年に東京に出て青

		学校で三等句読師の資格取得，天橋義塾社長	
品川藤右衛門 1828～1900	1892年2月～95年12月	農業，宮津藩士山崎盛内などに漢学を学ぶ，大庄屋・戸長・村農会長・郡農会議員・府水産会議員	公民会
上家祐吉 1863～1928	1894年2月～98年1月，1903年9月～07年9月	農林業，小学校卒業後，堀江清斎について漢学を修める，郡役所吏員・村長・郡蚕糸会副会長・郡農会議長・宮津銀行相談役	立憲政友会
宮崎六左衛門 1846～1923	1896年2月～1903年9月	農業，慈光寺の住職について漢学を修める，大庄屋・戸長・村長・府農会議員・郡水産組合長	憲政本党・憲政党・立憲政友会
砂野米蔵 1868～1912	1898年2月～1903年9月	酒造業，郷校で学んだ後，天橋義塾で修学，1883年上京して青山学院に入り英学を修め，86年東京専門学校に入り政治学を修める，庄屋・神鞭知常側近・加悦株式会社社長・丹後銀行重役	立憲政党・憲政本党・立憲国民党
江原徳右衛門 1854～1918	1898年2月～99年9月	農業・機業，学歴不明，庄屋・村長・郡縮緬同業組合発起人	憲政本党・憲政党・立憲政友会
三宅峰吉 1868～1908	1903年9月～07年9月	農業，小学校卒業後天橋義塾に入る，大庄屋・府農会議員・郡蚕糸同業組合長	准進歩党・憲政本党・立憲政友会
品川万右衛門 1860～1928	1907年9月～15年9月，18年11月～19年9月	農業，宮津智源寺の住職につき漢学を修める，庄屋・村長・丹後繭糸蚕種生産販売組合理事長	立憲政友会・立憲同志会
白須重右衛門 1870～1936	1907年9月～11年9月，15年9月～18年10月	農業・酒造業，小学校卒業後天橋義塾に学ぶ，庄屋・村長・府農会議員・信用組合理事長	神鞭派・中正会・憲政会
津原武 1868～1953	1911年9月～15年4月	鳥取藩士，1886年関西法律学校，89年和仏法律学校に入り法律を学ぶ，弁護士・代議士・宮津銀行監査役	神鞭派・中正会・憲政会・立憲民政党
松本砂 1864～1918	1915年6月～9月	宮津藩士・籠神社宮司，天橋義塾で学んだ後，京都府医学校に入りレーマンに師事，医者・医師会与謝郡部会初代支部長	

注．京都府議会事務局編『京都府議会歴代議員録』（京都府議会，1961年），拙稿「「対外硬」派・憲政本党基盤の変容」（山本四郎編『近代日本の政党と官僚』東京創元社，1991年）により作成．

表１　京都府与謝郡選出の府会議員一覧

氏名・生没年	府会在職期間	家業・学歴・役職	党派
石川三良介 1846～99	1879年3月～83年1月，90年2月～98年1月	農業，幼少の頃父に句読を受け，没後は居村の住職松井徳端に師事，さらに中西雄斎に漢学を学ぶ，大庄屋・区長・加悦町長	保守中正派・自由党
今林則満 1839～86	1879年3月～10月 82年7月～86年11月	糸問屋，学歴不明，名主役・藩御用聞・生糸改会社頭取・副区長・郡書記	
小松九郎右衛門 1831～1914	1879年3月～80年9月，86年2月～90年1月	酒造業，学歴不明，庄屋・郡農会長・府農会与謝郡部長・府蚕糸業総代・宮津銀行取締役頭取・府農工銀行創立委員	公友会
志達直七 1831～93	1879年3月～80年9月	農漁業，学歴不明，庄屋・戸長・丹州汽船株式会社創立	
田井五郎右衛門 1830～86	1879年3月～80年7月，80年10月～81年3月，82年5月～6月	農業・酒造業，但馬国出石郡中山村渋谷弥助方で簿記勘算の任に当る，後住職に漢学を学ぶ，大庄屋・副区長・酒屋会議府総代	
向井忠左衛門 1838～1911	1880年3月～7月	酒造業，学歴不明，庄屋・戸長・郡農会副会長・伊根浦漁業組合発起人・伊根汽船合資会社社長	
黒田宇兵衛 1855～1926	1880年10月～81年3月	綿布問屋・酒造業，学歴不明，庄屋・戸長・宮津町長	立憲政友会
糸井徳之助 1849～1922	1881年4月～82年3月，86年12月～89年12月	織物業，居村の医師・漢学者の糸井純三に師事して漢学を修める，岩滝村長	立憲政党
大槻忠兵衛 1840～92	1881年10月～82年3月	農業・酒造業，学歴不明	
坂根庄三郎 1850～1918	1882年4月～83年2月，90年12月～92年2月	酒造業・質商，学歴不明，庄屋・戸長・村長・府農会議員・丹後銀行常任監査役	
三田久左衛門 1855～1922	1883年2月～84年6月	酒造業，学歴不明，庄屋・登記所代書人	
西原利兵衛 1841～1908	1884年1月～98年1月	農業，学歴不明，大庄屋・戸長・郡縮緬業天橋組副組長・郡蚕糸同業組合評議員・加悦町農会副会長	
沢辺正修 1856～86	1884年6月～86年6月	宮津藩士，藩校礼譲館に学ぶ，藩費生として山口正養に入門，京都の碩儒中沼了三に師事，京都府中	立憲政党

山学院に入り英学を、八六年からは東京専門学校（現早稲田大学）で政治学を修めている。同じく一八六八年生まれの津原武も、八六年大阪に赴き関西法律学校（現関西大学）、八九年からは東京の和仏法律学校（現法政大学）で法律を学び、弁護士となっている。一八六四年生まれの松本砂の場合は、天橋義塾で学んだ後、京都府医学校でレーマンに師事し医者となった。一八六〇年代生まれで府会議員となった者は、小学校を卒業するだけでなく、東京・大阪・京都へ遊学して、政治学・法律学・医学など欧米伝来の学問を修得しており、地域社会で突出した教育歴が地域での名望に繋がったのである。与謝郡では、こうした学歴を有する最初の府会議員は、一八九八年二月に当選した砂野米蔵であった。

このように、一八九九年の府県制改正の前後から府会議員の教育歴に変化が生じ、近世以来の漢学と和算をはじめとする実学から成る「庄屋の知」とでも呼ぶべきものが、欧米起源の学問の修得へと変容した。府県制改正後も一八六〇年以前生まれの府会議員が消えるわけではなく、日露戦争頃までは新旧の「知」が併存するが[47]、府会議員たり得る名望の中身が、大庄屋・庄屋という出自だけでなく、身につけた学歴にも依存するようになった。この結果、第一に、地方名望家であるにもかかわらず農業を経験していない府会議員が増える。第二に、府会議員から選ばれた参事会員が次第に実学的知識を失い、土木行政が府吏員に一元化されていく。第三に、大庄屋・庄屋の出自でなくても、一九一一年に府会議員となった鳥取藩士出身の津原武のように、政治学・法律学を修めた者が郡内の名望家から支持を得られるならば府会議員となる可能性が開けた。

以上の検討をまとめると、府会議員の在職期間、政党化、教育歴のいずれをとっても、一八九九年の府県制改正前後が画期となっているのである。

先述したように、地域経済における企業勃興と地方での利益政治の成立は、いずれも資本主義的市場の成立に起因する地域格差に対処しようとして地方名望家がとった地域振興策という側面を有していた。第二部の課題は、第一に、地域経済における企業勃興と地方での利益政治の成立との関係を、京都府という具体的な地域にそくして明らかにすることである。第二に、藩閥政府による地方名望家の取り込み策として始まった地方利益誘導が、日清戦後に政党勢力が台頭するなかで、政党による地方的基盤の育成手段へと帰結していく経緯と要因を検討することである。その際に、府県会議員と名望家的投資のあり様が、共に一八九九年から一九〇〇年頃に大きく変化する点に留意する。

まず第二部第一章では、地方名望家が、内務省―府県庁―郡役所といった行政機構や非民党系勢力ではなく、主として民党系の政党を通して国政に関与するようになる経緯を検討する。帝国議会の開設を前に藩閥政府が期待したのは、院内会派にのみ属する代議士で構成される議会であった。こうした思惑を超えて第一回総選挙で民党が何とか過半数を確保できたのは、大同団結運動により地方名望家の政治参加が全国的に拡大したことによる。その後、第二回総選挙での選挙干渉によっても民党優位の状況を覆せず、藩閥政府は一八九三年四月の集会及政社法の改正により、政党の地方支部設置を許容する。さらに、第三・四回総選挙を経て対外硬派における民党系勢力の比重が増した結果、地方名望家の政党への組織化は、民党の系譜を引く自由党と進歩党がほぼ独占するに至る。初期議会期に政党が地域社会に定着し、日清戦後に積極主義が政党勢力の伸張へと帰結する前提が形成されていく過程を跡付ける。

個別の代議士の支持基盤に関する本格的な研究はそれほど多くなく、特に対外硬派の政治家についてはほとんど皆無に近い(48)。第二部第二章では、対外硬派の領袖の一人である神鞭知常を取り上げ、選挙区丹後を範囲として進められた地域振興策と支持基盤の形成を主題に据える。神鞭の場合、第二回総選挙後にそれまでの地価修正運動に代わって、地域振興策の要に宮津港特別輸出港指定・鉄道敷設・貿易会社設立を位置付けた。特別輸出港指定運動及び地域振興という公益を付与されて設立された丹後鉄道株式会社と日露韓貿易株式会社の実態を解明することで、企業勃興期における代議士神鞭と「裏日本」化が進み始めた丹後地域の地方名望家との関係を明らかにする。また、京都府を事例に、自由党と非自由派の地域社会への浸透度における相違や、府財政による公共事業を党勢拡張の一環に位置付けて捉える自由党と党派間の政争の埒外に置こうとする非自由派の対立を浮き彫りにすることで、日清戦後の地方政治において党派対立が激化していく具体相に迫りたい。

従来、一八九九年九月に行われた改正府県制の下での最初の府県会議員選挙は、政党が地域社会に浸透する画期となったとされている。また、星亨率いる憲政党が地方利益の実現を掲げて党勢拡張を図り、この府県会議員選挙で勝利を収めた結果、地方政界での優位を固めていくとの理解にも大きな異論は出されていない。(49)ところが、こうした通説を裏付ける事例研究は意外なほど少ない。第二部第三章では、一八九九年九月の府県会議員選挙を画期に憲政党＝立憲政友会が地方政界を制覇した京都府を分析することで、十分な事例研究のないままイメージとして語られてきた通説的理解の内実を検証する。その際、神鞭知常が主導して丹後の地方名望家ぐるみで進められた地域振興策が、一九〇〇年前後に名望家投資の限界が露呈するなかで行き詰まり、府財政を通じた公共事業の獲得に地域振興の成否を結び付ける動きが広まって、非自由派が劣勢に追い込まれていく点に注目したい。

本書の目的は、様々な事業により肉付けされることで、府県が単なる制度的枠組みから地域社会を構成する強固な公共空間へと成長していく過程を、地方制度と地方政治の両面から跡付けることである。(50)

なお、史料の引用に際し、旧字体及び異体字は原則として常用漢字に改め、適宜文章に読点を補った。

注

（1）　大石嘉一郎『日本地方財行政史序説―自由民権運動と地方自治制―』（御茶の水書房、一九六一年）第四章。なお、二〇〇〇年頃までの簡明で最も優れた研究史の整理として、居石正和「地方自治制度史」（石川一三夫・中尾敏充・矢野達雄編『日本近代法制史研究の現状と課題』弘文堂、二〇〇三年）を挙げておく。

（2）代表的なもので後に大きな影響を与えた研究として、東京市政調査会編・亀卦川浩著『自治五十年史 制度篇』（良書普及会、一九四〇年、文生書院より一九七七年に復刻）がある。

（3）石川一三夫『近代日本の名望家と自治─名誉職制度の法社会学的研究─』（木鐸社、一九八九年）。

（4）高久嶺之介『近代日本の地域社会と名望家』（柏書房、一九九七年）第一篇第二章。同書に対する筆者の書評（『日本史研究』四五三、二〇〇〇年）も参照。

（5）住友陽文「公民・名誉職概念と行政村の構造─明治中後期日本の一地域を事例に─」（『歴史学研究』七一三、一九九八年）。

（6）大石嘉一郎『近代日本の地方自治』（東京大学出版会、一九九〇年）第三章。

（7）大石嘉一郎前掲『日本地方財行政史序説』。

（8）常置委員は、一八八〇年一一月五日太政官布告第四九号「府県会規則第五章追加」によって新たに設けられた制度である。構成員は府県会議員中から五人ないし七人選出され、議長は府知事・県令であった。山中永之佑監修、山中永之佑・中尾敏充・白石玲子・居石正和・飯塚一幸・奥村弘・馬場義弘編『近代日本地方自治立法資料集成』一明治前期編（弘文堂、一九九一年）一八八〇年第二一番資料として収録。

（9）大島美津子は、「地方政治」（福島正夫編『日本近代法体制の形成』上巻、日本評論社、一九八一年）において、常置委員会の設置は「農民の上層者に有利な調整、負担転嫁、府県行政を通じる利益確保の場を提供」したのであり、「農民騒擾、自由民権運動の昂揚期を前にして農民の陣営内に打ちこんだ楔となった」（一七四～一七五頁）と評価した。大島美津子『明治国家と地域社会』（岩波書店、一九九四年）でもこの見解をほぼ踏襲している。

（10）行政裁判所は、一八九〇年法律第四八号「行政裁判法」に基づいて新たに設置されたもので、行政の違法な処分によって権利侵害を受けた者が争う行政事件を扱った。なお、行政裁判所については『行政裁判所五十年史』（行政裁判所、一九四一年）参照。

（11）例えば亀卦川浩『地方制度小史』（勁草書房、一九六二年）八一頁。山中永之佑は、「大日本帝国憲法の制定と地方自治制」（山中永之佑監修、山中永之佑・中尾敏充・白石玲子・居石正和・飯塚一幸・奥村弘・三阪佳弘・中野目徹・馬場義弘・住友陽文編『近代日本地方自治立法資料集成』二明治中期編、弘文堂、一九九四年）四六～四七頁で、府県参事会について市町村監督事務への参与に注目しているが、やはり副議決機関と規定している。これに対し大島美津子は、前掲書第三章三4において、府県参事会について「補助議決機関」あるいは「副議決機関」などの規定を避け、参事会が行政監査権・争議決定権を有し、市町村監督行政への参加が制度化されたことを重視し、地主に限定されてはいるが「執行機関に対しても住民の参加が認められた」点を強調した（二〇九頁）。また、阿部恒久も、『近代日本地方政党史論―「裏日本」化の中の新潟県政党運動―』（芙蓉書房出版、一九九六年）で、府県制における参事会を副執行機関と性格付けた上で、諮問機関に過ぎなかった常置委員会から参事会へと転換したことにより府県会の立場が強化され、府県会と知事との力関係にも大きな変化をもたらしたと述べている（五三〜五四頁の注(16)）。

(12) 府県会研究としては、大石嘉一郎前掲『日本地方財行政史序説』第三章第二節、原田久美子「明治十四年の地方議会と人民の動向―京都府の場合―」（『日本史研究』五七、一九六一年）、内藤正中「自由民権運動と府県会（一）・（二）」（『島大経済論叢』八七―一・四、一九六一年）、原口清『明治前期地方政治史研究』下（塙書房、一九七四年）第三篇第一章などがある。また、個別の府県会を対象とした事例研究ではないが、居石正和「三新法体制期の府県会制度―府県会の予算議定権を中心として―」（『同志社法学』三五―四、一九八四年）、同「府県会規則第七条（建議権）改正問題をめぐって―我が国における『法治国』の形成―」（『法制史研究』三八、一九八八年）参照。

(13) 有泉貞夫『明治政治史の基礎過程―地方政治状況史論―』（吉川弘文館、一九八〇年）。

(14) 有泉貞夫「明治国家と民衆統合」（『岩波講座日本歴史』近代四、岩波書店、一九七六年）。この点については、すでに奥村弘が「（書評）有泉貞夫著『明治政治史の基礎過程―地方政治状況史論―』」（『日本史研究』二六七、一九八四年）で同様の批判を行っている。また、高久嶺之介「研究展望　有泉貞夫『明治政治史の基礎過程―地方政治状況史論―』」（『日本史研究』五九一、二〇一一年）も参照。

(15) 居石正和以外のものとしては、坂井雄吉「明治地方制度とフランス―井上毅の立法意見を手がかりとして―」（日本政治学会編『年報政治学　近代日本政治における中央と地方』岩波書店、一九八四年）、安藤陽子「山県有朋の欧州視察と府県制・郡制草案の編纂問題」（『中央史学』八、一九八五年）、長井純市「山県有朋と地方制度確立事業―明治二一年の洋行を中心として―」（『史学雑誌』一〇〇―四、一九九一年）、堅田剛『独逸学協会と明治法制』（木鐸社、一九九九年）などがある。

(16) 居石正和『府県制成立過程の研究』（法律文化社、二〇一〇年）。

(17) 国立公文書館蔵『公文類聚』第一四編第一巻政体門一政体総六「府県制郡制ヲ定ム」。

(18) 東京市政調査会専門図書館蔵大森鍾一文書二八「明治廿一年八月廿八日　郡制」、大森鍾一文書二九「明治廿一年八月廿八日　府県制」。

(19) モッセの自治論としては、モッセ氏講述『自治政講義録』(自治政研究会、一八八八年)、國學院大学図書館蔵『梧陰文庫』C—一三二「モッセ氏自治論」、モスセ氏演述・伊東巳代治筆記「自治論」(伊藤博文編『秘書類纂 法制関係資料』下巻、原書房、一九六九年)などがある。

(20) 井上毅伝記編纂委員会編『井上毅傳 史料篇』第二(國學院大学図書館、一九六八年)三一~三五頁。

(21) 大森鍾一文書二四「山県大臣府県制郡制弁明書 元老院議ニ対スルモノカ」、「府県制ハ府県政務ノ全体ヲ包括スルニアラザルノ論」(伊藤博文編前掲書)、「府県制郡制ニ関シ山県内務大臣ノ弁明(元老院ニ於テ)」(内務省地方局内自治振興中央会編『府県制度資料』上巻、歴史図書社、一九七三年)。

(22) 『梧陰文庫』B—一三二五、井上毅伝記編纂委員会編前掲書四四~四六頁。

(23) 『梧陰文庫』B—一三二三、井上毅伝記編纂委員会編前掲書三七~三九頁。

(24) 『梧陰文庫』C—一三三。その翻刻が、國學院大学日本文化研究所編『近代日本法制史料集』第七(ロエスレル答議七)(國學院大学、一九八四年)に収録されている。

(25) ただし、井上毅とロエスレルの自治論を一体のものと評価することには慎重であるべきだろう。居石正和は「近代日本地方行政と官僚支配の一側面—参事院及び内閣法制局裁定とその変化から—」(『島大法学』三五—四、一九九二年)において、①井上毅が一八八八年二月から九一年三月まで、府県会と地方長官との間の法解釈及び権限をめぐる紛議を裁定する機関の委員長を務めており、②彼の裁定がかなり府県会側の主張を認めていて、府県会の議定範囲を広め実質的に府県会に事業興廃の権限を付与するものであったことを明らかにしている。井上毅の裁定は、府県会は諮問機関とすべきで府県会規則こそ日本にふさわしいとするロエスレルと相容れないだけでなく、この時期は府県制編纂過程と重なっており、モッセ—内務省案を批判する井上毅とどう整合的に理解できるかが問題となる。この点に関しては、憲法制定過程において、「ロエスラーは議会の歳出審議権をほとんど認めず、租税審議権を大幅に制限しようとしたのに対し、井上は租税審議権についてはこれを基本的に認め、歳出審議権の制限についても必要最低限に抑えようとした」(井上光貞・児玉幸多・永原慶二・大久保利謙編『日本歴史大系』四近代Ⅰ、山川出版社、一九八七年、六二三頁)との、坂野潤治の指摘が参考となるかも知れない。

(26) 早稲田大学図書館蔵『大隈文書』A二六一二—三「府県制案」。

(27)　国立公文書館蔵『公文類聚』第一四編第一巻政体門一政体総六「府県制郡制ヲ定ム」、山中永之佑監修前掲『近代日本地方自治立法資料集成』二明治中期編、六一八～六三七頁。
(28)　大森鍾一文書二九「明治二十二年十一月　府県制」。
(29)　同右。
(30)　居石正和は、府県会議長を府県会議員の互選とすることで山県を説得したのは井上毅であるとしたが、塵海研究会編『北垣国道日記「塵海」』(思文閣出版、二〇一〇年)一八九〇年一月五日条により、山県を説得したのは伊藤博文であったことが判明した。
(31)　大森鍾一文書三〇「郡制府県制改正意見」所収。前掲『府県制度資料』上巻、四一〇～四一六頁にも部分的に収録されている。なお、同右書及び大霞会編『内務省史』第一巻(原書房、一九八〇年、原本は一九七一年)一九七頁で同史料を郡制府県制公布時の一八九〇年五月一七日のものとしているが、大森鍾一文書二八「郡制案(審議ニ用ヰタルモノ)」所収の八八年一〇月一日元老院下付案の表紙に「此分理由書ニ合符ス」とあることから、同史料はこの理由書とみて間違いない。
(32)　モッセ氏講述前掲『自治政講義録』第三回、一二～一九頁。
(33)　山田公平『近代日本の国民国家と地方自治―比較史研究―』(名古屋大学出版会、一九九一年)第二部第五章。
(34)　居石正和前掲書では、「内閣原案」が元老院から内閣に返上された前後に、伊藤博文の下で「内閣原案」に拘束されずに別案が作成されていた可能性を推測している(二二六～二二七・二三九頁)。井上馨についても、彼の下で内務省による「内閣原案」の修正が進められ、「明治二三年五月案」が成立するという。しかし、伊藤・井上馨をもってしても「内閣原案」の修正という形で進んだ議論の土俵を覆せなかった。伊藤・井上馨は、ロエスレル―井上毅の批判により一部修正されたとはいえ、成立した府県制に満足していなかったのではないか。
(35)　水野遵講述『府県制郡制講義』(一八九一年)、山脇玄・中根重一講述『府県制郡制釈義』(一八九〇年)。
(36)　鹿野政直「統治体制の形成と地域」、安在邦夫「自由民権期における地方名望家の存在形態―知足軒井上光一の意識と行動に見る―」(いずれも鹿野政直・由井正臣編『近代日本の統合と抵抗』一、日本評論社、一九八二年)、筒井正夫「農村の変貌と名望家」(『シリーズ日本近現代史二　資本主義と「自由主義」』岩波書店、一九九三年)。
(37)　中村政則「天皇制国家と地方支配」(歴史学研究会・日本史研究会編『講座日本歴史八　近代二』東京大学出版会、一九八五年)五八～六〇頁。

(38) 例えば、中村政則『近代日本地主制史研究』(東京大学出版会、一九七九年)。
(39) 有泉貞夫前掲書二九七~三〇一頁。
(40) 高久嶺之介前掲書一四五~一四六頁。
(41) 谷本雅之・阿部武司「企業勃興と近代経営・在来経営」(宮本又郎・阿部武司編『日本経営史二 経営革新と工業化』岩波書店、一九九五年)、谷本雅之「動機としての『地域社会』―日本における『地域工業化』と投資行動―」(篠塚信義・石坂昭雄・高橋秀行編『地域工業化の比較史的研究』北海道大学図書刊行会、二〇〇三年)、中村尚史『地方からの産業革命―日本における企業勃興の原動力―』(名古屋大学出版会、二〇一〇年)。
(42) 寺西重郎『日本の経済システム』(岩波書店、二〇〇三年)第二・三章。
(43) 谷本雅之前掲論文、沢井実・谷本雅之『日本経済史―近世から現代まで―』(有斐閣、二〇一六年)一七一~一七三・二三四~二三五頁。
(44) 中村尚史『日本鉄道業の形成』(日本経済評論社、一九九八年)第六章。一八九三年に本格化した阪鶴鉄道の設立も類似の過程を辿った(三村昌司「明治中期における地方名望家の存在形態―阪鶴鉄道と大西善太郎―」『ヒストリア』二一八、二〇〇九年)。
(45) 有泉貞夫前掲書第三章第二節。
(46) ただし、千葉県の場合は府県制改正以降、それまでみられた連続して県会議員に当選する者がほとんどいなくなるという(神山知徳「明治後期・大正期の千葉県の政治状況―県会議員選挙・衆議院議員選挙の分析を中心に―」櫻井良樹編『地域政治と近代日本―関東各府県における歴史的展開―』日本経済評論社、一九九八年、一四六~一四七頁)。こうした地域的差異にも留意する必要がある。
(47) 京都府議会事務局編『京都府議会歴代議員録』(京都府議会、一九六一年)によると、日露戦争後、一八六〇年以前生まれでかつ旧来の学歴を有する丹後五郡の府会議員は、与謝郡の品川万右衛門、竹野郡の谷口仁平(一九二三年六月補欠選挙で当選)、熊野郡の奥田新之丞(一九〇三年九月が最後の当選)、今西喜代造(一九一一年九月が最後の当選)の四名に過ぎない。以下、特に断りのない限り京都府会議員経験者の経歴は同書による。
(48) 明治末から昭和戦前期にかけては、斎藤隆夫の地盤であった但馬を対象とする伊藤之雄『大正デモクラシーと政党政治』(山川出版社、一九八七年)第二部第一・二章や、神奈川県選出の山宮藤吉を取り上げた上山和雄『陣笠代議士の研究―日記にみる日本型政治家の源流―』（日本経済評論社、一九八九年）がある。しかし、明治期の個別の政治家について継続的に支持基盤を跡付けた研究は、これまであまりなかった。その点で、近年発表された、伊藤之雄「原敬と選挙区盛岡市・岩手県―国際環境に適応する新しい秩序観と体系的鉄道政策―」（同編著『原敬と政党政治の確立』千倉書房、二〇一四年）、犬養毅の地盤の変遷を解明した久野洋「明治中期における進歩党勢力の地域的基盤―犬養毅の選挙地盤を中心に―」（『日本史研究』六二一、二〇一四年）、同「日露戦前の水道敷設と地方都市政治―岡山市上水道敷設問題をとおして―」（『日本歴史』八一〇、二〇一五年）、同「地域政党鶴鳴会の成立―明治期地方政治史研究の一視角―」（『史学雑誌』一二五―七、二〇一六年）、西山由理花『松田正久と政党政治の発展―原敬・星亨との連携と競合―』（ミネルヴァ書房、二〇一七年）第Ⅱ部は貴重である。また、選挙に着目して研究動向を整理した小宮一夫「日本政治史における選挙研究の新動向」（『選挙研究』二七―一、二〇一一年）も、参考になる。

(49) 有泉貞夫前掲書第四章第二節。また、有泉貞夫は『星亨』（朝日新聞社、一九八三年）二七〇頁で、一八九九年秋の府県会議員選挙で星が採用した戦略を、「政党が政府と提携し増税に賛成する代りに地方施設を積極的に拡充させる方針が、これからのち〝積極主義（積極政策）〟と言い習わされるようになる」と要約している。

(50) 渡邊直子「『地方税』の創出―三新法体制下の土木費負担―」（高村直助編『道と川の近代』山川出版社、一九九六年）、沢井実・谷本雅之前掲書一三三〜一三五頁参照。

第一部　地方制度の形成と展開

第一章　連合町村会の展開と郡制の成立

はじめに

近代における郡は、一八七八年、地方三新法の一つである郡区町村編制法によって初めてその位置が与えられた。かつて大島太郎が、「郡会という住民参加の形式すらないところに描かれる官と地方有力者層との結合は一般住民から切断されたところにつくられ[1]」たと述べたように、そこには制度上代議機関はない。郡長を頂点とする郡役所機構のみが存在する制度の性格上、郡制制定以前の郡に関する研究は郡長の機能に集中してきたといってよい[2]。また、明治地方自治制を理解する鍵が町村制であり、近世村と「行政村」を媒介する寄生地主制である、とされてきたことも研究状況を規定してきた大きな要因である[3]。

ところが一九八〇年代に入ると、近世史研究において組合村や中間支配機構が注目され、明治地方自治制との関係も論議されるようになった。例えば久留島浩は、戸長及び郡長の形成を、維新政府が人民支配の深化に迫られて御用と「惣代」用の両機能を果たしていた惣代庄屋制を否定し、「中間支配機構から『惣代』用＝惣代機能を排除」しようとした一連の措置の帰結である、としている[4]。ここでは大島らによって通説となった郡の官治的性格の淵源が問われている。だが藪田貫が指摘したように、「近世後期の組合村においては、民費協議制ともいうべき村役人の協議が慣行と[5]」なっており、大区小区制下の行財政の特質である区戸長専断との間には大きな落差があった[6]。この矛盾の解決が地方三新法に求められていくとすれば、新たに設けられた郡において郡費賦課が必要となった時、村間の費用支出の方式として形成された民費協議制を無視し、「住民参加の形式」を全く欠いたままでいられるであろうか。

明治地方自治制制定に深く関与した大森鍾一は、一九〇六年原敬内相が企図した郡制廃止案に対して提出した「郡制廃止に対する反対意見」のなかで次のように述べている。

即チ郡団体ノ基礎ハ遠ク古来ヨリ存在セリト謂フベシ、郡制制定ノ際町村連合会ノ数弐千数百ニシテ其中全郡ニ亘ルモノ三百九十九ノ多キニ達シタリ、郡ノ自治ヲ以テ郡制ノ制定ニ始マルトナスカ如キハ深ク沿革ヲ究メザルモノ、言ノミ[7]（傍点筆者――以下同じ）

右の大森の主張の典拠と思われる埼玉県行政文書中の史料を表2として掲げた[8]。一八七九年に郡区町村編制法が施行されてから八六年に至る間に、関東地方で少ないほかは全国満遍なく全郡連合町村会という住民の代議機関が成立している。しかも、政府はそれを地域社会における郡制の受け皿と認識していたのであった。郡長＝郡役所機構は官僚制的に一元化されたものだとはいえ、そのことからストレートに郡の持つ住民の共同性を否定するわけにはいかない。

以上から本章では次の三点を課題とする。

第一は、郡中村々に関わる利害が形成され郡費賦課が必至となった時、新たな代議機関として登場する全郡連合町村会の成立の経過を明らかにすることである。

第二に、全郡連合町村会の組織と機能を検討し、郡制制定との内在的関連を問いたい。これは、郡制が「明治国家の政治的底辺を安定させる[9]」上で、いかなる機能を果たしうる可能性があったのかを問題とすることでもある。

郡制・府県制は郡合併問題の紛糾から多数の未施行府県を生み出した。第三に、郡制未施行府県で郡会に代わって

福岡	31	19(1)	31		2	43	18	106	115,373
佐賀	10	8	6			50	0	7	121,871
長崎	10	9(1)	7			3	0	38	90,544
大分	12	12	7			17	4	20	9,211
熊本	15	9(1)	22	1	1	27	17	50	26,183
宮崎	9	8	0			29	3	0	2,827
鹿児島	23	6	1			0	0	7	8,255
合計	714	539(35)	399	4	19	2655	563	953	3,222,575

注1. 『埼玉県行政文書』明―589及び『日本帝国統計年鑑』明治21年により作成.
2. 府県名中，大阪は奈良を，愛媛は香川を含む.
3. 郡区役所数欄の（　）内は区役所数を示す.

成立する全町村組合の実態を明らかにしたい。

なお、対象とするのは、表2から連合町村会が最も発達した府県の一つと考えられる京都府内の丹後地域である。史料上の制約から、課題の第一については与謝郡、第二・三については竹野郡というように、分析が二郡にわたることをあらかじめお断りしておきたい。

一　全郡連合町村会の成立

これまで連合町村会といえば、徳田良治以来一八八四年の地方制度改正により開設された連合戸長役場単位のそれが検討されてきた。従って連合町村会については、第一に町村制実施時の町村合併の前提条件をなすこと、第二に住民の代議機関として町村に定着しつつあった町村会の存在がその形成を可能としたこと、以上二点が指摘されている。(10)いわば、近世村の町村会と町村合併により創出された「行政村」の町村会とを繋ぐ橋渡し役として評価されてきたのである。(11)その結果、時期的には一八八四年以前の連合町村会が、地理的には連合戸長役場の範囲を超えて組織される連合町村会、特に全郡連合町村会が研究対象から欠落することとなった。(12)一八八〇年四月制定の区町村会法第三条で、「数区町村連合会ヲ開クトキハ其地方ノ便宜ニ従ヒ規則ヲ設ケ府知事県令ノ裁定ヲ受ク可シ」(13)と規定さ

表2　1886年府県別連合区町村会・水利土功会及学区会表（A：連合区町村会数，B：水利土功会数，C：学区会数）

府県名	郡数	郡区役所数	全郡に渉る			区戸長数人に渉る			評決額(円)
			A	B	C	A	B	C	
青森	8	8	8			42	36	13	42,897
岩手	19	9	14			6	3	9	?
秋田	9	9	1			78	2	0	65,900
山形	11	11	14			96	21	4	303,096
宮城	16	13(1)	19		7	50	0	23	225,767
福島	21	17	20			8	11	0	42,353
群馬	17	12	5			68	2	5	118,714
栃木	10	8	0			2	0	19	17,371
茨城	18	14	0			59	8	0	60,189
埼玉	18	9	1		8	20	68	246	116,996
千葉	21	10	1			76	3	9	16,641
神奈川	15	15(1)	1			76	2	2	74,481
東京	6	20(15)	5			43	1	0	17,435
山梨	9	9	0			14	4	11	21,365
長野	16	16	15	2		0	3	5	8,182
新潟	18	17(1)	23			102	198	70	185,900
富山	5	5	1			46	0	10	68,298
石川	8	9(1)	?			?	?	?	?
福井	11	9	5			45	2	12	21,212
静岡	23	13	4			122	7	0	92,843
愛知	19	18(1)	2			85	12	0	85,414
岐阜	25	16	5			93	38	14	175,795
三重	21	15	15			128	14	2	79,827
滋賀	13	9	4			126	10	32	?
京都	18	20(2)	19			83	0	10	246,419
大阪	42	18(5)	12			304	6	133	214,950
和歌山	8	8(1)	1			21	13	3	22,851
兵庫	33	28(1)	33			125	3	3	181,417
岡山	31	31(1)	19	1	1	299	21	29	190,969
広島	22	12(1)	22			41	4	4	5,393
山口	12	12(1)	1			18	3	4	65,899
鳥取	14	6	10			4	9	9	14,724
島根	20	11	14			107	0	0	28,613
徳島	10	8	10			21	17	9	27,736
愛媛	30	16	21			76	0	9	4,652
高知	7	7	0			2	0	26	4,012

れ、連合町村会は法的根拠を得るのだが、早い所では全郡連合町村会はそれ以前にすでに成立していた。[14] 本節では、全郡連合町村会開設に至る経過について丹後国与謝郡を例に跡付ける。

京都府では、郡区町村編制法施行後も町村毎に戸長役場を置くのではなく、二〇村前後を組に編成し戸長役場を設ける組戸長制をとっていた。その際各村はたいてい総代を置き、その下には近世来の五人組の系譜を引く伍長がいる仕組であった。この組戸長制は、一八七九年一二月に組の規模を一〇村前後に縮小した後、八一年一〇月二二日京都府布達甲第一九一号によって廃止となる。単独・連合いずれで戸長役場を設けるかは各村の任意となり、ほとんどの村で単独もしくは二、三村で一戸長を置くこととなった。[15]

与謝郡江尻村宮崎六左衛門[16]の『日誌』[17]によれば、最初に全郡連合町村会開設が提起されたのは、組戸長制下にあった一八八一年二月である。同月一八日、江尻村総代宮崎宛に「戸長場ゟ郡会開設ニ付議員選挙可致様通知」があったが、「甚ヽ文中不了解ニ付追而伺ひ可申」[18]と考え、翌日戸長役場へ伺書を提出している。疑問の内容はわからないが、二〇日には府中七ヵ村総代集会に吉田庄二郎第七組戸長が出席、「向後ハ愛心ヲ以テ引立被下度、尤郡会議員投票仕方ハ戸長撰挙位ニテ宜敷趣ニ御座候」[19]と陳謝した結果、同日江尻村伍長集会で投票が行われている。三月七日、郡会議員ではなく連合町村会議員として投票のやり直しが通達され、翌日江尻村伍長集会で次のように決まった。

一連合町村会議員ハ小松九郎右衛門・宮崎六左衛門・田井五郎右衛門・矢野善七・前野平左衛門〆五人選挙、尤村総代ニテ弐百三十七名分壱葉ニ致シ戸長場へ進達致事ニ決定いたし候[20]

当選者は第七組全体に及んでおり、また「弐百三十七名」という数が江尻村の戸数とほぼ等しいことから、選挙は組戸長役場区域を一選挙区とし、全戸主を有権者とするものであったと思われる。

郡役所—戸長役場は、全郡連合町村会議員の選挙を終えると、引き続いて第七組連合村会の設定へと向かう。三月三〇日、吉田戸長から小松・田井・矢野・宮崎四名に議員選挙方法について相談があり、五〇戸に付一人の割で選出することとなった。四月八日投票が行われ、江尻村では宮崎以下六名を選出し、一五日に彼を議長として第一回の第七組連合村会が開催されている。[21]

先の区町村会法第三条中の「其地方ノ便宜ニ従ヒ規則ヲ設ケ」という部分は、地域社会では、自ら規則を作成し、しかも関係各町村すべての同意が必要と解釈されていた。だが、全郡連合町村会は郡役所の一方的提起により開設され、第七組連合村会規則は当該地域の最有力者と郡役所との私的な合議によって定められている。双方ともその過程で各村落の同意を得る手続きをとっていない。天橋義塾に結集する民権派はこの点をつき、第七組連合村会規則の正統性に疑義を唱えた。

六月一日、府中七ヵ村選出の第七組連合村会議員に加えて、議長兼説明者沢辺正修[22]・副議長竹本行央・書記速石徳造・幹事岩瀬章正の天橋義塾関係者四名が集まり、連合村会規則修正会を開く[23]。原田久美子が指摘しているように[24]、国会期成同盟第二回大会から帰って以降に沢辺が活動の主眼とした点の一つは、連合町村会の開設であった。郡役所―戸長役場は、小松・田井・宮崎三名に規則修正を全面的に委任することで妥協を図るが、あくまでも全村落の合議の場に規則修正をかけようとはしなかった。

結局八月一七日、京都府布達第一三七号で[25]、各町村に単独・連合どちらの戸長役場を望むか調査が行われ、組戸長制廃止の方針が明らかになった結果、両者の対立が本格化する以前に第七組連合村会は事実上消滅した。全郡連合町村会も一度も開かれずに終わっている。本来連合町村会は、ある地域内の公共の事件を論議するために、関係全町村の合意に基づいて下から設けられる臨時的なものである。だが、右の経過のなかでは何ら議案が示されていない。従って議すべき公共の事件が明確でない以上、選出母体である組戸長制が廃止されると全郡連合町村会も消滅したのである。ただ、一八八〇年の区町村会法公布直後から、郡役所が全郡連合町村会という郡規模の代議機関を欲していたことは明らかである。

二回目の動きは、一八八二年一〇月に始まる。同月九日、与謝郡教育会の規則修正委員会議が開かれ、「此決議規則郡長へ出シ郡長之ヲ郡中之会議ニ量ル事ニ決ス、尤費用之支出方也」(26)となったのが発端であった。前年のケースでは開設の理由が明らかでなかったが、今回は新たな郡費賦課の必要が契機であった。一四日、郡役所に居合わせた戸長たちに対し郡長川村政直より、「郡内一同村町連合会」を開設するにあたって、その規則草案を誰に委嘱すべきか及び期日の見込について相談があり、戸長集会での協議を決めた。二三日に開かれた戸長集会で郡長の諮問に対し戸長たちは、「当郡一同連合会開設ハ必要之義ニ候得共、一応引取村民へ相談之上来ル三十日弥々開設之事ヲ決定、而テ草案ハ起草委員ヲ撰ミ草稿可致」(27)と応じ、問題は各村々での討議に付された。江尻村でも二七日、三ヵ村（江尻村は難波野・大垣両村とともに一戸長を置いていた）議員集会を開いている。こうして各村々の意思を持ち寄った三一日の郡中戸長集会は、与謝郡連合町村会開設を決定した。そして、直ちに規則草案委員選挙に移り、出席した各戸長が各村総代となって投票し、宮崎を含む五名を選出している。(28)その後一一月一〇日から一二日にかけて右五名は郡役所で草案作成にかかり、一二日「該草案郡長殿ニ差出シ郡長殿ノ意見ヲ聞キ追テ各戸長ニ差遣シ可申事ニ決」(29)した。この決定に基づき連合会規則が一部ずつ各戸長役場に配布されるが、ここでも「各村意見ニ付シ修正会ヲ開」(30)くこととなり、江尻村では一二月一四日、三ヵ村議員集会を持っている。だが、一六日の全郡修正会は紛糾し「破会」となり、二五日の二回目の修正会における逐条審議においても一二条に至って宮津町から異論が出て、結局「明春ニ日延之事」(31)に決した。

右の経過では戸長が各村落の「物代」として全郡的課題を議している。確かに「本来村成員の委任関係の中にいた戸長らがその外に出て、国家の側に取り込まれる[32]」事態は進んでいたが、この時点では戸長は村落を代表し得ていた[33]。しかし、「惣代」としての戸長は、全郡連合町村会開設の当否・規則草案修正の二度にわたり、問題を各村落の協議に委ね同意の調達を図っている。徳田良治の表現を借りれば、「一町村を代表して官庁・他町村または他町村人民と交渉をなす場合、常に町村人民の意図にしたがって行動し、その承認を得ずして勝手に事を断決するを得[34]」ない存在なのである。京都府の場合、組戸長制廃止後の一八八二年頃から町村毎の町村会開設が始まる。戸長の「惣代」性はこの町村会もしくは寄合によって付与されるものであるため、戸長の行動は町村会・寄合の決定に縛られる上に、戸長集会で新たな問題が生じた場合、その都度町村会・寄合の論議にかえらねばならない。ここに、郡費賦課に際し戸長集会ではなく、「その議決につき何等町村民の意思に制約され[35]」ない議員によって構成される代議機関、全郡連合町村会が求められる理由がある。新たな代議機関の必要性という点では郡役所も同様の認識であった。

ところが与謝郡の場合、町村会もしくは寄合の意思を体現した戸長の合議では、地域間の対立を容易に克服し得なかった。新たな費用賦課を伴う事業を構想する戸長も含めた郡内名望家にとって、「郡レベル一般の利益をはかる人物と機構を地域内部から形成[36]」するのはたやすいことではなかった。そこで彼らは府会を通じて政府に郡会開設を建議し、国家による郡会の制度化によって困難を解決しようとする。次に石川三良介（与謝郡）と森務（南桑田郡）の提案により[37]、一八八一年六月一日付で京都府郡部会から内務卿松方正義宛に出された、「郡会の開設、郡区長の公選等に関する建議」の一節を引用する[38]。

区ハ既ニ区会ヲ開カレシモ郡ハ猶ホ否ラズ、或ハ連合村会アレハ復タ郡会ヲ開クヲ要セスト謂フモノアリト雖トモ是所謂一ヲ以テ十ヲ推スノ論ニシテ、郡ノ情況ハ知ラサルモノナリ、何トナレハ郡会ノ成法ナキ以上ハ一町一村ニテモ之ヲ否ム事アルトキハ一郡中ノ連合町村会ハ決シテ開ク事能ハサルナリ、是以テ連合町村会アリト雖ト

モ之ヲ拡充シテ郡会ニ及ス事ヲ得ス

確かに一八八一年から八二年にかけて、各郡で全郡連合町村会の規則が制定され開設が進んだ結果、八二年の府会建議「郡会を開設し、郡区に関する経費議決の権を委任する件につき建議[39]」では、右の理由は消滅する。しかし、ここには郡内の地域間対立を克服し、郡一般の利益を図る機構を創出・強化しようとする郡内名望家層と郡会との関係が端緒的に示されている。この点については後で触れたい。

さて、開設を目指す三度目の試みは郡役所の新築問題がきっかけである。一八八三年四月三〇日、新築郡役所の位置をめぐって郡中戸長集会が開催された。宮崎は江尻・難波野・大垣三ヵ村議員集会の論議を踏まえ出席するが、集会は紛糾し一旦散会した。五月五日、再開された郡中戸長集会の席上宮崎は、新築郡役所の位置は全郡連合町村会に諮って決定するよう提案したが、予め下相談をした前沢盛昌ら七名[40]の賛成しか得られず、多数決により宮津万町桜山に決した。次いで、前年より持ち越しの全郡連合町村会の規則修正会を行いたい旨、郡役所から提案されるが、郡役所位置という大事さえ連合町村会に諮らないのならば開設の必要なしという宮崎の意見が大勢を占め、またしても開設は沙汰やみとなった。

ところが、新築費用捻出に苦慮した郡役所は七月二六日、郡中の戸長・総代を残らず集め、府会で可決された二五〇〇円では到底不足する窮状を訴え、有志による寄付金を求めた。これに対し松方デフレの波に直面する戸長総代連は、「郡中各町村ニ於テハ有志寄附金致者無之[41]」と強制的な寄付金に強く反発し、結局府予算のみでの建設を決め、郡役所に責任を押し付ける形で集会は閉幕した。

しかし、郡役所にとってみればこれでは問題の解決にならない。一ヵ月余りを経た九月五日、郡役所は宮崎ら主要戸長とにらんだ一三名を集め、府知事に対し郡庁舎新築費増額を願い出たいと相談をもちかける。これに対し戸長連は、①予算は我々の代議士が議決したものであり、建議もしくは願という行為は筋が通らない、②戸長一〇名ばかりでは問題を処理できない、以上二点を指摘し、改めて全郡連合町村会開催を提起した。郡役所新築に対する負担が避けられない以上、全郡連合町村会を通じた郡費賦課を求めたのである。しかし、郡役所による一方的提起でも戸長の合議でも開設に至らなかったからには、新たな方法によらざるを得ない。

そこで戸長集会は、郡内を三選挙区に分かち、総計七名の「開設委員」を郡内全戸主の連記投票によって選出、当選者に規則裁定の全権を委任することとした。『日誌』ではこの内二選挙区の当選者が判明するが、いずれも府会議員経験者である。(42) その後彼らの制定した規則により、一八八四年一月に郡内を一五区に分けて選挙を実施し、三七名が当選した。三月三一日には郡内に当選者名が公告されている。(43) こうしてようやく与謝郡全郡連合町村会は成った。

二　全郡連合町村会の組織と機能

京都府内で確認しうる全郡連合町村会の議事録が限られているため、(44) 本節では与謝郡の隣郡であり丹後半島北半部に位置する竹野郡を例に、その組織と機能を検討する。

表3に判明する限りで京都府内の全郡連合町村会規則を示したが、郡内の公共に関する事件と経費の支出徴収方法が議定事項である点で大差はない。しかし竹野郡では、公共に関する事件の範囲をめぐって、議員が議案提出者である郡長―郡役所と激しくやり合っている。例えば、一八八四年の第二回竹野郡連合村会では、学務委員・教員の職務会に関する費額を議案として提出するよう求めた議員友松作造の建議案をめぐって、郡役所と対立している。友松建議案に対する郡役所の反論は、職務会は「教員ト学務委員カ教育上ニ利害得失ヲ討議スル」ために、「教員ト学務委

員トノ間ニ協議ヲ以テ設立シ郡役所ニ届出タ」もので、いわば「私会」であるから郡役所は関与し得ないというものであった(45)。これに対し議員永島米治(46)は、「私会」でありながら学区単位に全郡に費用を賦課している点をつき、「此会議タル郡内公共ノ利害得失ニ関スルモノヲ討議審議シ以テ人民ヲ堵ニ安セシムルノ方法計画ヲナス所ノ連合村会ナレバ、公共ニ関スル利害ヲ爰ニ建議シテ議了スルニ於テ何ノ不可カアラン、況ンヤ本会議員ハ郡内ノ利害ニ係累ヲ有スルモノヲ建議シテ議了スルノ権アル代議士タルニ於テヲヤ」と述べる。そして、左の修正案を提案し可決された。

建議案

本郡ニ於テ学事ニ関シ教育職務会ト称シ年内両度ノ通常会ヲ定メ郡内各校学務委員及訓導等集合スル仮規則有之候趣ニ有之処、右ハ相廃シ他ニ郡内ニ於テ欠クベカラサル学事ニ関シ全郡支弁ノ費用ニ係ル事項アラハ更ニ其議

加佐郡一般連合町村会	竹野郡連合村会
(1) 連合町村の協同費を以て支弁すべき予算及び其徴収方法 (2) 連合町村共有の財産処分 (3) 連合町村公共の利害に関する事業の興廃	(1) 全郡内の公共に関する事件 (2) その経費の支出徴収方法
郡長	郡長又は戸長
郡内を9区に分け，300戸に1人の割で選挙 区域内に連合会がある場合は複選	郡内を6区に分け，区の大小により5～10人 戸数250戸・地価5万円に2人宛の目安
(1) 満25歳以上の男子 (2) 郡内に本籍・住居を持つ者 (3) 郡内に土地を所有する者	(1) 満20歳以上の男子 (2) 村内に本籍を定め，住居する者 (3) 戸主
(1) 満20歳以上の男子 (2) 区域内に本籍・住居を持つ者 (3) 区域内に土地を所有する者	(1) 15歳以上の男子 (2) 村内に本籍を定め，住居する者 (3) 戸主

(中)，京都府立丹後郷土資料館蔵永島家文書に

表3　京都府下全郡連合町村会規則項目別一覧

	南桑田郡連合町村会	紀伊郡連合村会	北桑田郡連合村会
議定事項	(1) 連合町村の協同費を以て支弁すべき経費の予算及其徴収方法 (2) 連合町村共有の財産処分 (3) 連合町村公共の利害に関する事業の興廃	(1) 連合村の公共に関する事件 (2) その経費の支出徴収方法	(1) 郡内一般の公共に関する事件 (2) その経費の支出徴収方法
議案提出者	郡長又は戸長	郡長又は戸長	郡長又は戸長
議員	毎町村1人	100戸以下の村1人 100～300戸の村2人 300戸以上の村3人	地価・戸数の多少により各組毎に出す 1組5人，2組6人，3組8人，4組5人，5組4人，6組8人，7組4人
被選挙資格要件	(1) 満25歳以上の男子 (2) 郡内に本籍・住居を定める者 (3) 郡内に土地を所有する者	(1) 満25歳以上の男子 (2) 村内に本籍を定める者 (3) 3年以上住む者 (4) 村内に土地を所有する者	(1) 満20歳以上の男子 (2) 郡内に本籍及び住居を定める者 (3) 郡内で地租を納入する者
選挙資格要件	(1) 満20歳以上の男子 (2) 郡内に本籍・住居を定める者 (3) 郡内に土地を所有する者	(1) 満20歳以上の男子 (2) 村内に本籍を定め，地所を所有する者	同上

注1. 京都府立総合資料館編『京都府百年の資料』1政治行政編，『舞鶴市史』通史編より作成.
2. 規則作成はいずれも1881年.

案ヲ下付相成度、全会ノ意見ヲ以テ此段建議仕候也

竹野全郡連合村会議長
足達又八郎

明治十七年七月

竹野郡長大石雲根殿(47)

永島米治は天橋義塾の社員であり、民権思想の影響を受けた主張といえよう。議案提出者は郡長もしくは戸長に限られていたが、第一回（一八八二年）と第二回（一八八四年）の議案は表4の通り、教育・土木・衛生・救恤という具合に、「公共ニ関スル事件(48)」に広くわたっている。しかも右のように、郡長に議案提出を求める建議を行って議定範囲の拡大に努めていた。

議員の選挙区は、表3の南桑田郡の場合、近世以来の「村落の対等性」の原則が継承され、各町村一人ずつである。しかし竹野郡では、全郡を六選挙区に分け、その大小により五〜一〇人を選出している。この定数は、一村平均九〇戸弱にもかかわらず、戸数二五〇戸・地価五万円につき二人宛が目安であった。加佐郡のケースに近く、各村単位に選出されたのではない。その結果、議員定数は四六人となり、郡内の村数六六をかなり下回った上に、間人村のように一村から三名の議員を出す村も生じた。

次に被選挙・選挙権は、竹野郡を除き土地所有が要件となっている。竹野郡の場合、第一・二回ともに、選出された議員の三割前後は地租納入額五円未満という零細な土地しか所有していない層である(49)。これは漁業を生業とする家を多数抱えるこの地域の特色であり、ほとんどが与謝郡(50)と同じく郡内名望家といってよい。前節から明らかなように、寄合もしくは村会から総代の性格を付与された戸長の合議であれ、郡内全戸主による投票であれ、形式的には村落構

表4　竹野郡連合村会議案

第一回（一八八二年）	①連合村会議長以下旅費滞在日当幷ニ書記俸給定則 ②社倉金穀保存取扱方法 ③竹野全郡教員養成費取扱方法改正 ④協同修路補助費取扱方法 ⑤竹野全郡連合村会費賦課徴集法 ⑥農作物試験栽培費取扱方法 ⑦加佐郡農産会ニ関スル雑費支出方法 ⑧義集貯金保存取扱方法
第二回（一八八四年）	①竹野郡小学大試検卒業生賞与規則 ②教員伝習費取扱規則 ③竹野郡社倉金穀取扱規則及ヒ同協同修路補助費金収出取扱規則中更正 ④郡医雇入及ヒ費用収支方法 ⑤郡内連合女教師雇入方法 ⑥竹野郡義集金取扱方法改正

注．京都府立京都学・歴彩館蔵『京都府竹野郡連合村会議録事』，永島家文書 C-4.114『京都府竹野郡連合村会議事録』により作成．

成員の合意を得て全郡連合町村会は成立した。しかし、いったん成立した後は、村落の利害を代弁することはあっても、寄合などの直接的制約から離れた郡内名望家の合議の場となっていく。

続いて財政を検討する。まず経費の賦課徴収方法が議案毎に異なる点が特徴である。例えば、第一回の連合村会費は、地租五円＝一戸とみて経費を地租・戸数に分割賦課している(51)。他方、協同修路補助費方法第三条では、地租一円に付一銭五厘、戸数一戸に付一〇銭となっている(52)。一定の収入が確保された上でそれをいかなる支出に使用するか決める近代的財政の原理とは異なり、一つの事業を起こす毎に費用を見積もり、事業の性格を勘案して地租及び各戸に賦課する割合を定めていくのが、連合町村会財政の特徴であった。財源も郡税が欠如しているため、地租付加金と戸数割に限定されている。この内戸に賦課する額は各戸が平等に負担するわけではない。戸数に応じた額が各村に割られ、それを各村が独自の戸数割等級表に基づき各戸に割るのである。その限りでは全郡連合町村会の財政は各村の秩序の上にそのまま乗っているが、ほぼすべての戸は戸数割を負担する。近世の郡中議定と同じく、各戸は「村内での社会的・経済的存在の多様さにもかかわらず、一律にこの負担関係を通じて」全郡連合町村会に「示された地域秩序に参加することとなる」[53]。

次は財政規模である。毎年恒常的に賦課徴収される費目として協同修路補助費約一〇〇〇円がある[54]。加えて一八八二年の第一回で徴収が決まったのは、全郡連合村会費五九六円六〇銭五厘、加佐郡農産会に関する雑費一五円二〇銭、社倉金穀の補塡五一四石余であった[55]。この内社倉金穀の補塡は実際には行われず、総額約一六〇〇円となる。

一八八四年の第二回では、教員伝習費一ヵ年五〇四円、連合村会費と備品費四三六円一三銭、女教師雇入費一ヵ年二四〇円が議決された。これに協同修路補助費一〇〇〇円を加え約二一八〇円となる[56]。ほかに教員養成費取扱方法のように、規則が存在しながら徴収額未詳のものもあるので、毎年最低二〇〇〇円程の費用を徴収していたといえる。これは一八八八年の竹野郡内の町村費総額七四六八円一六銭五厘の約二七%にあたる[57]。一八九九年改正郡制施行後の郡の財政規模が、全国的には町村費の一割であったから、この数字は、郡間に大きなアンバランスがあること、一八九九年以後の郡の財政規模から帝国議会開設前後のそれを類推するのは留保が必要なことを示している。また周知の如く、町村費の多くがいわゆる国政委任事務費によって占められているのに対し、郡財政は会議費を除けばほぼ郡内一般の利益を図る事業費である点も重要である。

以上、議定事項・議員・財政について検討した。その本来的な性格からすれば、全郡連合町村会は事業の興廃に伴って開閉されるべき臨時的なものであり、近世の郡中議定と類似の特徴を有している。にもかかわらず、どの全郡連合町村会でも議員の任期が定められ、当初から定例化が予定されていた。竹野郡では、一八八四年の第二回以降毎年開催され[58]、実質的に郡会として機能していく。与謝郡でも同様である[59]。そして郡会的性格を強めていく上で大きな役割を果たしたのが、全二一条から成る協同修路補助費方法である。

これは地方税からの補助を受けるべき路線を選定し、緊急度に順位をつけて地域間の利害の調整を図った上で、以下の規定によりその開鑿や修繕に郡費から補助を与えようというものである。

第四条　補助費金ハ該工費地方費ヨリノ補助及ヒ他ノ寄附金等アラバ之ヲ除クノ半額ヲ附与スルモノトス、然ルニ其工事至難ノ箇所ニ於テ特ニ実費（地方費ヨリノ補助及ヒ他ノ寄附等アラバ之ヲ除ク）ノ七分以内ヲ与フルコトアルベシ(60)

協同修路補助費方法で指摘したい第一は、第九条で常務委員という常設機関を設けていることである。

第九条　常務委員ハ修路ニ係ル諸件郡長ノ報告ヲ受ケ実地検査等ニ立会、第四条中記載至難ノ個所改築アルトキ歩通ノ額ヲ協議シ、実費ニ付テモ意見ヲ述ベ、年度末ニ至リ補助費決算ニ立会、又関係セシ事件ヲ各委員ニ報告セシムルモノトス(61)

右規則の運用という限られた範囲であるが、郡役所の職務執行に関与する道を開いたのである。さらに第二回では、土木の枠を超えて次のように常務委員の権限は拡大する。(62)

①「全郡内公共ニ関スル事件決算報告ヲ受ケ之レヲ調査」する権限

②「議決ニ疑義アル乎或ハ条項ノ改正ヲ要セスンハ施行上実際差閊アル場合ニシテ郡長ノ諮問ヲ受ケ」た時、これに答える権限

③「連合村会開設ノ要否等重大ノ事業ニアラサレハ常務委員会ニ於テ之ヲ決スル特権」

①は郡参事会の権限を規定した郡制第五〇条七項、②は同条五項、③は同条二項に近い。常務委員は郡制第五九条(63)にある常設委員の淵源をなすというよりは、郡参事会の萌芽として位置付けられるだろう。

第二は、元来指定された路線に直接関わる村は限られており、村費のみでは容易に着手できない社会資本の整備を郡費によって行う性格を持っている点である。いわば郡内の局地的利害を、全郡連合町村会を経ることで郡一般の利

益に引き上げるのである。ここまで「郡一般の利益」については何らの限定もせずに使用してきたが、右に明らかなように、それは全郡連合町村会を通してつくり出されるものであった。この点に関わって、道路といった社会資本から便益を得るのは誰かという、「郡一般の利益」の内包している階級性の問題がある。以下では、史料的制約から再び与謝郡に戻り、同郡岩滝村での道路開鑿をめぐる対立を通してこの問題を考えてみたい。

一八八五年に始まる府道付替により、中郡及び加悦谷からの丹後縮緬の積み出し口として栄えてきた地位を失うことになったのが、岩滝村における道路問題の発端である。(64)これに対し村内中下層は、隣村との生活道路を車道に拡幅して対処しようとし、鬼坂峠開鑿を求めた。一八八八年二月七日の十長会議(65)で鬼坂道路開鑿担当人八名を選挙したのだが、当選者中糸井勘助は就任を拒否し、「担当人ゟ小室市蔵氏ヲ指名ニテ依頼呉トアリシニヨリ右同人依頼スレトモ、同人ハ右開鑿ニ付テハ更ニ見込無之ヲ以テ相断ニナリ、投票ニテモ同断」(66)ということになった。糸井・小室など縮緬仲買を業とする村内上層は、隣村との生活道路開鑿にはあまり関心がない。六月四日、「予テ中止ノ如ク相成タル鬼坂道路開鑿一件、村民挙テ諸役人及上等諸君ノ不賛成ニ止リ開鑿ニ不至等ヲ唱ヘ、甚々不人気ノ由申モノ不尠」状況となり、早期着手の願書提出を決定したが(67)、村内上層を含む郡内名望家が欲したのは、加悦谷から雲原村を越えて福知山に至る与謝峠開鑿による縮緬輸送路の拡充であった。一二月六日、与謝峠開鑿を議す与謝・中・竹野・熊野各郡総代会議への出席を請われた際、村内中層を主体とする十長会は、次のように返答している。

　与謝峠開鑿工事ノ件ハ各十長不賛成ニテ、明後日ノ四辻村会席へ出席スルモ可成関係方相断よふ談じあり、尤も郡中総賦課ニ関スル費金ハ不止得徴収無論ノ事ト決セリ(68)

開鑿を計画された道路が自らの利害と直接に関わらない、主として郡内名望家の主導するものであっても、「郡中総賦課ニ関スル費金」を拒否する論理を村内中下層は持たない。郡内名望家にとって、「郡中総賦課ニ関スル費金」＝

郡費を決定する全郡連合町村会は、自らの階級的利害を「郡一般の利益」に転化するために不可欠な機構であった。「郡一般の利益」に地域的・階級的利害を内包している点では、教育費や衛生費も大なり小なり同様の性格を持っている。ここに郡会という形での全郡連合町村会の制度化・強化を求める地域的基盤の一つがある。

だが、地域的利害を「郡一般の利益」に高める過程は、地理的・経済的要因などから郡内の地域間対立を顕在化させる危険性も含んでいた。それは全郡連合町村会開設の経過をみても明らかであろう。竹野郡も当該期、「一郡中東西思想ヲ同フセス」と郡長も認めざるを得ない状況であった(69)。第二回全郡連合村会では、この対立が原因で郡医雇入方法が廃案となっている。

こうした郡一般の利益を形成する上での困難を、郡長の調停機能によって多少とも緩和しようとしたのが、一八八九年八月八日付で北垣国道知事に提出した「専任郡長設置之義ニ付請願」(70)であった。京都府では一八八六年の地方官官制改正を契機として専任郡長制を廃止し、竹野郡も中・熊野両郡との兼任郡長（郡長所在地は中郡峰山）となったのだが、これを従前通り一郡一郡長にせよという請願である。理由の一つを左に引用しよう。

現今ノ如ク東西相互ノ事情相異ナルニ至テハ結合力甚タ薄弱ニシテ到底事ヲナスニ堪ヘサルヲ恐ル、ナリ、茲ニ至テカ独リ竹野郡ニ特別ナル保獲（護）ヲ仰キ、内ハ円滑ニ着々進歩ノ途ニ就キ外ハ他郡ニ対シテ対等ノ地位ヲ占メ、而シテ現今ノ此病ヲ医セント欲ス、是レ専任郡長ヲ設置セラレン事ヲ希望スル最大要点

同様の理由は、前年何鹿郡人民が提出した「郡長配置方ノ儀ニ付請願書」(71)にもみられる。だが重要なのは、道路開鑿による交通の円滑化を東西対立解消の一方策とした上で、「現今ノ如キ緩慢ナル地方税ニ依頼スル能ハストスレハ、郡公債ヲ起スニモセヨ借リ入レ金ヲナス（ニ欠）モセヨ又タ各自カ負担スルニモセヨ、速ニ之レカ開鑿ヲ終ヘサル可カラス」と述べている点である。さもないと「一郡ニシテ一郡ノ団体ヲナサ」ない。「郡公債」「借リ入レ金」は、当時政府に

より制定作業が進んでいた郡制の第六四条[72]によって新たに付与される権限である。請願は、未だ府財政の規模が小さくそれに依拠できない状況を前提に、郡の団体としての統一性の強化を、郡の代議機関の権限拡大に求める主張を含んでいた。ここにも郡制の地域社会における受け皿があると同時に、府県財政が充実するにつれて郡の代議機関の存在意義が薄れていくことが予想されるのである。

三　全郡連合町村会と郡制制定

第一節で述べたように全郡連合町村会の法的根拠は区町村会法第三条であった。この規定によれば、確かに「一町一村ニテモ之ヲ否ム事アルトキハ」連合町村会の開設に至らない。郡会開設を建議した郡内名望家だけでなく、郡役所にとっても郡治上障害となることは、与謝郡の例からも明らかであろう。一八八四年、政府は「現行法ニ於テハ数区町村連合会ヲ開キ並連合ノ区域ヲ定ムルハ其地方人民ノ協議ニ任シタリ、故ニ其協議成ラスシテ之カ為メニ紛議ヲ唱へ地方事務ノ支障ヲ来スコト往々コレアリ[73]」との理由をもって、区町村会法の当該部分を以下のように改正した。

第十三条　府知事県令ハ数区町村ニ関渉スル事件アルトキ其区域ヲ定メテ連合区町村会ヲ開設スルコトヲ得[74]

連合町村会の開否、その区域の設定は府知事県令の職権に移された。政府は地域間対立を逆手にとって、郡会開設ではなく官治の強化を図ったのである。

だが、白根専一が「現行ノ区町村会法ハ頗ル不備ノ者ニシテ其第二条ノ如キハ殊ニ甚シ[75]」と指摘しているように、区町村会法改正において政府が最も問題としたのは第三条の前提となっていた第二条である。第二条及び第三条によれば、区町村会・連合町村会ともにその規則は「其地方ノ便宜ニ従」って設けられるのであり、地方官が画一的に制定することはできない。さらに、規則の改正・増補の発議者をめぐる解釈問題も惹起していた。与謝郡においても民権派の連合町村会介入の突破口となったのはこの点であった。

このような統治上区町村会法がはらんでいた欠陥をより鋭い形で露呈したのが徳島県の場合である(76)。一八八三年六月一一日、徳島県令酒井明は乙第一一〇号を布達し、「執行ニ際シ執行者ノ外ニ会ノ議定ヲ以テ別ニ決議事業ノ委任者或ハ工事ノ委員等ヲ設置スルヲ得ス」など、九点にわたってすでに裁定を与えていた区町村会規則改正の議案を発するよう、各郡町村役場に命じた。郡長戸長の独任制を強化する狙いであった。これに基づき同年一〇・一一月、徳島県下各全郡連合町村会に対して一斉に郡長から規則改正の提案がなされた。これより前の同年六月、県令から郡長へ、町村会での議案提出権は郡長戸長にあるが、規則の改正増補のみは議員にも発案権がある旨、達せられていた。那賀郡及び名東郡の全郡連合町村会に拠る改進党員はこれをさらに進め、区町村会法第二条では、郡長はいったん県令によって裁定を受けた規則の改正を発議できない、との主張をもって郡長に対抗した。その後郡長は県令の指揮をあおぎ規則改正を強行、改進党員は議員辞職をもってこれにこたえるというように、事態は紛糾する。

徳島県の事件は、大森鍾一文書の区町村会法改正一件書類中に「本県町村会ノ景況」という報告書が綴じ込まれ、元老院での審議においても内閣委員白根専一が再三にわたり事件を引照しているように(77)、同法改正に大きな影響を与えた。区町村会法改正理由書草稿では、第二条改正の理由として、「府知事県令又ハ郡区長戸長ヲシテ規則ノ改正案ヲ発セシメント欲スルモ、該区町村ニ於テハ之ヲ改正スルト否トハ其区町村ノ自ラ便トスル所ニ在リト云フヲ以テ、更ニ其改正ヲ肯セサルモノアルニ至ル(78)」事態を挙げている。この結果第二条は、「区町村会ノ会期、議員ノ員数、任期、改選及其他ノ規則ハ府知事県令之ヲ定ム(79)」とされ、規則制定権も地方官の職権となったのである。

一八八四年の区町村会法改正は、村治のみでなく、全郡連合町村会が設けられ、しかもそれが民権派の影響力行使の場となっているという、郡治の如何も契機となっている点に注目しておきたい(80)。

さて、一八八四年五月の地方制度改正に伴い、京都府は布達甲第五七号で府独自の区町村会規則を制定した(81)。その最大の特徴は、第四章で連合町村会について改正区町村会法とは比較にならないほど詳細に規定した点である。表5に示したように、地方制度改正以後京都府では続々と連合町村会が開設されていく(82)。竹野郡全郡連合村会については一八八五年三月三日甲第二三号で布達され(83)、布達としてはこの一回のみであるのに、先述したように一八八四年以降毎年開催されている。また、『京都府布達要約』に同じ区域の連合町村会で二年以上にわたって布達が出されている例がほとんどないことから、実際の開設数は表5をはるかに超えるであろう。

改正区町村会法によれば、連合戸長役場の範囲を超えて連合町村会が開設される場合、その管理者は郡長であり、しかも郡長はその議長を兼ねた。このため連合町村会の増大は郡長を忙殺し、他の職務に支障をきたす事態まで生じる。例えば牧野伸顕は、新潟県など八県を巡回したあと一八八四年一二月に出した建議のなかで、「一郡内ニ於テ町村連合会数多同時ニ開設有之節ハ郡長ハ其議長ノ任ヲ勤ム可キ者ナルヲ以テ、郡務ヲ閣キ其都度開設ノ地方へ派出セサルヲ得(84)」ない状況を指摘している。井上毅も、一八八六年三月奈良県へ出張した際に起草した「地方政治改良意見案」で、次のように評している。

現制凡連合会ニシテ事ノ数村ニ渉ル者ハ郡長其議長タリ、奈良郡長ハ五十有余ノ議長ノ任ヲ帯ルヲ以テ其多キニ堪へザルコトヲ口話セリ(85)

従来郡制制定は、第一に、郡制の大地主議員制と府県制郡制の複選制規定の併用によって、資産家・大地主の権利を擁護し地方政務にあたらせ、ひいては帝国議会からの民権派の排除を目指すという国内的要因から、第二に、井上馨の条約改正交渉を促す法制度整備の一環という側面から説明されてきた(86)。しかし、郡をなぜ自治団体として構成したのかについては必ずしも明らかでない。次に、右にみてきた改正区町村会法下の連合町村会の簇生という事態が一八九〇年の郡制制定とどのような関係にあるのか考えてみたい。

府県制・郡制草案が一八八八年一〇月元老院に下付された際の「郡制府県制草案理由[87]」（以下「理由」とする）には、郡制制定の理由が七点にわたって示されている。そこではまず、「総町村ノ連合ヲ設ケタル郡ニ就テ論スルトキハ本案ハ其制度ヲ文飾整理スルニ過キス」と、郡制を全郡連合町村会との関係から位置付けている[88]。郡制制定に先立って行われた調査の結果である表2でも、両者の関係は明らかであろう。従って元老院においてもこの関係をいかに評価するかが主要な争点であった。例えば、郡制制定反対論者渡辺清議官は次のように述べている。

表5　1884～89年京都府各郡別連合町村会開設布達数

郡名	1884	1885	1886	1887	1888	1889
愛　宕		1(1)	1	5	3	
葛　野		4(1)	2	11	1	
乙　訓		1	1(1)	1		
紀　伊			2(1)	6(1)		
宇　治			1(1)	4		
久　世		1(1)		7		
綴　喜	1	3(1)		1	3	2
相　楽			1(1)	5	3	2
南桑田			3(1)	5	1	
北桑田		2	2(1)	2(1)	1	
船　井		2(1)	1	11	6	1
天　田	4	2(1)		11		
何　鹿		3(1)		3		
加　佐		2(1)	1	2	1	
与　謝		1(1)		20		
中	2(1)	1(1)		10	2	
竹　野		1(1)		6	2	
熊　野	1(1)				1	
計	8(2)	24(11)	15(6)	110(2)	24	5

注1.『京都府布達要約』1884～89年の各年分により作成.
2. 各布達数のうち（　）内は，全郡連合町村会開設布達数.
3. 1884年は8月以降，1889年は3月以前の分.

従来郡ニ於ケル各町村連合会ノ有様ヲ見ルニ、仮リニ一部《(郡カ)》ヲ東西南北ノ四部ニ分ツモノトスレハ其東西南ノ三部ヲ合シテ町村連合会ヲ開クコト有リ（中略）時トシテハ全部ヲ通シテ町村連合会ヲ開クコト有リ、然レトモ其全部ヲ通シテ連合会ヲ開クハ衛生ニ係ル事項、学校ニ関スル事項及ヒ貯蓄ニ属スル事項等ニシテ、其他ノ過半数ハ郡内ノ二部或ハ三部ノ町村連合会ナリトス(89)

これに対し制定賛成論者山口尚芳議官は、次のように主張する。

是迄ノ連合町村会ハ充分ナル規則ナキニ因リテ此度之ヲ郡会トナセシナリ、然レハ町村連合会ハ即チ郡会ナリ、郡ニ中学校或ハ病院アリ、此等ノ建築ハ皆ナ町村連合会ニ於テ之ヲ議セシモ其実ハ郡会ナレハ、本案ニテ始メテ（ママ）名実相適フニ至ルナリ、衛生・教育等ノ事必ス郡ノ自治ニ関スルモノアリ、是迄ハ郡会ナキヲ以テ町村連合会ニ於テ此等ノ事ヲ議セシナリ、今陳述セル所ヲ以テ郡ニ法人ノ資格ヲ有セシムルノ理由必ス判然タラン(90)

ここには前節で述べた全郡連合町村会の特質が、各議官の地方自治観を通して反映している。全郡連合町村会の議決を経ずしては郡費賦課をなし得ず、実際にかなりの力を持ちつつある郡が存在することを評価すれば、郡制制定論となる。他方、全郡連合町村会といっても郡間にかなりのアンバランスがあり、しかも「郡一般の利益」とは実は郡内の一地域の利害に過ぎないことが多い面に着目すれば、現状の連合町村会維持論となる。だが、地域的・階級的利害を郡一般の利益に高める機能を果たすからこそ、郡内名望家は全郡連合町村会をつくり出し、郡レベルの代議機関の強化を求めたのである。

ところで、連合町村制については、元老院での郡制審議の最中、モッセによって連合町村制か町村合併かという脈絡のなかで取り上げられている(91)。モッセによれば、「或ル一定ノ目的ヨリシテ連合スルモノナルヲ以テ之ヲ称シテ目的ニ因テノ団結ト名ク」ものが連合町村制とされるが、これには一八八四年の地方制度改正によって創出された連合戸長役場単位の町村会よりも、連合戸長役場を超えて設定される連合町村会の方がよくあてはまる。モッセは連合町村制を批判し、その理由の一つとして「組織ニ紛擾ヲ生シ行政ニ錯雑ヲ感」ずる点を挙げているが(92)、内務官僚にとっては、改正区町村会法下で簇生する連合町村会を郡長―郡役所の下に統轄することが困難となっている現実そのものであった。地方行政に責を負う内務省は、この実態から出発せざるを得ない。内閣委員内務大臣秘書官小松原英太郎は次のように述べる。

彼ノ水利土功会ノ如キ其他道路堤防ノ如キハ別ニ連合ヲ要スルナシト云ヒ難キモ、郡制ヲ施行スル上ハ此等数種ノ他連合ハ自ラ一郡ニ集合スルノ便ヲ得ルナラン(93)

「理由」第一でも、「町村連合ノ夥多ナルトキハ行政ノ組織錯綜シテ簡明ナラス、且冗費多キヲ以テ却テ弊害アリ、故ニ一定ノ区域ニ依リ町村ヲ合括シテ一ノ団体ト為シ以テ共同ノ事務ヲ処理セシムルノ便ナルニ如カス」と記されている。多様な連合町村会を郡会に吸収し一元化することが郡制に求められた課題の一つなのである。

連合町村制に対するモッセの二つ目の批判は冗費の発生である(94)。かつて宮本憲一は、地方自治制制定直前の地方財政について、「現代のように単一の予算制度ではなく、目的別に予算がくまれ、いわば多元的な予算制度が存在した」ことを特徴として指摘した。その上で宮本は、多元的予算制度を統一し、財政能力に差のある地方団体が同一規模の国政委任事務を遂行しうる方策として位置付けられるのが町村合併であるとした(95)。しかし、連合町村会の簇生は、予算制度の多元的構成が戸長役場区域を超えて進行したことを意味し、町村合併のみではそれは解消し得ない。分立する連合町村会の郡会への吸収は、町村合併と相俟って、多元的予算制度の統一により「地方財政の合理化・縮減」を図る方策なのである(96)。「理由」第一が指摘したのもまさにこの点であった。

さらに郡制は、町村合併では解決し得ない地域的不均衡の補完策としても期待されていた。元老院において内閣委員内務省参事官荒川邦蔵は次のように述べている。

町村制ヲ施行スルニ方テ、穢多村ノ如キ他村ニ合併シ難キモ猶戸長役場ヲ要スル故、之ヲ建設スルニ補助スル等

ニテ従前府県ノ地方税ヨリ補助セシヲ、今後ハ郡ニ委スルコトニ為セシ(97)

以上のように、連合町村制を否定し町村合併方式を採用したモッセ及び内務官僚にとって、郡制制定はその延長上に位置付けられるものであった。確かに郡制は、地域社会内部から成長してきた連合町村会を解体、一元化して郡役所の統轄下に置きやすくした点や、地方財政の面からみて、支配の合理化を狙ったものであることは疑いえない。他方、郡制による郡の自治団体化は郡内名望家が抱えていた課題の解決に寄与しうる可能性も持っていた。むしろ両面を備えていたからこそ帝国議会開設前夜、「明治国家の政治的底辺を安定させる」一方策として政府から期待されたのである。だが、前者の支配の合理化という側面は、増大する国政委任事務に堪えうる資力を持った郡域の造成を目指す、郡合併政策を生み出す。この郡合併策は、郡制の持っていた後者の側面との矛盾を引き起こし、政府の期待を単なる可能性に終わらせるのである。

四　全町村組合の組織と機能

周知の如く政府が第一・二議会に提出した「郡分合ニ関スル法案」「三府三十県郡分合法案」は、衆議院において前者は否決、後者は審議未了となり、未成立に終わった。地域社会でも郡分合反対運動は広がりをみせ、京都府下では対象となった各郡で合併反対の陳情・請願が行われている(98)。本節では郡分合問題の検討を行う用意がないので、以下の点を指摘するにとどめたい。

第一は、郡区町村編制法以来数郡を所轄する郡役所が多く、郡合併はその所轄範囲が基本とされた点である。郡役所の数についていえば、「郡分合ニ関スル法案」で郡分合の対象とされた三二府県の内、京都・兵庫・岡山で大幅に減少するほかはあまり変化がなく、むしろ一〇府県では増加し総計一一増が予定されていた[99]。郡役所が遠くなることで増大する住民の不便を、全国的な規模で展開した反対運動の主要因とは見なせない。また、郡合併を行わないままでの郡制施行は、郡役所・郡長の大幅な増加と住民の負担増を招くため、政府としては容易に踏み切れないのである。

第二は、内務省の認識としては、郡区町村編制法以来約一〇年、郡役所所轄区域を単位に「共同一致の習慣を馴致し[100]」てきたとみて、一八八四年改正の連合戸長役場所轄区域を基本として行った町村合併と同様、郡合併も可能と考えていた点である。しかし、実際には表2に明らかなように、郡役所数を全郡連合町村会数が大きく上回る県があり、数郡を所轄する郡役所の下でも各郡を単位に全郡連合町村会が設けられていたものと思われる[101]。町村合併と異なり郡合併は、何らの代議機関もない領域に郡会を設けることになるのであり、郡合併反対の理由としてしばしば言及される「地形人情風俗[102]」の違いも右の点と深く関わっていたと考えられる。

郡分合が頓挫した要因としては、このほかにも郡合併による府県会選挙区の変更への危惧などが考えられる。いずれにしても郡制施行は、京都府はじめ三府四県[103]が一八九九年改正郡制施行まで未施行のまま経過するなど大幅に遅れた。しかし、すでに述べてきたことから、郡費を賦課し事業を起こすには、郡制未施行の郡であっても何らかの代議機関が必要であった。そのために全郡連合町村会を継承し郡会に代わるべきものとして設けられたのが全町村組合である。「組合」となっているように、それは単なる代議機関ではなく事業執行主体でもある。京都府下では、全町村組合（加佐郡）、全郡組合（与謝郡）、総村組合（愛宕郡）と名称は多少異なるものの、府下全郡に設けられた[104]。設立の根拠となった法律は、町村制第一一六条の以下の条文である。

数町村ノ事務ヲ共同処分スル為メ其協議ニ依リ監督官庁ノ許可ヲ得テ其町村ノ組合ヲ設クルコトヲ得

法律上ノ義務ヲ負担スルニ堪フ可キ資力ヲ有セサル町村ニシテ他ノ町村ト合併（第四条）スル協議整ハスンハ其

事情ニ依リ合併ヲ不便ト為ストキハ、郡参事会ノ議決ヲ以テ数町村ノ組合ヲ設クルコトヲ得[105]

以下、竹野郡を例に全村組合の組織と機能を検討する。同郡の全村組合への移行は恐らく一八九一、二年頃と思われる。[106]以降一八九九年に改正郡制が施行されるまで、一〇年近く代議機関兼執行機関として機能した。協議事項は、土木・勧業・学事・衛生・罹災者救助・共有物取扱と広範囲にわたっており、[107]郡費支弁の事業はすべて全村組合を通じて行われている。従って表6に示したように、郡制施行時全村組合予算は郡予算へとほぼそのまま継承されている。

次いで議員は、町村会議員の互選という複選制をとっている。「組合」である以上郡内各町村の代表で構成されているが、複選制規定は郡制第六条に準拠していると思われる。この点は加佐郡も同様である。[108]

職員は加佐郡の場合収入役一名だが、[109]竹野郡・中郡[110]においては収入役一名に加え書記二名を置いている。組合事務所は郡役所に置かれており、彼らはそこで組合管理者である郡長の命令・監督の下に日常的な業務を行っていた。しかし、組合の事業はこれら少数の有給職員のみでは遂行し得ない。各郡共に町村制第六五条の規定により常設委員を設けている。竹野郡の場合、組合発足と同時に常設土木委員を置いたが、一八九三年八月一六日の全村組合決議によりこれを常設委員に発展的に解消し、町村制第七四条に基づき常設委員条例[111]を制定した。それによれば定員は四名、いずれも組合会議員による互選であり、職務は以下の四つである。

①翌年度ニ施行ス可キ道路橋梁個所費額等ヲ取調議案ノ下調ヲナス事
②臨時急施ヲ要シ会議ヲ開クベキ場合同上ノ事
③道路開鑿修繕及橋梁架設ニ依ル工事ヲ監督スル事
④本組合ニ関スル事件ニ付管理者諮問ニ応スル事

全郡連合町村会における常務委員の職務を受け継いでいると同時に、①が郡制第五〇条第六項、②が同第二項、④

表6　竹野郡全村組合予算の推移

		歳入				歳出	
		総額（A）	村税分賦金(B)	府補助金	B/A	土木費（C）	C/A
		円	円	円	%	円	%
1892	追加後	8,727.641	4,344.263	1,948.973	49.8	8,234.241	94.3
1893	当初	7,584.737	3,801.976	2,179.735	50.1	6,257.637	82.5
	追加後	8,913.298	4,677.758	2,486.798	52.5	7,586.198	85.1
1894	当初	8,914.005	4,978.772	2,560.531	55.9	8,110.395	91.0
	追加後	9,900.865	5,733.052	2,660.376	57.9	9,025.935	91.2
1895	当初	9,085.776	5,784.327	2,555.849	63.7	7,198.016	79.2
	追加後	9,975.522	6,624.073	2,555.849	66.4		
1896	当初	12,437.257	7,973.729	4,023.528	64.1	10,945.357	88.0
	追加後	12,685.257	8,136.729	4,023.528	64.1	10,945.357	86.3
1897	当初	7,163.290	4,761.457	2,351.833	66.5	3,959.500	55.3
	追加後	17,333.262	6,741.964	9,643.331	38.9		
1898	当初	13,041.040	8,275.920	4,564.820	63.5	10,480.940	80.4
1899	当初	16,276.154	7,950.804	6,660.550	48.8		
1899	郡制引継	19,274.474	8,720.541	7,123.752	45.2	15,579.512	80.8
	追加後	21,265.899	10,711.966	7,123.752	50.4	15,771.702	74.2
1900	当初	22,475.084	12,971.721	8,309.863	57.7	17,926.844	79.8
	追加後	22,875.084	13,351.721	8,309.863	58.4	17,926.844	78.4

注1. 永島家文書 C-4.195『自明治廿六年竹野郡組合村会□（関係）綴』，同文書 C-4.201『明治参拾年ヨリ雑書綴』，同文書 C-4.250『竹野郡会決議書』により作成.
2. 1899年に郡制がしかれ，全村組合予算は郡予算に引き継がれている.

が同第五項の規定に近く、郡参事会に準拠した性格を備えている。また、③は町村制第七四条中の、常設委員が町村行政事務の一部を分掌しうる規定に依拠している。全郡連合町村会で設けられていた協同修路補助費方法などの規則は、全町村組合への移行により町村制の条例制定権を用いて初めて法的根拠を獲得した。そして条例によって、郡制第五九条に定められた委員の枠を超えた職務内容を付与することも可能だったのである。[112]

次に、竹野郡常設委員に選ばれた永島勝治の日誌[113]によって常設委員の活動を検証してみよう。

（1）一八九五年三月四～八日　郡役所にて常設委員会

①一八九五年度地方税補助許可の街道起工の費額予算へ編入の件、②同

補助街道許可ならざる分単独費をもって起工の件、③二等路線須急の箇所九五年度において開鑿の件、④九六年度地方税補助街道申請し許可の上は起工すべき件、⑤二等道路九六年度起工の見込箇所選定の件、以上五点につき決議書を郡長へ提出

（2）同年三月一四日　郡役所にて郡長提出の議案取調

（3）同年三月一五～一七日　全村組合会

（4）同年九月一七～一九日　町村より地方税補助・郡費開鑿を申請中の道路を郡長に同行し視察

このように、常設委員の権限①「議案ノ下調」とは、府県における常置委員のように知事が提出した議案の取調という範囲に止まらない。確かに議案は郡長提出であるが、具体的路線・費額の確定に至るまでかなりの発言力を持ったものと思われる。各村長からの土木工事に関わった依頼が絶えないのもそれを証している。

権限③の工事の監督については、「壱ケ所弐名トス、尤モ管理者又ハ書記出張之トキハ一名ノ立会人ニ止ムルコトモアルヘシ」との規定から、通常は常設委員のみによる監督であり、郡長・書記も含めた監督は例外的とされていた。永島勝治の場合、一八九五年三月から翌年二月までに監督のため出張した日数は、合計二五回四一日に及んでいる。

常設委員の職務内容は、京都府内で最も早く全郡連合町村会から全町村組合へ移行した何鹿郡及び天田郡でも判明する。何鹿郡の場合、常設土木委員の職務として、特に「三、翌年度ニ施行スヘキ工事ノ箇所費額ヲ取調ヘ議案及目論見帳ヲ編製スル事」と規定されており、天田郡でもより包括的な常設委員の職務として、「第六条　本組合ニ付議スル議案ヲ調成スルコト」と明記されていた。しかも右の条項の入った常設委員条例は、共に内務省の認める所だったのである。(114)全町村組合の運営の実権は常設委員を中心とした郡内名望家にあったといってよい。

次に財政だが、表6は全村組合財政の内容である。竹野郡の場合、全村組合への移行に伴って全体の財政規模が飛

躍的に拡大し、一八九二年の追加後の予算では、全郡連合町村会時の二〇〇〇円程から八七〇〇余円の歳入総額に達している。こうした飛躍は与謝郡でも九二年から九三年にかけて生じている。また、町村財政内に占める全村組合費の割合は、判明する五ヵ村平均で一八九二年の場合一八・六％、九三年で二一・七％と、二〇％前後の比率である。丹後では、加佐郡を除いた与謝・中・熊野各郡ともほぼ同様である。(115) 続いて歳入は、郡制第六二条を踏襲し、その大半が村税賦課金と府からの補助金から成っている（表6）。全郡連合町村会では議案毎に賦課徴収法が議論され、その事業の目的・性格から異なった方法がとられていたのに対し、全町村組合では村税賦課金に統一されたのである。その結果、賦課徴収方法をめぐって紛糾する事態は消滅し、歳入額と全体としての賦課徴収方法を検討すれば済むようになった。

歳出の検討に移ろう。特徴的なのは、歳出に占める土木費の割合が、一八九七年の当初予算で五五・三％となっているほかは、八割前後から九割以上と圧倒的比重を持っていることである。道路建設の拡大には先にも触れたように、「民情ノ東西両部ニ隔離スルモノハ独リ道路ノ開通セサルニ依ル」という事態を解消する、政治的意図が込められていた。こうした背景の下、竹野郡全村組合道路橋梁起工方法(116)では、以前の協同修路補助費方法にあった、地租一円に付五銭、戸数一戸に付一〇銭という固定した枠が取り払われ、土木費の急増へと繋がったのである。

以上の如く、郡制未施行府県では町村制における町村組合の規定を利用し、全郡連合町村会の組織と機能を一層拡充した。町村制の規定のみでも郡を舞台に右にみたような規模と内容の事業を行うことができ、さらには町村制第一〇六条をもって郡を単位に借入金や募債を行うことさえ可能であった。

一八九二年一一月、京都府会に「郡制府制実施ノ義ニ付建議(117)」が提出されたが、激論の末建議見合わせに決した。その理由の第一は、京都市及びその周辺部の民党系議員による以下のような主張である。

昨年ノ議会第二議会ニ於テモ表ハレタル彼ノ郡長公撰ヲ建議シテ既ニ衆議院ハ通過シタレトモ、貴族院ヲ通過セザルノ際不幸ニシテ解散トナリタルガ為メニ其儘トナリアルモ、本年ノ如キモ此コトニハ躍起トナリテ運動ナセリト云ヘバ早晩其望ヲ達スベシ[118]

従って不完全なままの郡制を実施するより改正が実現するまで待った方がよいというのである。[119]

第二は、「郡制ニ定メタル仕事ハ衛生ノ如キ勧業ノ如キ土木ノ如キ或ハ共有財産ノ如キヲ管理スルトカニテ、此位ノコトハ今日ノ市町村制ヲ利用セバ決シテ差支アルコトナシ、一例ヲ挙クレバ我天田郡ノ如キハ是等ノ管理ヲ町村組合会ニ於テナセリ」[120]というように、全町村組合が郡会の代替機関として十分に機能しうるという意見である。町村組合は、「議会ノ組織、事務管理ノ方法、費用支弁ノ方法殊ニ分担ノ割合ハ本制（町村制—筆者）ニ於テ予メ之ヲ規定セス、実際ノ場合ニ於テ便宜其方法ヲ制ス可シ」[121]とされており、郡制に比し官僚的統制が緩い。しかも、①不許であった大地主議員は存在しない、②郡制に規定のない条例の制定が町村制を利用して可能である、③郡制第五条に規定された二〇名という郡会議員の上限がないために、郡下全町村から代表を送ることができる、[122]といった理由から、全町村組合の方が地域社会の実情に即していたのである。

郡を単位に成立・展開した代議機関は、第一に、旧来の郡域の上につくり上げられてきた全郡連合町村会が郡合併に否定的に機能することにより、第二に、全郡連合町村会が転化した全町村組合が郡会の代替機関として実質的に機能することにより、二重の意味で郡制の早期施行を妨げたのであった。

おわりに

かつて有泉貞夫は、従来の地方自治制研究が制度形成史を主として扱ってきたために、機能論的検討をほとんど欠いていた点を鋭くつき、地方自治制が持ったとされていた「明治国家の政治的底辺を安定させる」機能に対して疑問を呈した[123]。これに対し藩閥政府の地域支配の鍵を地方自治制に求める論者による郡制の評価は、その官治的特質の強調であり、町村に対する監督機能への着目であった[124]。だが、両者共に郡の持つ自治団体としての性格を全く評価しない点では一致している。本章では、郡区町村編制法施行以来、全郡連合町村会から全町村組合へと繋がる、郡を単位とした代議機関の系譜を跡付けたが、それは常務委員・常設委員にみられるように、代議機関の枠を超えた郡内名望家主導の組織であった。郡内名望家による合議が郡政の重要な構成部分となっていた実態を示すことで、明治地方自治制の機能論的研究の糸口を見出し、部分的ではあるが官治の一面的な強調への批判を試みたつもりである。

従って本章の分析からすれば、一八九九年改正郡制の施行に至るまで、京都府はじめ三府四県が郡制未施行のままであった要因を、「議会（衆議院）が政府による郡分合に対して消極的であったことは、郡自治体の設置が必ずしも地方的利益に合致するものではなかったこと」[125]、つまり「郡制の歴史的基盤が町村制のそれに比してもきわめて脆弱であったこと」に求めるわけにはいかない。確かに町村制に比べれば郡制の歴史的基盤は弱体であった。だが三新法下、府県や町村に比し郡のみが代議機関を欠き、全く官治的な領域として存在したとの認識は正しくない。広範に成立した全郡連合町村会は、その他の簇生する連合町村会と共に郡の自治団体化の論拠とされたのであった。郡分合とは、ほとんどの地域では郡内名望家がつくり上げてきた右の機構を無視して、住民の代議機関を何ら持たない領域を地方団体として構成しようとしたものであった。

本章ではまた、府県レベルで郡制府県制早期実施論が多数派を形成し得なかった要因として、初期議会における郡制批判が浸透し、郡制改正案の成立を待って施行すべきであるとする考えが主流となったことを指摘した。その背後には、郡会の代替機関として全郡連合町村会から転化した全町村組合が十分に機能していた事実があった。政府による郡分合案の提起と初期議会における郡制批判を前に、郡制と町村組合は地域社会にとって二つの選択肢となったのである。第一次大隈重信内閣時に、旧自由党系の人々が掌握する内務省が、郡制の廃止と町村制における町村組合規定の拡充を掲げたことで、郡制と町村組合の対抗関係は一層明瞭な形で浮かび上がることになる。

注

（1）大島太郎『日本地方行財政史序説』（未来社、一九六八年）七三頁。

（2）例えば、山中永之佑『近代日本の地方制度と名望家』（弘文堂、一九九〇年）第二・五章。山中は郡制制定の国内的理由を、郡長の専門官僚化により地方「名望」家からの郡長任用という形での両者の結合関係が切断されたため、改めて郡制制定による地方「名望」家の取り込みが図られていく点に求めている。郡長の具体的分析としては、色川大吉「明治前期における地方統治と地方自治―〈明治前期の多摩地方調査と民権運動研究ノート〉―」（『東京経済大学人文自然科学論集』五、一九六三年）、岩佐俊一「一郡長の思想と行動―原豊穣論―」（『東京経済大学人文自然科学論集』一一、一九六六年）がある。

（3）代表的著作として、石田雄『近代日本政治構造の研究』（未来社、一九五六年）、大石嘉一郎『日本地方財行政史序説―自由民権運動と地方自治制―』（御茶の水書房、一九六一年）、藤田省三『天皇制国家の支配原理』（未来社、一九六六年）、大島太郎前掲書がある。

（4）久留島浩『近世幕領の行政と組合村』（東京大学出版会、二〇〇二年）第七章（初出は一九八二年）。

（5）藪田貫『国訴と百姓一揆の研究』（校倉書房、一九九二年）三三二頁。

（6）この点については、大島美津子「明治前期地方制度の考察（一）」（東京大学東洋文化研究所『東洋文化』二二、一九五七年）、奥村弘「『大区小区制』期の地方行財政制度の展開―兵庫県赤穂郡を中心として―」（『日本史研究』二五八、一九八四年）参照。

（7）大森鍾一文書三七「郡制廃止問題」所収。この史料は京都府立総合資料館編『京都府百年の資料』一政治行政編（一九七二年）に収録されている。また、一九〇六年の原敬の郡制廃止案については、三谷太一郎『日本政党政治の形成』（東京大学出版会、一九六七年）第一部第一章参照。

(8) 表2は、主に埼玉県立文書館蔵『埼玉県行政文書』明―五八九所収の、「連合区町村会水利土功会及学区会表」による。同表は大森の主張と全く符合し、内務省で作成後埼玉県に送付したものと思われる。また、同表の数字が一八八六年のものなので、内務省が調査を行ったのは一八八七年頃とみて間違いない。
(9) 有泉貞夫『明治政治史の基礎過程―地方政治状況史論―』(吉川弘文館、一九八〇年)一二四頁。
(10) 徳田良治「明治初年の町村会の発達」(明治史料研究連絡会編『明治権力の法的構造』御茶の水書房、一九五九年)九五〜九六頁(初出は一九四二年)。
(11) 他に神谷力『家と村の法史研究』(御茶の水書房、一九七六年)第四章第四節、大島美津子「地方政治」(福島正夫編『日本近代法体制の形成』上巻、日本評論社、一九八一年)一八九頁。
(12) 一八八四年の地方制度改正以前に開設されたとみられる全郡連合町村会を管見の限りで列挙すると、次のようになる。徳島県(大森鍾一文書一七「区町村会法並改正」)、広島県(『広島県史』近代一、一九八〇年、甲斐英男「明治地方自治制の成立―広島県の事例をとおして―」溪水社、一九八一年)、新潟県(『新潟県史』資料編一五近代三、一九八二年)、神奈川県(『神奈川県史』通史編四近代・現代(二)、一九八〇年)、兵庫県(『尼崎市史』第三巻、一九七〇年、『伊丹市史』第三巻、一九七二年)、福島県(安在邦夫「自由民権期における地方名望家の存在形態―知足軒井上光一の意識と行動に見る―」鹿野政直・由井正臣編『近代日本の統合と抵抗』一、日本評論社、一九八二年)。また、我部政男編『明治十五年明治十六年地方巡察使復命書』上下(三一書房、一九八〇・八一年)により青森県・三重県の例を確認できる。京都府では一八八二年までに、一八郡中紀伊・船井・与謝三郡を除いて規則が制定されている(京都府庁文書明治一六―二七「明治十六年山県参議槇村議官へ差出調書控」)。一八八四年以後のものとしては、宮本憲一「明治大正期の町村合併政策―明治地方自治制の矛盾とその展開―」(島恭彦編『町村合併と農村の変貌』有斐閣、一九五八年)六〇頁に紹介されている石川県鹿島郡金丸村の例が興味深い。同村の一八八八年度予算の支出中、四九・〇%が全郡連合町村会費である。
(13) 『法令全書』第一三巻ノ一。
(14) 前掲『尼崎市史』第三巻によれば、兵庫県武庫郡では早くも三新法成立前の一八七八年一月二〇日に「郡会」が開かれている。
(15) 京都府立総合資料館編『京都府市町村合併史』(一九六八年)第一編第三章第一節。
(16) 宮崎六左衛門については、宮崎晴美『宮崎家の歩み』、京都府議会事務局編『京都府議会歴代議員録』(京都府議会、一九六一

年）、中嶋利雄編集代表『資料天橋義塾』下巻（宮津市教育委員会・宮津市文化財保護委員会、一九七九年）参照。
(17)　宮崎家文書はすでに一部原田久美子により紹介されている。なお、以下注は『日誌』から直接引用した際に付すこととする。
(18)　一八八一年総代用『日誌』二月一八日。
(19)　同右二月二〇日。
(20)　同右三月八日。
(21)　小松・田井・矢野については、中嶋利雄編集代表前掲『資料天橋義塾』下巻参照。
(22)　天橋義塾社長沢辺正修については、原田久美子「沢辺正修評伝」（京都府立総合資料館『資料館紀要』三、一九七四年）がある。
(23)　竹本・速石・岩瀬については、中嶋利雄編集代表『資料天橋義塾』上巻（宮津市教育委員会・宮津市文化財保護委員会、一九七八年）及び下巻参照。
(24)　原田久美子前掲論文三二頁。なお、沢辺正修起草と推定されている「大日本国憲法」（家永三郎・松永昌三・江村栄一編『明治前期の憲法構想（増訂版）』福村出版、一九八五年）の第一〇五条～第一〇七条に地方自治の規定がある。その第一〇六条は、「郡区町村ニハ郡区町村会ヲ設クルヲ得、但郡区町村会ノ規則ハ其郡区町村ニテ編制シ府県令ノ裁可ヲ乞フヘシ」と規定している。沢辺にとってこの規則修正会は右の規定の実質化であった。
(25)　『京都府布達要約』によれば、「甲第百三十七号八月十七日　毎町村ニ戸長一人又ハ幾町村ヲ連合一人ヲ置ニ付町村独立連合共届出ノ事」とある。
(26)　一八八二年戸長用『日誌』一〇月九日。
(27)　同右一〇月二三日。
(28)　同右一〇月三一日。
(29)　同右一一月一二日。
(30)　同右一二月二日。
(31)　同右一二月二五日。
(32)　藪田貫前掲書三三七頁。
(33)　ただし、今西一『近代日本成立期の民衆運動』（柏書房、一九九一年）四四頁では、一八八〇・八一年を転機に戸長・用掛から請願「捴代」へ請願主体が変化すると指摘されている。地価修正運動においては戸長の「惣代」性の消失が同時に進行していた。

(34) 徳田良治「わが国における町村会の起源—明治九年布告一三〇号『金穀公借共有物取扱土木起功規則』について—」（前掲『明治権力の法的構造』）三一～三三頁（初出は一九四〇年）。

(35) 徳田良治前掲「明治初年の町村会の発達」五六頁。

(36) 奥村弘「三新法体制の歴史的位置—国家の地域編成をめぐって—」（『日本史研究』二九〇、一九八六年）四四頁。

(37)『京都府通常府会議録事』明治一四年第二編、七六頁。

(38) 前掲『京都府百年の資料』一政治行政編中の一〇六より引用。

(39) 同右書所収。

(40) 中嶋利雄編集代表前掲『資料天橋義塾』下巻参照。

(41) 一八八三年戸長用『日誌』七月二六日。

(42) 石川三良介・糸井徳之助・田井五郎右衛門・小松九郎右衛門の四名。一八八三年戸長用『日誌』九月二〇日によると、府中～蒲入地域選挙区で当選した田井五郎右衛門の票数が三二〇〇余で、戸数約三四〇〇に近いことから、全戸主の投票と推定した。

(43) 京都府立丹後郷土資料館蔵与謝郡算所村西原家文書C—五『雑誌（明治一七年一月）』。この時の全郡連合町村会規則は、宮津市史編さん委員会編『宮津市史』史料編第四巻（宮津市役所、二〇〇一年）に一九番資料として収録されている。

(44) 京都府立京都学・歴彩館蔵『愛宕郡連合村会議録事』上下（一八八一年）、同館蔵『京都府竹野郡連合村会議録事』（一八八二年、以下『議事録』一と略す）、京都府立丹後郷土資料館蔵竹野郡徳光村永島家文書C—四・一一四『京都府竹野郡連合村会議事録』（一八八四年、以下『議事録』二と略す）がある。

(45)『議事録』二、五三頁。

(46) 中嶋利雄編集代表前掲『資料天橋義塾』下巻、前掲『京都府議会歴代議員録』参照。

(47)『議事録』二、五二～五八頁。

(48) 区町村会法の段階では、「公共ノ事件」の内容は各町村の自由に任されていた（徳田良治前掲「明治初年の町村会の発達」七七～七九頁）。

(49)『議事録』一・二及び一八八一年の『府会議員被選挙人名簿』『府会議員選挙人名簿』による。

(50)　西原家文書前掲『雑誌（明治一七年一月）』によると、与謝郡の場合は宮津の士族及び丹後半島の先端の漁業地域を除き、ほとんどが地租一〇円以上を納め府会議員被選挙権を持つ層である。
(51)　『議事録』一、四二頁。
(52)　同右三一頁。
(53)　藪田貫前掲書一六二頁。
(54)　一八八八年と九〇年の実際の徴収額がわかるが、それぞれ一三〇五円七〇銭五厘、一〇五一円三四銭四厘である。
(55)　『議事録』一による。
(56)　『議事録』二による。
(57)　前掲『京都府市町村合併史』附録「町村制施行準備取調概表」による。
(58)　永島家文書C—四・一九二『議事録写』による。
(59)　西原家文書前掲『雑誌（明治一七年一月）』による。
(60)　『議事録』一、三一頁。
(61)　同右三一〜三三頁。
(62)　以下、『議事録』二、一九五〜一九六頁。
(63)　『法令全書』第二三巻ノ二。
(64)　与謝郡岩滝町板列神社蔵岩滝区有文書『（諸達綴）』所収、京都府布達士第六二号。
(65)　岩滝村では一八八六年より旧来の五人組が十人組に改編された。
(66)　岩滝区有文書中、一八八八年『集会要件録』二月七日。
(67)　同右六月四日。
(68)　同右一二月六日。ただ一八八八年の時点で郡内名望家の関心が郡域を超えた縮緬輸送路の確保である点に注目したい。彼らの要求は日清戦争前後には鉄道敷設へと移るが、京都鉄道、丹後鉄道共に株式会社形態をとっており、「郡中総賦課」を必要としなかった。彼らにとって郡レベルの代議機関の位置が低下していくことが予想できるだろう。
(69)　前掲『京都府百年の資料』一政治行政編に所収の二三七。

(70) 同右。
(71) 同右書中の二三五。
(72) 『法令全書』第二三巻ノ二。
(73) 大森鍾一文書一七。
(74) 『法令全書』第一七巻ノ一。
(75) 明治法制経済史研究所編『元老院会議筆記』後期第二〇巻（元老院会議筆記刊行会、一九七六年）三一〇頁。
(76) 以下の経過は大森鍾一文書一七中の「本県町村会の景況」による。
(77) 明治法制経済史研究所編前掲書二八〇・二八六〜二八八頁など。
(78) 大森鍾一文書一七。
(79) 『法令全書』第一七巻ノ一。
(80) 小林孝雄『大森鍾一と山県有朋—自由民権対策と地方自治観の研究—』（出版文化社、一九八九年）第六章では、連合町村会の展開と一八八四年の区町村会法改正の関係が、徳島県の事例も含めて詳しく検討されている。
(81) 前掲『京都府市町村合併史』一二一〜一二二頁。各府県の区町村会規則は、一八八四年五月七日付の内務卿山県有朋の訓示に基づいて作成された。ただ、訓示では二〇町村以上の連合町村会の場合各町村一人の割で議員を出すと定めているのに対し、京都府では最高二〇名とされているなど、若干異なる点がある。
(82) 表5の連合町村会数から明らかなように、この数字のなかには連合戸長役場単位の連合町村会は含まれていない。
(83) 『京都府布達要約』一八八五年上巻、二二頁。
(84) 国立国会図書館憲政資料室蔵『牧野伸顕関係文書』（書類）七九「連合町村会布告ノ義ニ付建議」。
(85) 井上毅伝記編纂委員会編『井上毅傳』史料篇第一（國學院大学図書館、一九六六年）中の一六三「地方政治改良意見案」（一八八六年）より引用。井上の地方自治論をめぐっては、例えば海野福寿・渡辺隆喜「明治国家と地方自治」（『大系日本国家史』四近代一、東京大学出版会、一九七五年）中の海野執筆分、坂井雄吉『井上毅と明治国家』（東京大学出版会、一九八三年）二第二節がある。
(86) 東京市政調査会編・亀卦川浩著『自治五十年史 制度篇』（良書普及会、一九四〇年、文生書院より一九七七年に復刻）、遠山茂

樹「明治憲法下の地方議会選挙」（『専修大学法学研究所紀要』九、一九八四年）など多数ある。

(87) 序章注(31)参照。

(88) この点は「はじめに」で引いた大森の主張をはじめ、内務省関係者がしばしば言及したところである。他にも大森鍾一文書三七・三八などに同様の認識が示されている。

(89) 明治法制経済史研究所編『元老院会議筆記』後期第三三巻（元老院会議筆記刊行会、一九八八年）二一二頁。

(90) 同右書一二四～一二五頁。

(91) 序章一及び序章注(32)(33)参照。序章でも指摘したように、モッセの連合町村制批判は、東プロイセンのクライス方式を原則とする立場からの西プロイセンのザムト・ゲマインデ制批判という形式をとっており、法の継受の問題も含んでいた。クライス方式かザムト・ゲマインデ方式かということならば、分析は町村合併と連合町村との関係のみでなく、郡制と全郡連合町村会の関係にも及ぶべきだろう。ザムト・ゲマインデについては、三成賢次『法・地域・都市―近代ドイツ地方自治の歴史的展開―』（敬文堂、一九九七年）第四・八章参照。

(92) 以上モッセ氏講述『自治政講義録』（自治政研究会、一八八八年）第三回、一六～一七頁。

(93) 明治法制経済史研究所編前掲『元老院会議筆記』後期第三三巻、一一八頁。

(94) モッセ氏講述前掲書第三回、一六～一七頁。

(95) 宮本憲一前掲論文。

(96) 同右。ここで問題となるのが表2の評決額三二二万余円（不明の岩手・石川・滋賀三県を除く）であるが、これは一八八六年の区町村費歳出総額（精算額）の約二四％である。

(97) 明治法制経済史研究所編前掲『元老院会議筆記』後期第三三巻、一二八頁。

(98) 京都府立総合資料館編『京都府百年の年表』一政治・行政編（一九七一年）参照。郡分合問題を地域の実態分析を通じて考察したものとしては、甲斐英男前掲書、原はるみ「郡制施行と郡の分合問題―明治二〇年代における奈良県の場合―」（大阪歴史学会近代史部会『近代史研究』二〇、一九七八年）がある。本書第二部第一章も参照。

(99) 大森鍾一文書一四「郡分合ノ件閣議案附諸表」による。

(100) 同右中の「理由書」。

(101) ただし、奈良県域を含む大阪府では、数郡を所轄する郡役所の所轄範囲を単位に連合町村会を組織していることが確認できる。例えば、茨田・交野・讃良三郡町村連合会（『枚方市史』第四巻、一九八〇年、五三頁）、葛上・葛下・高市・忍海郡連合町村会（南亭君閲『四郡町村連合会議傍聴録』一八八三年）。
(102) 例えば、前掲『京都府百年の資料』一政治行政編中の二四一「竹野郡独立ノ義ニ付請願書」。
(103) 東京・京都・大阪・神奈川・岡山・広島・香川の三府四県。
(104) 管見の限りでもほかに、滋賀県（『蒲生郡各町村組合会決議録』）、兵庫県（『相生市史』第三巻、一九八八年、二三五〜二三七頁）、長野県（長野県属横内捨一郎編『郡制府県制執務備考』）、青森・秋田・富山・広島・福岡の各県（以上『法規分類大全』政体門一政体総）で郡単位の町村組合が確認できる。また埼玉県では、「従来一郡若クハ数町村ノ連合ニ係ル土木教育勧業等ノ事業ニシテ区町村会法ニ依リ郡長ノ管理セルモノ、町村制実施後ハ特ニ他ノ法律ヲ以テ規定セラル、マテ町村制ニ依リ町村組合ヲ設けるように指令している（『埼玉県行政文書』明一六一二）。
(105) 『法令全書』第二一巻ノ一。全町村組合はこの条文の前半部に基づいて設けられたものだが、従来注目されてきたのは、町村制施行時町村合併方式ではなく町村組合方式を主張する際の法的根拠となった、同条後半部であった。井上毅伝記編纂委員会編前掲『井上毅傳』史料篇第一中の一六六「地方行政意見」（一八八七年三月）五二〇〜五二一頁参照。
(106) 京都府下で最も早く全町村組合へ移行したのは、一八八九年の何鹿郡と思われる（『法規分類大全』政体門一政体総）。丹後では加佐郡が一八九〇年、与謝郡が一八九二年である。京都府の場合、埼玉県のような指令はなく、また全町村組合への移行が郡により区々であることから、移行は郡内名望家主導と考えられる。
(107) 永島家文書C—四・一九五『明治廿六年竹野郡組合村会関係綴』中「竹野郡全村組合諸則」による。以下議員・職員についても同様。
(108) 京都府加佐郡『郡制史』（一九二三年）。
(109) 同右。
(110) 京都府庁文書明三一—二七『中郡役所郡長事務引継書』による。
(111) 永島家文書C—一〇・一九一『明治弐拾九年ヨリ竹野郡全村組合会議書類』中の「明治廿六年度竹野郡全村組合決議書」による。
(112) 町村制第一一条によれば、同条に定められた議員定数も町村条例によって増減を行うことが可能であった。他方、郡制では郡会議員は町村会議員による選挙、つまり複選制をとっており、定員は二〇名が上限であった。従って郡内に二一町村以上あって町村を組み合わせて一選挙区をつくる場合、町村条例によって町村制の規定以上に議員数を増やすことにより郡会議員選挙を有利にするというケースも生じた。第八議会で郡制改正法律案の提案者は、複選制の弊害としてこの点を指摘している（『帝国議会衆議院議事速記録』八、二四頁）。しかし右の事例は、本文中で示した町村組合の例と合わせ、条例制定権が地域社会の明治地方自治制解釈の幅を広げるのに寄与していたことも示している。

(113) 永島家文書C―一〇・一九〇『明治弐拾七年十一月一日ヨリ同廿九年十月廿四日迄雑記　竹野郡常設委員永島勝治』。

(114) 以上『法規分類大全』政体門一政体総による。何鹿郡の常設土木委員条例が裁可されたのは一八八九年一二月三日、天田郡の常設委員条例は九〇年三月一一日である。

(115) 各郡とも、京都府庁文書明二六―四〇『丹後地租制限超過稟請書』による。竹野郡の五ヵ村は、深田・鳥取・吉野・浜詰・下宇川の各村。

(116) 前掲永島家文書C―四・一九五中の「竹野郡全村組合諸則」所収。

(117) 『明治廿六年度京都府会議事録』第拾弐号、一～二頁。

(118) 同右書第拾六号六頁、上京区選出植島幹の発言。植島は愛国公党、次いで立憲自由党に入党。また、植島と同様の立場から発言した今村忠平（久世郡）は民党系政社交話会の中心メンバー、石原磯次郎（紀伊郡）は植島と同じく立憲自由党員。

(119) 初期議会では再三郡制改正案が提案されている。本書第一部第二章第一節第一項参照。

(120) 『明治廿六年度京都府会議事録』第拾六号、七頁の天田郡選出山口俊一の発言。

(121) 『市制町村制理由』。

(122) 第八議会における郡制改正法律案の審議で、自由党の田艇吉は郡会議員の選挙区をなるべく各町村とするよう主張し、次のように述べている。「是マデ各郡組合抔ニ於キマシテ則チ組合会ト云フモノハ、各町村カラ出シテ居ルト云フコトニナツテ居ル方ガ、変形シテ郡会ニナルノデアリマスカラ、及ブベキ限ハ各町村カラ一名以上ノ者ヲ出サセタイ精神デアル」（『帝国議会衆議院議事速記録』八、六四九頁）。

(123) 有泉貞夫前掲書一三四～一三五頁。

(124) 通説といってよいが、一例として三澤純「明治憲法体制と地方自治」（『熊本史学』第六四・六五合併号、一九八八年）。

(125) 三谷太一郎前掲書七四頁。

(補注1) 本章の基となる同名の論文(『日本史研究』三二六、一九八九年)については、神山知徳「地方三新法期の郡政運営」(『千葉史学』三〇、一九九七年)、同「三新法期における郡政運営について」(『ぐんま史料研究』一五、二〇〇〇年)の批判がある。千葉・群馬両県の事例を検討した結果、全郡連合町村会が「個別町村の利害を超えて郡内一般の利益を図るため」に設けられた京都府の事例は一般化できないというのである。確かに、三新法下では、郡制のような制度に基づき全国一律に郡会が設けられたわけではなく、地域の事情に基づき区町村会法の規定を用いて全郡連合町村会を組織し郡会の代替機関としたのである。それ故に、京都府と千葉・群馬両県のように歴史的・社会的条件の異なる地域によって多様なあり方を示すのは自然であろう。ただし、全郡連合町村会が、次第に「個別町村の利害を超えて郡内一般の利益を図るため」の機関へと展開していく群馬県の事例は、むしろ京都府に近いのではないか。

また、表2によると、一八八六年の内務省調査では群馬県と東京府の各五を除き、関東地方における全郡連合町村会の設置数は極めて少なく、京都府ではなく関東地方が特別なのではないかとの理解が成り立つ。京都府や群馬県のような場合と、戸長会議が恒常的な諮問機関として機能し続ける千葉県などとの相違が生まれる要因が知りたいところである。

なお、全郡連合町村会と戸長会議については、松沢裕作『明治地方自治体制の起源—近世社会の危機と制度変容—』(東京大学出版会、二〇〇九年)第四章注(50)(127)でも触れている。

(補注2) 本章に関連する論稿としては、谷口裕信「郡をめぐる地方制度改革構想」(『史学雑誌』一一〇—六、二〇〇一年)が重要である。本章は全郡連合町村会という代議機関の展開から郡制制定を位置付けたが、谷口は郡長=郡役所の事務量の増大、郡長の任用や俸給の支弁方法といった、行政機構が抱え込んだ問題から郡制制定を展望した。モッセ来日以前における内務省の地方制度構想である「郡法」「郡制」(府県制郡制の郡制とは異なる)を初めて本格的に分析した論稿であり、内務省が郡に郡会を設け自治団体とする地方制度改革に向けて動き出す端緒に光を当てた貴重な成果でもある。また、「郡法」「郡制」に込めた内務省の意図は、「郡制府県制草案理由」で郡を自治団体とした理由の「第四」に繋がっていくのかも知れない。一八九〇年郡制制定の要因は一つとは限らないのである。

第二章　府県制郡制改正をめぐる政党と官僚

はじめに

一八九〇年に公布された府県制郡制は、九年後の一八九九年、一部に未施行府県を残したまま早くも全面改正となった。府県制郡制は、郡会議員・府県会議員の選出について住民の直接選挙ではなく複選制を規定していた。つまり府県会議員は、市では市会議員及び市参事会員、郡では郡会議員及び郡参事会員が選ぶ仕組みとなっており、郡会議員については四分の三を郡内各町村会が選出し、四分の一は地価一万円以上の土地を所有する大地主の互選によるとされていた。府県制郡制は、こうした複選制や大地主制などの規定から、地主の地方政治への参加を認め官選の知事・郡長による地方行政を補完する制度として理解されてきたのである。

改正府県制郡制は、制定当初から民党による批判の強かったこれら複選制や大地主制を廃止した。にもかかわらず、この改正は政党勢力への対抗と官僚の独自性確保を狙った修正であるとするのが通説となっている(1)。改正における山県有朋ないしは山県系官僚の主導性を強調するのである。一方で府県制郡制の改正が、第二次山県内閣と憲政党との提携関係を維持するために憲政党への妥協として行われた点を重視したり(2)、日清戦後の産業資本確立に伴うブルジョアジーの政治的進出への対応とする見解もある(3)。

しかし、改正府県制郡制の性格規定をめぐる右の議論は、その立法過程を本格的に検討しないまま行われてきた。

その要因としては第一に、村共同体が明治国家の支配を底辺で支える役割を一貫して果たしたとする理解から、明治地方自治制研究が町村制の成立及びその施行を主な対象としてきたことが挙げられる。府県制郡制の成立過程に対する関心は薄く(4)、その改正経過に至っては研究史上の空白といってもよい(5)。第二の要因としては、初期議会における藩閥政府と民党との対抗関係の一つとして府県制郡制改正問題が取り上げられてきたために、両者の間で争点となった複選制と大地主制の廃止に関心が集中した点も見逃せない。内務省による「地方行政の機能論的分析(6)」の必要性が説かれながら、その根幹をなす府県制郡制の改正を総体として分析する動機に欠けていた。また、日清戦後における政党の地方自治論・地方制度改革構想も独自に検討されることなく、民権派以来の議事機関の権限拡張論をそのまま継承しているものと漠然と認識されてきたのである。

そこで本章では、改正府県制郡制の立法経過の大枠と改正目的を明らかにすることを第一の課題とする。第二に、政党と内務官僚の地方制度改革構想における一致点と相違点を明確にしつつ、両者の改正への関与の度合いを検討する。その上で第三の課題として、府県制郡制改正案の作成中に浮上した郡制廃止構想の内容を明らかにして、原敬内務大臣時代の郡制廃止と市制町村制改正を合わせた地方制度改革構想との関係を問いたい。

一　府県制全文改正案作成に着手するまでの経過

1　第二次伊藤博文内閣と地方制度改革

第一議会から第一〇議会までの衆議院議員提出府県制郡制改正法律案をまとめた表7に示したように、衆議院は府県制郡制公布後その改正には常に積極的であった。この内、衆議院での郡制改正運動については、①郡長公選、②複

表7　衆議院議員提出府県制郡制改正法律案一覧

議会	件名	提出者(所属会派)	審議結果
1	郡制改正法律案	森東一郎(弥生倶楽部)	衆可決・貴審議未了
2	郡制改正法律案	同上(弥生倶楽部)	途中撤回
2	郡制改正法案	工藤行幹ほか4名(弥生倶楽部)	衆審議未了
2	府県制改正法案	朝長慎三ほか4名(弥生倶楽部)	衆審議未了
3	郡制改正法案	工藤行幹ほか2名(弥生倶楽部)	衆審議未了
3	府県制改正法案	朝長慎三ほか3名(弥生倶楽部)	衆否決
3	府県制修正法案	天埜伊左衛門ほか8名(中央倶楽部)	途中撤回
4	郡制改正法案	工藤行幹ほか2名(弥生倶楽部)	衆審議未了
4	府県制改正法案	朝長慎三ほか2名(弥生倶楽部)	衆審議未了
5	郡制改正法律案	工藤行幹ほか1名(同志倶楽部)	衆審議未了
5	府県制改正法律案	朝長慎三ほか3名(同志倶楽部)	衆審議未了
5	郡制改正法律案	加藤六蔵ほか2名(同志倶楽部)	衆審議未了
5	郡制改正法律案	立入奇一ほか2名(議員集会所)	衆審議未了
5	府県制改正法律案	松島廉作ほか2名(無所属)	衆審議未了
5	府県制改正法律案	斎藤斐ほか2名(無所属)	衆審議未了
6	郡制改正法律案	田艇吉ほか5名(自由党)	衆審議未了
6	府県制改正法律案	同上(自由党)	衆審議未了
6	郡制改正法律案	福田久松ほか3名(立憲改進党)	衆審議未了
6	府県制改正法律案	同上(立憲改進党)	衆審議未了
8	郡制改正法律案	田艇吉ほか4名(自由党)	衆修正可決・貴審議未了
8	府県制改正法律案	同上(自由党)	衆修正可決・貴審議未了
8	府県制改正法律案	村上芳太郎ほか4名(立憲改進党)	衆議決不要
8	郡制改正法律案	工藤行幹(立憲革新党)	衆議決不要
8	府県制改正法律案	同上(立憲革新党)	衆議決不要
9	郡制改正法律案	多田作兵衛ほか6名(自由党)	衆修正可決・貴否決
9	府県制改正法律案	同上(自由党)	衆修正可決・貴審議未了
9	郡制改正法律案	西村真太郎ほか7名(進歩党)	衆議決不要
9	府県制改正法律案	橋本久太郎ほか7名(進歩党)	衆議決不要
10	府県制改正法律案	工藤行幹ほか7名(進歩党)	衆修正可決・貴否決
10	郡制改正法律案	同上(進歩党)	衆修正可決・貴否決

注.『帝国議会衆議院議事速記録』『帝国議会貴族院議事速記録』(東京大学出版会)により作成.

選制の廃止、③大地主制の廃止、の三つを柱として行われたことが指摘されている(7)。

これに対し、内務省がいつ頃から府県制郡制の全面改正を目指し条文作成に着手したのか、現在までの研究でははっきりしない。しかし、一八九三年四月一七日開催の地方長官会議(8)に出された意見書をまとめたと推定される「府県制郡制　府県知事意見要領」(9)なる印刷物が残っている。府県制郡制公布後早くも三年にして内務省は改正を視野に入れた調査を開始していたのである。なかには、町村会議員選挙への政党の介入を招く因を複選制に求め、府県会議員・郡会議員の複選制廃止を主張する意見（大分県・高知県）(10)、府県会への議案を事前に内務省に提出する制度の廃止など地方長官の地位強化を提案する意見（和歌山県・山梨県）、内務省書記官通牒と行政裁判所判決の相違点の解消を求めた意見（大阪府・愛知県）など、注目すべき内容が含まれている。しかし、この時点では意見集約に止まり内務省による改正案の作成は行われず、未だ本格的な改正作業は始まっていない。

その後第二次伊藤内閣末期、府県制郡制改正へ向け局面が大きく動いた。一八九五年一二月五日伊藤博文宛伊東巳代治書簡中で、自由党との提携問題の成り行きが左のように報じられている。

地方制度問題は、先日来内務省と直接引合候様申付置候処、例之復選論(ママ)囂しく叶議不相整由、是は御帰京之上ならては到底落着無覚束、夫迄打捨置可然と林へも内々申含置候。今日之時勢瑣々たる法律問題に屑々論談するは各地選挙区之所望に有之間敷、自由党も今少し宏量を示し候方可然と諄々申含候次第に有之候。河野広中も明後日より京都之大会に赴候由、帰京後之再会を約し置候位に而是も法律論には余り熱心にも不被見受候へとも、旧来之行懸より多少申訳的之措置を不施ては不相済との内意に被見受申候(11)。

これより先、第九議会召集を前にした同年一一月二二日、自由党は代議士総会を開き伊藤内閣との提携を宣言していた。この史料は、宣言以後も伊東巳代治を窓口とする自由党と伊藤内閣との提携交渉が継続していたことを示している。自由党側が地方制度の改正、とりわけ複選制の廃止を条件の一つとして持ち出したのに対し、伊藤内閣側の交渉役伊東巳代治が法律問題にこだわることの無意味を自由党に説きつつも、地方制度の改正について自由党に内務省と直接話し合うよう促していたのである。当時の内務省県治局長江木千之は、「自分も政党の領袖と話合をして見たらよからうと、先輩から注意せらるゝので、自由党の領袖松田正久等と密に会って話合ったこともある」[12]と回想しているが、それがこの時のことかは定かでない。ともかく自由党・政府間の交渉は実際に行われた。その結果郡制については、第九議会衆議院郡制改正法律案特別委員長多田作兵衛が「本案ノ大体ニ就キマシテハ政府ハ是マデ年々不同意ヲ唱ヘテ居リマシタ、所謂大地主制ヲ廃スルコト複選ヲ直接選挙トスル事、是等ノ事ニ最モ不同意ヲ称ヘテ居リマシタガ、本年ハ此大体ニ就イテ同意ヲ表シ」[13]たと報告しているように、大地主制と複選制の廃止が合意された。

しかし右の合意は、松岡康毅次官・江木千之県治局長・都筑馨六土木局長ら内務官僚の反対で反古にされ、自由党は激昂し衆議院委員会は紛糾した。この問題は、その後野村靖内務大臣の辞任[14]、江木の茨城県知事への転任、都筑の辞職へと発展していく[15]。ただし、江木自身も大地主制の弊害は認めており、「町村会議員のやうに、一級選挙二級選挙と云ふ様な等級選挙にして大地主の制を廃したらよからう」との考えを抱いていた点[16]にも注意しておきたい。

前年の第八議会に提案された郡制改正法律案は、委員会審議の過程で「第一ノ改革マデハ郡長ノ選挙ハ修正ノ通（郡長官選―筆者）」[17]となり、あくまでも郡長公選を主張する人々との間に亀裂が生じ、本項冒頭で指摘した三点の改正を中心的要求として進められてきた郡制改正運動に分裂の兆候がみえ始めていた[18]。これを受けて第九議会へ自由党が提出した郡制改正法律案は当初から郡長公選規定が削除されていたが[19]、同法案は結局貴族院で否決された。この間の経緯について、一八九六年三月二五日伊藤博文宛伊東巳代治書簡は次のように伝えている。

会期も最早明日限りと相成、数多の政府案一瀉千里の猛勢を以て通過致候へとも、自由党の通過を希望致居候郡制及選挙法改正案は、共に貴族院に於て握殺せられ候場合に逢遇し、是迄政府と提携したるの実挙らずとて、非難を試み候ものに対しても、右二条は唯一の押道具と相成居候処、刻下の有様困却の至に候。（中略）就ては今日の場合に相違し候ては、案の成立と否とは敢て問ふ所に無之候へとも、兎に角本議に上りたる上否決せらるる事に致度。郡制丈けは僅に明朝委員長より否決の報告を提出する迄に相運び候。[20]

以上のように第二次伊藤内閣末期、郡制改正運動の三つの柱の内、①については衆議院が要求を取り下げ、②・③については藩閥政府の譲歩という形で決着する可能性が出てきたが、なお内務官僚・貴族院の反発が強く郡制改正は実現するには至らなかったのである。[21]

第九議会後、自由党の板垣退助総理が内務大臣として第二次伊藤内閣に入閣し、内務省県治局長に同じく自由党の三崎亀之助が就任した。この体制の下で地方制度改正の検討が行われたことを示す史料が、次の一八九六年五月二二日千家尊福埼玉県知事宛三崎亀之助県治局長書簡である。

拝啓、現行地方制度ニ関シテハ改正ヲ要スルノ点尠シトセス、此等ハ目下当局ニ於テ審議中ニ属スルヲ以テ他日或ハ内務大臣ヨリ各位ニ対シテ諮問セラル、モノアルヘシト雖、差懸リ別紙所掲ノ諸点ニ関シ御意見承知致度候ニ付、御帰庁ノ後書面ヲ以テ小官迄御意見御申越相成度、此段申進候也[22]

埼玉県知事の回答は七月三日、愛媛県知事の回答も七月三〇日に提出されている。[23]恐らく七月から八月にかけて各知事の回答が内務省に集約されたと思われる。ところがその直後、第二次伊藤内閣が退陣に追い込まれ、この時の改正案作成作業は実を結ばずに終わった。

2　第二次松方正義内閣と地方制度改革

第二次伊藤内閣崩壊後の一八九六年九月、第二次松方内閣が成立した。第二次松方内閣の府県制郡制改正に対する考え方を示す史料としては、まず第一〇議会において衆議院に提出された「府県制改正法律案」「郡制改正法律案」に関する委員会での論議がある。内務次官中村元雄はこの席で次のように述べ、②複選制廃止、③大地主制廃止については改正に応じる用意のあることを明言した。

過日ヨリ此委員会ニ於キマシテ、三崎政府委員（県治局長—筆者）ヨリ御答ヲ致シマシタル如ク、右御要求ノ二件ノ外ノ、郡長公選ノコトハ、絶対的同意ハ出来ヌガ、右ノ御交渉ノ大地主廃止、複選法廃止ノ二件ノコトハ、今日絶対的御同意ヲ致サヌト云フ訳デハナイ(24)

その上で中村は、府県制については現在知事からも意見をくみ上げて取り調べ中であるが、未だ府県制郡制ともに未施行府県が多いので、「慎重ニ調査ヲ遂ゲタ上デ、他日進デ政府カラ此改正案ヲ出ス時機モ来ルカモ知レマセヌ(25)」との見解を表明した。

これに対し衆議院は、「昨年ニ於テ郡長公選ハ政府ノ意ニ譲ヅタカラ、当年モ其点ハ政府ガ同意ガ出来ヌナラ先ヅ譲ルトシテモ宜シイガ、他ノ二点ハ是非共同意ヲ得ナケレバナラヌ(26)」との立場をとっていた。第一〇議会に工藤行幹が提出した「郡制改正法律案」は、「第五十一条　郡長及助役ハ有給吏員トシ郡会之ヲ選挙シ其ノ任期ハ四年トス(27)」という郡長公選規定を含んでいたが、衆議院は前議会と同じくその審議のなかで郡長公選論を取り下げたのである。郡長公選論は、住民の費用負担で運用される地域団体の執行機関の長は住民が選出し雇用するものであるとの理念に立つ主張である。郡制改革運動の三つの柱のなかでは最も中心的・原理的課題であって(28)、反対に政府にとっては受け入れがたい要求であった。第二次松方内閣は、直ちに府県制郡制の改正に応じることには難色を示したものの、衆議院が自ら郡長公選論を要求内容からはずしたために、政府と政党間で合意に達し地方制度改正を実現する条件が大きく広がったのである。

第一〇議会に工藤行幹ほか七名が提案した「府県制改正法律案」は、章編成でも従来の政党案から変化をみせ政府側に一歩近付いている。前年の第九議会に多田作兵衛ほか六名が提出した「府県制改正法律案」「郡制改正法律案」は、「第三章 第一款 府県参事会及府県吏員委員ノ組織選任 第二款 府県参事会並ニ府県吏員ノ職務権限及庶務規定第三款 給料及給与」[29]という具合に、参事会と吏員・委員を同一の章で扱う編成をとっていた。これに対し先の工藤行幹ほか七名提出「府県制改正法律案」は、参事会については第三章で、吏員については第四章で規定して、両者を分けたところに大きな特徴があった。[30]

もともと府県制郡制の制定過程で、一八八八年八月二八日付「地方制度編纂委員会案」、及びそれを基に九月二六日に閣議決定した「内閣原案」は、参事会を「第三章 府県行政」中に規定し執行機関として位置付け、幅広い権限を与えていた。その後の修正により参事会の権限は大きく削られたものの、結局参事会を府県行政中で扱う章編成に変化がないまま府県制は公布された。[31]こうした経緯もあって、法制官僚の水野遵でさえ、府県制が行政機関の組織について知事の独任制を採用したことを認めながら、「府県参事会なるものは自治団体の行政機関とす」と断定しているように、[32]参事会が執行機関なのか議事機関なのか解釈に曖昧さが残ったのである。第一〇議会の工藤行幹ほか七名提出「府県制改正法律案」は、政党も参事会の性格規定をめぐる右の曖昧さを払拭し、議事機関として認識を統一しつつあった政府に足並みを揃えようとしたものとみられる。

さらに、第九議会の多田作兵衛ほか六名提出「府県制改正法律案」が、年来の政党側の主張に沿って府県会に府県条例及び規則を設ける権限を定めていたのに対し、[33]第一〇議会の工藤行幹ほか七名提出「府県制改正法律案」ではこの規定を削除している点も、[34]政府側との接点の拡大と考えられる。

ところで、先述した各知事に諮問中である旨の中村内務次官の発言は、第二次松方内閣成立直後の一八九六年一〇月二三日、三崎県治局長名で各知事宛に「地方行政上ノ得失ニ関シ」意見を上申するように命じた通牒秘甲第一七五号を指している。[35]この時の上申をまとめたものが東京都公文書館蔵『地方官意見　知事官房』である。そのなかに「衆議院議員選挙法ニ関スル意見　府県制ニ関スル意見　市制町村制ニ関スル意見　郡制ニ関スル意見」という表題のついた活版の冊子が綴じ込まれている。[36]

この冊子には、いずれも熊本県による「府県合併ニ関スル事」「町村ノ区域ヲ広大ナラシムル事」「郡制ヲ廃止スル事」、以上三件の上申が収録されている。当時の熊本県知事は松平正直である。上申の趣旨は、七〇〇戸を目安に町村合併を行って公共事業の振興を図り、それに合わせて郡を現行の半数程度にまで減らし、「郡ヲ以テ従前ノ如ク単純ナル行政区画ト為シ、郡長ハ一方ニ於テハ町村ノ監督官トシ更ニ国ノ行政及ヒ府県ノ行政上知事ノ命令ヲ町村ニ伝達執行スルノ地位ニ立タシメ、郡役所ヲ以テ恰モ出張所ノ如クスル」。[37]その上で、府県合併を実施して全国を二五の行政区画に区分しようというのである。郡制廃止と町村合併・府県合併がセットで論じられているのが上申の特徴であった。また郡制廃止後は、郡有営造物を郡内総町村の組合の管理に移す提案も含まれており興味深い。松平の上申は内務官僚による郡制廃止論の嚆矢とみてよい。[38]しかも、上申直後の一八九六年一一月二一日、松平正直は内務次官へと転じる。内務省内の有力な意見として郡制廃止論が存在したのである。

改正内容の点で政府と衆議院との距離が大きく縮まった状況変化を踏まえ、一八九七年六月二日の地方長官会議において樺山資紀内務大臣は、「現行の地方制度は数年来の実験に依り往々其欠点ある事を発見したるにより、本省に於ては之が調査を為し、早晩改正を為さんと欲す[39]」との演説を行った。第二次松方内閣は地方制度の全文改正へ向けた作業を開始したのである。

二　府県制改正内務省案の形成過程

本節では、内務省内で地方制度の全文改正作業に着手した第二次松方内閣から改正府県制郡制が成立した第二次山県有朋内閣に至る、府県制改正内務省案の変遷を概観する。

最も基本的な史料となるのが、早稲田大学蔵『大隈文書』A—二六一九「府県制改正ノ件[40]」である。「府県制改正ノ件」には、(1)内務省が内務大臣名で府県制改正案の議会提出を目指し閣議を要請した閣議請議書草案である「府県制改正ノ件」、(2)第二次山県内閣が帝国議会に提出したものと同文の「府県制改正法律案理由書」、(3)府県制改正案の要点について細部にわたり説明を付した「府県制改正案説明要領」、(4)「府県制」、が収録されている。

この内(4)「府県制」が、改正へ向け条文作成を行った最初の内務省案と考えられる。この「府県制」第一四〇条に一八九八年四月一日からの施行を規定しており[41]、恐らく第二次松方内閣の内務省が一八九七年一二月二一日に召集された第一一議会への上程を目指し改正を企てた案であろう。第二の可能性として、「府県制」は第一一議会への提出を目指し政党が作成した案とも考えられるが、後述するように第一次大隈重信内閣の内務省案作成の際に草案として利用されているので、「府県制」は政党案ではなく第二次松方内閣時の「内務省案」であると断定しておく[42]。

「府県制改正ノ件」所収文書の内、(1)(3)は共に冒頭で「現行ノ府県制ハ公布（(3)では発布）以来既ニ九年ノ星霜ヲ経」たと述べており[43]、さらに(1)の末尾で第一三議会（一八九八年一一月七日召集）への提出を求めている[44]。つまり、

（1）（3）は府県制郡制が発布された一八九〇年から九年目に当たる九八年の作成であり、ここでの内務大臣は第一次大隈内閣の板垣退助であると確定できる。（2）も同様に第一次大隈内閣時のものであろう。また、（4）「府県制」に施されている数多くの訂正も、第一四〇条の施行期日が一八九九年四月一日に訂正されているため[45]、第一次大隈内閣の時になされたものと推定して間違いない。同内閣時の内務省には、板垣内務大臣のほかに、いずれも旧自由党系から鈴木充美次官・山下千代雄県治局長・西山志澄警視総監・小倉久警保局長・斎藤珪次秘書官（北海道関係は除く）が就官していた[46]。板垣内相は就任早々地方制度改正に強い意欲をみせ[47]、一八九八年七月二六日には訓第六六九号を発し、各地方長官に「地方事務ヲ簡捷ニシ行政ノ整理ヲ図ル」ために意見書の提出を求めている[48]。また、九月二〇・二六日両日には憲政党政務調査局で地方制度改正を論じ[49]、一〇月四日には政務調査局会議に鈴木内務次官・井上友一内務省書記官が出席して地方制度改正案をめぐり協議を行っている[50]。（4）「府県制」に加えられた修正は、憲政党の意向を強く反映しているとみて差し支えない。

もう一つの基本史料が、第二次山県内閣時の改正府県制郡制関係の立法史料を収録した、国立公文書館蔵『公文類聚』第二三編第二巻政綱門二―一「府県制郡制ヲ改正ス」[51]である。ここに収められた内務省の府県制改正法律案（手書き）は、大筋において前述の（4）「府県制」の修正案＝第一次大隈内閣内務省案を下敷きとし、それに訂正を加える形式をとっている。

まとめるならば、現在我々は、『大隈文書』所収の①第二次松方内閣「内務省案」（内務大臣による閣議請議書がついておらず省内での最終的合意が得られたか不明のため括弧を付した）・②第一次大隈内閣内務省案（①の修正案）、及び『公文類聚』所収の③第二次山県内閣内務省第一次案（②を下敷きとし若干修正を加えた案）・④第二次山県内閣案（③の修正案）を確認することができるのである。

この内、③案は原文に多くの修正が加えられている。第二次山県内閣成立直後、政府と旧自由党系の憲政党及び国民協会との間で地方制度改正をめぐって交渉会が持たれた。その交渉に臨むにあたって憲政党は一八九九年一月二三日に代議士総会を開き、要求内容を決議した(52)。二四日と二五日の交渉会で府県制郡制改正の要点がまとまるが(53)、③案が一月二六日に西郷従道内務大臣から内閣に提出された内務省案であることを考え合わせると(54)、③案の修正は政府と憲政党との交渉会の席で行われたものと推定される。この修正の大半を取り入れて④案が成立しており、第二次山県内閣案である④案も憲政党の意向を大幅に受け入れて作成されたことは明らかである。改正府県制郡制公布直後の三月一八日、西郷内務大臣は各知事宛に秘甲第七二号を発し、「地方長官ノ意見並本省調査ノ資料等ヲ参酌シ改正案提出ノ廟議ヲ確定」したとその経過について述べているが(55)、これはことの一面を伝えているに過ぎない。

三　各府県制改正案の比較

1　四案の共通点

以上四案の内容を比較し、第二次山県内閣で行われた府県制郡制改正と憲政党との関係をより明確にしておきたい。表8は、前節で指摘した①から④の四案を主要な項目毎に比較したものである。(1)府県の法人格の明記、(2)複選制の廃止、(3)議員の任期、(4)府県会の定足数、(5)府県による積立金穀の設置・寄付や補助行為の許可の明記、(6)特別会計の設置規定の追加といった諸点は四案に共通しており、これらの点で山県系官僚と政党の間に対立はない。

(2)の複選制廃止については、先述したように第二次伊藤内閣末期の自由党との提携交渉のなかでいったん合意に

表8　府県制改正案の比較

項目	第2次松方内閣「内務省案」	第1次大隈内閣内務省案	第2次山県内閣内務省第一次案	第2次山県内閣案
府県の法人格	法人と明記	同左	同左	同左
複選制の廃止	廃止	同左	同左	同左
選挙・被選挙権	直接国税年額5円以上納入者	地租年額5円以上若しくはその他の直接国税年額5円以上納入者又は地租とその他の直接国税合計5円以上納入者	地租年額5円以上若しくはその他の直接国税年額3円以上納入者又は地租とその他の直接国税合計5円以上納入者	選挙権は直接国税年額3円以上納入者，被選挙権は直接国税年額10円以上納入者
議員の定員	人口70万人までは30人 70〜100万人は5万人毎に1人増加 100万人以上は7万人毎に1人増加	同左	勅令をもって規定	第2次松方内閣「内務省案」・第1次大隈内閣内務省案を復活
議員の任期	任期4年，2年毎に半数改選	同左	同左	同左
投票方法	連記記名投票，自書不能者は代書を認める	連記無記名，自書不能者は投票不可	単記無記名，自書不能者は投票不可	連記無記名，自書不能者は投票不可
議会の定足数	議員定員の半数以上	同左	同左	同左
市部会郡部会	条文に規定あり	設置及び組織権限等は勅令で規定	設置は勅令で規定	同左
名誉職参事会員	市部会郡部会のある府県8名，ほかの県6名	府は8名，県は6名	同左	同左
参事会の召集	知事が召集，名誉職参事会員半数以上より請求	知事が召集，名誉職参事会員半数以上より請求	知事が召集，削除した「相当の理由ありと認め	同左

	があり相当の理由ありと認める時	の場合「相当の理由ありと認める」部分を削除	る」部分を復活	
有給府県吏員の定員	府県会の議決を経て内務大臣の許可を得る	左の規定を削除	同左	同左
常設委員の設置	府県会の議決を経て内務大臣の許可を得る	内務大臣の許可を削除	府県会の議決を経て内務大臣の許可を得る	同左
常設委員の組織・選任・任期	府県会の議決を経て内務大臣の許可を得る	府県会の議決を経て知事が定める	府県会の議決を経て内務大臣の許可を得た上で知事が定める	同左
訴願・訴訟・和解への関与	知事が府県を代表して行う 府県会の議決事項に明記	知事が府県を代表する規定削除，府県会の議決事項からも削除，府県参事会の職務権限に追加	規定なし	府県参事会の職務権限
府県事務の庶務規定	府県会が定め内務大臣の許可を得る	内務大臣の許可を削除	同左	同左
有給府県吏員の給料額旅費額及支給方法	府県会の議決を経て内務大臣の許可を得る	知事が定める	同左	同左
実費弁償額及支給方法	府県会の議決を経て内務大臣の許可を得る	府県会の議決を経て知事が定める	府県会の議決を経て内務大臣の許可を得た上で知事が定める	同左
決算	知事が府県会の認定に付す	知事が府県会に報告	同左	同左
郡参事会の規定	郡参事会の存在を前提とする	条文中から削除	郡参事会の存在を前提とする	同左
内務大臣の許可を要する事項	9項目	左の内，第3項積立金穀等の設置・処分に関する事，第4項寄	左で削除した第4項・第5項・第7項を復活	同左

		付・補助をなす事，第5項府県有不動産の売却・交換・譲渡並質入・書入をなす事，第7項夫役・現品を賦課する事，を削除		
施行期日	明治31年4月1日	明治32年4月1日	明治32年7月1日	同左

注．早稲田大学蔵『大隈文書』A-2619「府県制改正ノ件」，『公文類聚』第23編巻2政綱門2-1「府県制郡制ヲ改正ス」により作成．

達した経緯があった。第一三議会貴族院で山県首相は複選制廃止について次のように演説している。

複選制ニ依リマスルト云フト府県会議員郡会議員ノ選挙ニ関スル勝敗ハ、一ニ市町村会議員ノ選挙ニ係リマスルカラ競争ノ熱度ハ層一層高マリ来ッテ市町村ガ此集注点ト相成リマシタト云フ情況ニ立至リマシタ、故ニ此競争ノ熱度ハ延イテ市町村自治ノ行政ニ波及致シマシテ市町村自治制度ノ発達ヲ害スルニ立至ッタト云フ訳デアリマス[56]

山県によれば、改正府県制郡制での複選制廃止は、それによって市町村会議員選挙を激しい党争から切り離し、市町村を隣保相扶の団体として維持するとともに、政党の伸長を食い止めることが狙いであった。しかし、こうした複選制廃止の立法趣旨は、裏を返せば府県会議員から郡会議員に至る選挙については、直接選挙を認め政党の地方政界での勢力拡大を容認することを意味している。第二次山県内閣による複選制廃止も、第二次伊藤内閣以来政党との間で行われてきた交渉の延長上にある。

元来政党側の複選制廃止理由も、第八議会で「郡制改正法律案」の提案者多田作兵衛（自由党）が「一体町村ハ一家族ノ関係同様ノモノデ、此町村ニハ及ブコトナレバ政党ノ争ト云フモノヲ持込マヌ様ニセニヤナラヌ」と述べている[57]ように、山県演説の趣旨と似通ったものであった。改正に関わった一木喜徳郎や水野錬太郎によれば、むしろ山県内閣がこうした政党側の論理を受け入れ、憲政党との提携の一条件としたと理解されている。[58] 実際、山県内閣成立直後に大阪の藤田伝三郎邸で行われた憲政党との提携交渉で、憲政党の要求する地方制度改正について山県内閣は基本的に合意した。[59] そして、一八九八年一二月六日及び翌年一月二四・二五日、西郷従道内相邸で政府と憲政党・国民協会との交渉がなされ、[60] その場で憲政党の求めた郡会議員・府県会議員の複選制廃止に政府が同意したのである。[61] 星亨系の新聞『日刊人民』はこうした経緯を踏まえ、山県内閣提出の府県制郡制改正案は「もと政府の提出に係ると雖も、其実は全く衆議院の希望に一致したるもの」と評している。[62]

複選制廃止が決して政党勢力の抑制につながらないとの疑問は、[63] 貴族院でも重要な論点であった。法制官僚の一人山脇玄は、改正府県制郡制の解釈書でこの点を明確に批判し、直選制の採用によって「市町村会議員ノ選挙ヲ平穏ナラシメントセハ、郡会府県会議員ノ選挙ニ激烈ナル競争ヲ生シ郡行政府県行政ヲシテ政党軋轢ノ焼点タラシムル」と述べた上で、「本制ノ改正ニ讃辞ヲ呈スルコト能ハサルナリ」と公然と記している。[64]

府県の財務に関する(5)(6)は、いずれも府県による各種事業の経営を促す意図であった。例えば、(5)について「府県制改正案説明要領」では、「改正案ニ於テハ府県ハ其ノ必要ニ応シ或ル特種ノ事業、仮令ハ道路公園学校等ノ維持又ハ救荒予備ノ為ニ積立金穀等ヲ設クルコトヲ」できるようにし、「府県制ニ於テハ府県ハ府県内郡市町村ノ土木工事又ハ府県内ノ教育衛生勧業及慈善ノ事業若ハ営造物ニ対シ補助金ヲ与フルコトヲ得ルトノ規定ヲ設ケタルモ（府県制第六四条—筆者）、其ノ公共ノ利益ヲ増進スルニハ今一層広汎ニ寄付補助ヲ為スコトヲ許ス」ための改正であると述べている。[65] また(5)の背景には、府県制とは異なって補助金規定のなかった郡制の解釈をめぐる内務省と行政裁判所の対立があった。郡費による町村などの公益事業への補助について、一八九一年六月二五日山形県照会への回答や、九二年七月七日徳島県伺への通牒で補助できるとした内務省に対し、行政裁判所は九六年一一月五日の宣告で補助で

きないとの判決を下していたのである。(66)

（5）（6）と同様の条項は、衆議院提出案のなかでは第九議会の多田作兵衛ほか六名提出「府県制改正法律案」まではなく、第一〇議会の工藤行幹ほか七名提出「府県制改正法律案」に初めて盛り込まれている。この点でも、第一〇議会の府県制改正政党案は内務省の地方制度改革構想に大きく近付いていたのである。いずれにしろこの改正項目は、日清戦後に急速に拡大する府県及び市町村の公益事業を制度的に支える役割を果たす規定であり、それは府県制の改正動機の重要な一つであった。

2　四案の相違点

表8からは四案の相違点もいくつか指摘しうる。この内、①案から②案に至る過程で修正された第一点目は、府県会議員の投票方法である。①案では連記記名投票で自書不能者に代書を認めていたが、②案では選挙の公平を期すとの理由により連記無記名で自書不能者は投票不可と訂正されている。投票方法はその後、③案で単記無記名に変わったものの④案では再び②案に戻っている。

第二は、本文中にあった市部会郡部会についての具体的規定がすべて削除され、その設置及び組織権限等は勅令で定めるとされた点である。この修正も大筋で③・④案へと受け継がれ、それに伴って名誉職参事会員数も、「市部会郡部会ノアル府県八名、他ノ県六名」から「府ハ八名、県ハ六名」へと訂正されて、③・④案もそれを踏襲した。

第三は、府県参事会の召集について、名誉職参事会員半数以上より請求のあった場合、相当の理由ありと知事が認めた時のみ召集するとされていた①案での規定を削除し、②案では従来の府県制の規定通り限定なしで召集するとした点である。ただし、この修正は③・④では①案に復され、事実上参事会の召集は知事に一任された。つまり、参事会の権限維持を狙った政党側の思惑は山県系官僚によって阻止されたのである。

第四は、有給府県吏員の定員・常設委員の設置・常設委員の組織選任任期・府県事務の庶務規定・有給府県吏員の給料額旅費額及び支給方法・実費支弁額及び支給方法などの項目で、①案にあった内務大臣の許可を得る規定を削除し、さらに「府県行政ノ監督」の章で内務大臣の許可を要する事項を九項目から五項目に減らしたことである。板垣内務大臣名による「府県制改正ノ件」ではこの点に関し、「監督ノ条規ニ関シテハ従来内務大臣ノ許可ヲ要シタル事項中其ノ主要ナラサルモノハ概ネ之ヲ省略シテ府県ノ自理ニ委」すと述べている。(67)ただし、一部府県会の議決を経る規定を削除した項目があり、決算においても府県会の認定に付すのではなく単に報告すればよい条文に改められている。「府県制改正案説明要領」で「改正案ニ於テハ其ノ事ノ軽易ニ属スルモノハ勅令ノ規程ニ依リ府県行政ニ関シテハ府県知事ヲシテ直ニ処分セシメ行政事務ノ簡捷ヲ期セリ」と記されているように、(68)政党は内務大臣の許可・監督事項の削減に努めつつも、単純に府県会の地位の上昇を目指したのではなく、むしろ知事の権限強化を主眼として改正を行っているのである。(69)この点では山県系官僚も同様であり、③・④案では一部の項目が内務大臣の許可事項に戻っているが、②案での訂正をそのまま受け継いだ箇所も多くある。改正府県制における知事権限の強化をもって、政党政治化傾向から官僚機構を守る障壁として行われた「文官任用令改正の精神とつながる」(70)とするのは早計に過ぎる。

政党内閣案が知事の権限強化を目論んだ背景には、内務官僚の同意を取りつけようとしたほかに、次のような事情があったと考えられる。まず、第二次松方内閣で、進歩党の室孝次郎（愛媛県）・波多野伝三郎（福井県）・菊池九郎（山形県）・宗像政（埼玉県）、国民倶楽部の中村彦次（島根県）、議員倶楽部の権藤貫一（長野県）・柏田盛文（茨城県）、無所属の石田貫之助（富山県）といった政党員もしくは政党系の人物が知事に登用され、(71)第一次大隈内閣でも憲政党員の肥塚龍（東京府）・菊池侃二（大阪府）・金尾稜厳（富山県）・加藤平四郎（静岡県）・園山勇（長野県）・志波三九郎（石川県)・谷河尚忠(高知県)・萩野左門(栃木県)・草刈親明(群馬県)・小野隆助(香川県)が地方長官の席を占めたことである。[72]次いで、初期議会期の府県会が民力休養を掲げ知事と厳しく対立していたのに対し、日清戦後積極政策の展開に伴い府県会が膨張する府県財政を許容し利用しようとする傾向を強め、府県会と知事の接近が急速に進んだことがあった。[73]政党にとって知事は自らの利益を引き出すために協調すべき相手へと変化を遂げつつあったのである。三つ目は、一八九六年の河川法の公布をはじめとして、教育・土木・衛生・勧業などの諸分野における法制化が急速に進み、知事の指揮命令権・監督権の及ぶ領域が大幅に拡大したために、政党・内務官僚に関わりなく知事の権限強化の制度化が急務となっていたことによる。[74]

第五の相違点は、①案第一一八条第二項の条文「前項ノ場合ニ於テ町村長ノ決定ニ不服アル者ハ郡参事会ニ訴願シ、其ノ郡参事会ノ裁決ニ不服アル者又ハ郡市長ノ決定ニ不服アル者ハ府県参事会ニ訴願シ、其ノ府県参事会ノ裁決又ハ府県知事ノ決定ニ不服アル者ハ行政裁判所ニ出訴スルコトヲ得」[75]の内、郡参事会に関する箇所を削除したように、②案は郡制の存在を前提とせず作成されている点である。これは第一次大隈内閣が早くも郡制廃止を構想していたことによるが、これについては後で検討する。なお、③・④案は当然のことながら郡制廃止を考えていない。

なお第六点目として、府県会議員の選挙・被選挙権に関する規定が①案から③案までは同様に扱われているのに対し、④案に至って両者が切り離され変化する点も重要である。

以上の比較から、一八九九年に制定された改正府県制の内容の多くはすでに第一次大隈内閣時に固まっており、第一次大隈内閣内務省案と第二次山県内閣案との大きな差異は、a選挙・被選挙権の納税資格、b郡制の存廃、c内務大臣の監督権限の強弱、にまとめられる。この内cについては、先に指摘したように知事の権限強化という方向では両案とも一致しているので、まずaについて次項で検討し、bについては節を改めることとしたい。

3　選挙・被選挙権の納税要件

第一次大隈内閣内務省案である②案では、選挙・被選挙権の納税要件を、地租年額五円以上若しくはその他の直接国税年額五円以上納入者又はその他の直接国税合計五円以上納入者、と定めている。前掲「府県制改正案説明要領」によると、その制定趣旨は、「府県会議員ノ被選挙権ハ現行法ニ於テハ直接国税年額十円以上ヲ納ムルヲ要スト雖、改正案ニ於テハ実際ノ情況ニ鑑ミ且衆議院議員提出ノ府県制改正案ヲ参酌シテ選挙資格ト同一ノ程度ニ下シタ」点にあるとされている。[76]納税要件に関する限り、②案で改正すべき法令として念頭に置いていたのは、一八七八年の府県会規則第一三条「府県ノ議員タルコトヲ得ヘキ者ハ満二十五歳以上ノ男子ニシテ其府県内ニ本籍ヲ定メ満三年以上住居シ其府県内ニ於テ地租拾円以上ヲ納ムル者ニ限ル」との規定であった。[77]三府四県に上る府県制未施行府県では、府県会規則に基づく府県会議員選挙が行われている現状を踏まえ、府県制改正作業は行われていたのである。また、被選挙資格の引き下げについては、第一〇議会の衆議院で修正可決された工藤行幹ほか七名提案になる「府県制改正法律案」の規定がとられている。「府県制改正案説明要領」では、府県会の定足数の議員定員三分の一から半数以上への引き上げ、名誉職参事会員数の規定も、衆議院案を参酌したとしている。[78]

次に③案原文は、選挙・被選挙権ともに、その他の直接国税の納税要件が五円から三円に引き下げられている。しかし、選挙権についてはさらに地租納入要件も年額三円以上に引き下げられて、単に「直接国税年額三円以上ヲ納ムル者」に、被選挙権については府県会規則と同じく直接国税一〇円以上納入者に修正されている。先述したように、第二次山県内閣成立直後に地方制度改正をめぐって政府と憲政党間の交渉会が持たれた。憲政党が交渉会に臨むにあたり、一八九九年一月二三日に開いた代議士総会で決議し条件とした項目の一つに、府県制中の「撰被撰挙権を拡張する事」が含まれていた。[79]③案の選挙・被選挙権に関する修正は、この代議士総会決議を踏まえて行われた一月二四・二五日の政府と憲政党との交渉によると推定される。選挙権の拡大と被選挙権の制限は、政府と憲政党間の妥協の産物とみて差し支えない。なお、選挙権が直接国税年額三円以上納入者に落ち着いた背景として、地方制度改正と並行して進められていた衆議院議員選挙法改正問題について、第二次山県内閣が選挙権を拡張する案を作成しており、それとの権衡を保つ必要があったことも無視できない。[80]

さて、④案は③案を修正した案文がそのまま採用され、これが衆議院に政府案として提出された。被選挙権の納税要件を府県会規則や府県制と同じく直接国税一〇円以上納入者とした理由について、衆議院委員会の場で政府委員一木喜徳郎は、「地方ノ団体ノ議会ニナリマスト、其議スル所ハ主トシテ経済ノコトデスカラ、衆議院議員トハ大ニ其趣ヲ異ニスル所ガアラウト思フ」と述べている。[81]委員の間からは三円への引き下げ説と五円への引き下げ説の二案が出されたが、すでに憲政党との話し合いはついており、いずれも賛成少数で原案に決した。

一月二三日の憲政党代議士総会では、府県制の改正事項としてさらに「府県会議員を増員する事」と「府県参事会の権限を拡張する事」を決議した。[82]表8の「議員の定員」の項目をみると、勅令をもって規定する③案から④案では第一次大隈内閣内務省案（②案）へ復され、また「訴願・訴訟・和解への関与」の項目も、同じく④案では大隈内閣内務省案（②案）に戻っている。これらの修正も一月二四・二五日の政府・憲政党間の交渉において、憲政党の要求に基づいて行われたものと推定しうるのである。

四　郡制廃止構想

郡制廃止構想についてはすでに、憲政党内閣の板垣内務大臣が年来の地方制度改革方針にたって郡制廃止案を講じようとしたが、内閣崩壊によって実現しなかったことが指摘されている[83]。その第一次大隈内閣の郡制廃止案こそ、早稲田大学蔵『大隈文書』A―二六一五「郡制廃止ニ関スル法律案並郡制廃止後郡参事会ノ職務権限及郡行政ノ処理方法ニ関スル法律案[84]」である。『大隈文書』中に府県制改正案が存在する一方で郡制改正案が見当たらないのは、そもそも第一次大隈内閣が郡制廃止を予定していたためであった。

第一次大隈内閣成立の一ヵ月後、憲政党総務委員の相談役として設置された特別委員は、内閣第一の政策課題とした行政改革の具体策として行政改革条目をまとめ、総務委員に提出した。そのなかに、府県廃合・郡長公選及び市町村長の権限強化があった[85]。行政改革条目は総務委員の同意を得られなかった[86]が、憲政党内で帝国議会における郡制改正論議のなかでいったん削除された郡長公選論が再び浮上したのである。

一方内務省では、一八九八年九月途中まで複選制から直選制への転換と大地主制の廃止を含む府県制郡制改正案を作成中と報じられており[87]、第一次大隈内閣成立当初は第二次松方内閣時の地方制度改革構想を踏襲していたと推測される。ところが、九月二七日の『東京新聞』は次の記事を掲載し、内務省内での郡制廃止計画が明らかにされた。

地方制度の改正　内務省に於ては地方制度の上に多少の改革を為す見込にて夫々調査中なるが、予て噂ありたる如く郡の自治制を廃し従前の如く郡役所は府県庁と町村役場の間に立ちて行政事務の取次ぎを為す迄のものに改め、其他の府県制、町村制には格別の変更を与へざる事になるべしと帝通は云へり[88]

内務省案は、自治団体としての郡を廃止し郡長＝郡役所機構は残すという内容であった。その後、一〇月四日に憲政党政務調査局で開かれた地方制度改正についての協議の場に、内務省側が郡制廃止案を提出し議論が行われ、江原素六・田口卯吉・島田三郎らから「郡は全く県の出張所同様とな」るのではないかとの懸念が表明されている[89]。内務省に入った旧自由党系の人物が関わって作成した郡制廃止案で、憲政党内は必ずしもまとまってはいなかった。

次に、『大隈文書』に収録されている法律案の内容を検討してみよう。

郡制廃止ニ関スル法律案

明治二十三年五月法律第三十六号郡制ハ明治三十二年三月三十一日限リ之ヲ廃止ス

郡制廃止後郡参事会ノ職務権限並郡行政ノ処理方法ニ関スル法律案

第一条　法律中郡参事会ノ職務権限ニ属スル事項ニ関シテハ追テ法律ヲ改正スルマテノ間命令ノ定ムル所ニ依ル

第二条　郡費ヲ以テ支弁スル事業並其ノ財産営造物ノ処理方法及之ヲ承継スヘキ町村組合ノ組織ニ付必要ナル事項ハ命令ヲ以テ之ヲ定ム

附則

第三条　此ノ法律ハ明治三十二年四月一日ヨリ施行ス(90)

この法律案で注目したい第一は、『東京新聞』が報じている通り、郡制廃止を規定しているものの、郡長＝郡役所機構には手をつけず維持している点である。この頃の内務省内には、すでに指摘した松平正直(91)に加えて船越衛(92)・千家尊福(93)らの、郡を自治団体とした郡制の廃止論者が存在し大きな影響力を持っていた(94)。一方で内務省は、第一次大隈内閣が進める行政改革案作成の過程において、局課の廃止統合を含む整理プランが表面化し、厳しい局面に立たされていた(95)。板垣内務大臣の下でまとめられた内務省による郡制廃止案は、政党年来の府県制郡制改正要求と内務官僚との妥協の産物であると同時に、機構改革とそれに伴う官員の削減をできるだけ避け、郡制廃止という制度改正によって行政改革の圧力をかわす意味を持つといえるのである。

第二に注目したいのは、郡の事業を受け継ぐ組織として町村組合を想定している第二条である。すでに前章において、(1)全郡連合町村会が広範囲に成立し、しかも簇生する連合町村会を郡長—郡役所の下に統轄することの難しさが、郡を自治団体とする郡制制定の理由とされたこと、(2)郡制制定後の郡制未施行府県では、全郡連合町村会の系譜をひく全町村組合が設けられ、郡会に代わる代議機関兼事業執行主体として機能したこと、(3)その結果、郡制施行後は郡制と町村組合が地域社会にとって二つの選択肢となったことを指摘した。

町村制の規定に基づく全町村組合は、郡制に比し官僚的統制が弱く、しかも大地主議員は存在せず、郡制には規定のない条例の制定が町村制を利用して可能であり、郡制第五条に定められた二〇名という郡会議員の上限がないために郡下全町村から代表を送ることができた。こうした点を踏まえ、例えば第八議会における郡制改正法律案の提案者田艇吉は、郡制改正に際し町村組合が持つ機能を盛り込むよう主張している(96)。政党勢力にとって望ましい内容の郡制改正が実現しない場合、郡制を廃止して町村組合への一元化を目論む郡制廃止論が浮上する可能性はすでに潜在していたのである。

官僚の側も、一八九九年の貴族院特別委員会での府県制郡制改正審議における「是マデ町村組合トカ云フヤウナモノデ政ヲシテ居ッタモノハ次第ニ此郡ノ公共事業ニスルト云フヤウナ傾キニシテ行カネバナラヌ」という山脇玄の発言、あるいは政府委員一木喜徳郎の「連合町村会其他町村組合ノ如キハ、前ニ深野委員カラ申上ゲマシタ如ク協同団結ノ精神ニ乏シイ為ニ町村ノ折合ガ悪ク事業ノ進捗ガ思ワシクナイ、ソレデ郡ノ団体ガ出来マスルト事業ノ進捗ノ上ニ利益ガアル」との発言(97)にみられるように、連合町村会から転じた町村組合(98)と自治団体としての郡をオールターナティブとして理解していた。全郡連合町村会・町村組合を推す政党と郡会・郡参事会の維持に固執する山県系官僚の対立は、早くも政治的争点として浮かび上がった。第一次西園寺内閣の原敬内務大臣が実現を期した、郡制を廃止しながらも当面郡長と郡役所機構を残し、かつ郡の自治機能を受け継ぐ組織として町村組合を想定しそれに関する規定を拡充するという郡制廃止案の骨子は、最初の政党内閣で固まっていたのである。

以上のように、郡制廃止構想は松平正直をはじめとした内務官僚及び政党双方から、第二次松方内閣から第一次大隈内閣にかけて具体化していった。先述した第二次山県内閣成立直後に行われた政府と憲政党間の交渉会においても、憲政党は郡制廃止もしくは郡長公選を主張して譲らなかった。しかし憲政党内にも、「郡の名誉職が政党の勢力家を優待する一種の機関たる観」があり政党員の操縦上便利との認識があった[99]。他方で、平田東助法制局長官・安広伴一郎内閣書記官長・都筑馨六外務次官ら山県系官僚は、郡制存置の立場を崩さなかった[100]。そこで憲政党は郡制改正路線へと転じ、一八九九年一月二三日に開催された憲政党代議士総会で、郡制については、①大地主制の廃止、②複選制の廃止、③参事会の権限拡張を求めることに決したのである[101]。この結果、一月二四日から二五日にかけて行われた政府と憲政党・国民協会の交渉会で郡制存置に決着する[102]。ひとまず郡制廃止問題は封印されたのである。

おわりに

本章では第一に、一八九三年の地方長官会議に向けて早くも府県制郡制の改正点の調査が行われ、その後第二次伊藤内閣末期に内務大臣として入閣した板垣退助の下でも引き続き調査が進められたことを明らかにした。

第二に、日清戦後府県制郡制改正政党案と政府の府県制解釈がその内容の点で差異を大きく縮めたことを背景に、第二次松方内閣において最初の府県制改正「内務省案」が作成されたことを推定した。その改正動機としては、政府と政党勢力との間で争点となっていた複選制・大地主制廃止のほかに、日清戦後の府県及び市町村における公営事業の展開に見合った財務規定の拡充や、知事の権限拡大による行政の円滑化の必要性があったことを指摘した。政党側も知事さらには市町村長の権限強化を主張しており、自由民権期の府県会の権限拡張論をそのまま継承していたわけではない。

第三に、松方内閣「内務省案」は、初の政党内閣である第一次大隈内閣内務省案を経て第二次山県内閣案へと多くの修正を受けながらも引き継がれていくこと、及び憲政党との交渉・妥協を通じて山県内閣案が成立したことから、府県制郡制改正過程での政党勢力、特に自由党系の影響の大きさを明らかにした。その限りでは一八九九年の改正府県制郡制は、第二次山県内閣が憲政党との提携の一条件として実現させたものである。しかしながらこれまでの検討から明らかなように、改正は単なる一内閣限りの妥協策であったわけではなく、内務官僚・政党双方が日清戦後の行政内容の質的変化への対応について模索を重ねた到達点と結論しうるのである。

第四に、第二次松方内閣から第一次大隈内閣にかけて、内務官僚と憲政党双方から郡制廃止と町村組合規定の拡充をセットにした構想が具体的な政策課題として浮上したが、第二次山県内閣によって立ち消えとなったことを論証した。日露戦後の原敬内務大臣による地方制度改革構想の原型は、すでに日清戦後には成立していたのである。

とはいえ、本章での検討によって内務省における日清戦後の地方制度改革構想総体を明らかにできたわけではない。それは第一に、第二次伊藤内閣末期、府県制郡制の改正点の調査と共に市制町村制の改正作業が始まり、第二次松方内閣では市制町村制改正「内務省案」がまとめられているからである。内務省は地方制度の全面改正を企図していたのであり、その経過と内容の検討によって日清戦後の地方制度改革の動機は一層明瞭になるであろう。第二の理由は、改正府県制郡制の成立によっていったん頓挫した郡制廃止構想が、行政改革を迫られた第一次桂太郎内閣において息を吹き返したことによる。一九〇三年、児玉源太郎内相の下で作成された「府県廃置法律案」[103]が閣議で了解を得て帝国議会へ上程されようとするなかで、郡制廃止が政治日程に上りかけたのである。

注

（1）石田雄『近代日本政治構造の研究』（未来社、一九五六年）一一九～一二〇頁、三谷太一郎『日本政党政治の形成』（東京大学出版会、一九六七年）七七頁、山田公平『近代日本の国民国家と地方自治―比較史研究―』（名古屋大学出版会、一九九一年）五〇六～五〇八頁、大島美津子『明治国家と地域社会』（岩波書店、一九九四年）二六六～二六七頁。もちろん山田や大島も、政党への譲歩、都市商工業者への政治的権利の付与といった点への配慮も行っている。例えば、大島美津子「第二次山県内閣」（林茂・辻清明編『日本内閣史論』第一巻、第一法規、一九八一年）三二八～三二九頁。

（2）升味準之輔『日本政党史論』第二巻（東京大学出版会、一九六六年）三三一頁、中村政則「天皇制国家と地方支配」（歴史学研究会・日本史研究会編『講座日本歴史八　近代二』東京大学出版会、一九八五年）七五頁、伊藤之雄『立憲国家と日露戦争―外交と内政　一八九八～一九〇五―』（木鐸社、二〇〇〇年）四四～四五頁。

（3）例えば、山中永之佑監修、山中永之佑・中尾敏充・白石玲子・居石正和・飯塚一幸・奥村弘・三阪佳弘・中野目徹・馬場義弘・住友陽文・古田愛編『近代日本地方自治立法資料集成』三明治後期編（弘文堂、一九九五年）の「解題　日本近代国家の成立と地方自治制」（山中永之佑執筆）二九～三〇頁。

（4）序章注(15)(16)。

（5）一八九九年の府県制郡制改正に関する近年の研究としては、長井純市「明治三二年府県制郡制改正について」（『史学雑誌』一一九―一、二〇一〇年）があり、初期議会以来の貴衆両院における府県制郡制改正論議を跡付けた。また、居石正和「明治三二（一八九九）年府県制・郡制の改正(一)―第三回帝国議会までの改正論議―」（『島大法学』五九―一、二〇一五年）が、第一議会から府県制郡制の全面改正案が初めて審議された第三議会までの両院における改正論議について、緻密な分析を加えている。とりわけ、第三議会に上程された府県制郡制改正案が、府県制郡制の作成過程で井上毅・ロエスレルの批判によって修正された部分を「内閣原案」に戻す内容になっていると指摘していて、興味深い。

（6）大島美津子前掲書Ｘ頁。

（7）宮本憲一「明治大正期の町村合併政策―明治地方自治制の矛盾とその展開―」（島恭彦編『町村合併と農村の変貌』有斐閣、一九五八年）一〇三～一〇五頁。他に改正要求の主要項目として、郡への条例制定権の付与、郡参事会の権限拡張、郡組合規定の追加がある。

（8） 地方長官会議については、竹永三男「地方長官会議に関する覚書」（宮川秀一編『日本史における国家と社会』思文閣出版、一九九二年）、同「近代日本における中央・地方・地域―地方長官会議、同郷会・同郷人雑誌を素材として―」（朝尾直弘教授退官記念会編『日本社会の史的構造』近世・近代、思文閣出版、一九九五年）、同「原敬と地方長官会議」（『社会システム論集』島根大学法文学部紀要社会システム学科編一、一九九六年）、同「第二次大隈重信内閣期の地方長官会議小考」（『部落問題研究』一六七、二〇〇四年）などの一連の研究がある。

（9） 滋賀県庁蔵『滋賀県行政文書』明治お―五四「知事会議」所収。三冊に分れている。また、奈良県立図書館蔵『奈良県行政文書』明二七―一―七「長官会議」には、これとは別に一八九六年の地方長官会議に提出された意見を収録した印刷物が収められている。

（10） 当時の大分県知事は岩崎小二郎、高知県知事は石田英吉である。

（11） 伊藤博文関係文書研究会編『伊藤博文関係文書』一（塙書房、一九七三年）三三八頁。

（12） 江木千之翁経歴談刊行会編『江木千之翁経歴談』上巻（一九三三年）一九四頁。

（13） 『帝国議会衆議院議事速記録』一一第九回議会下、六五一頁。政府委員松岡康毅内務次官は衆議院委員会における政府の態度について、「内務大臣ガ委員席へ出マシテ第一ニ郡長公選ト云フコトハ絶対的反対、徹頭徹尾同意ガ出来ナイ後トノ二ツ（大地主制と複選制の廃止―筆者）ハ同意ヲスル」ことになったと述べている（『帝国議会貴族院議事速記録』一一第九回議会下、六七五～六七六頁）。

（14） 原奎一郎編『原敬日記』第二巻（福村出版、一九八一年）一八九六年二月三日条参照。

（15） この間の経緯については升味準之輔前掲書二六五頁参照。

（16） 前掲『江木千之翁経歴談』上巻、一九六頁。また、一八九六年二月一日伊藤博文宛野村靖書簡には、「複選法廃止及其代用法に付而は已に御相談いたし置候事」（伊藤博文関係文書研究会編『伊藤博文関係文書』六、塙書房、一九七八年、三六九頁）とあり、辞任する直前であった野村が、伊藤との間で府県会・郡会議員の複選制廃止とその後の制度改正について何らかの合意に達していた可能性もある。

（17） 『帝国議会衆議院議事速記録』九第八回議会下、五九七頁。なお、第八議会へ向けた自由党の党大会決定に郡制改正がある（『自由党党報』第八三号、一八九五年四月二五日）。

(18) 第九議会の郡制改正法律案特別委員長多田作兵衛は、郡長公選規定を削除した理由について「議場ノ通過、貴族院ノ通過、政府ノ同意ガムヅカシイ」点を挙げている（『帝国議会衆議院議事速記録』一一第九回議会下、六五二頁）。衆議院内にも郡長公選慎重論が根強かったことが窺える。なお宮本憲一前掲論文では、郡長公選要求の削除による郡制改正運動の分裂を、第一〇議会に工藤行幹から提出された「郡制改正法律案」の委員会審議の時点に求めているが、その兆候は日清戦争直後の第八議会にまで遡れる。

(19) 『帝国議会衆議院議事速記録』一〇第九回議会上、一四七～一五二頁。

(20) 升味準之輔前掲書二六四頁。一八九六年四月三一日山県有朋宛清浦奎吾書簡も、「貴族院は第九議会の終に臨み、郡制改正案は、政府が自由党の歓心を求むる為めに同意を表したるの痕跡ありしを以て、全会一致を以て否決したる程の情態」（徳富蘇峰編述『公爵山県有朋伝』下巻、原書房、一九六九年、二八三頁）と報じている。

(21) 第九議会での郡制改正をめぐる伊藤・井上馨、自由党、山県有朋を中心に結集を始めた官僚層の動向については、伊藤之雄『立憲国家の確立と伊藤博文―内政と外交　一八八九～一八九八―』（吉川弘文館、一九九九年）第一部第三章二節2参照。

(22) 埼玉県立文書館蔵『埼玉県行政文書』明二〇五九―一三所収。山中永之佑監修前掲書に一八九六年一〇番資料として収録。

(23) 東京都公文書館蔵『地方官意見　知事官房』に収録されている「衆議院議員選挙法ニ関スル意見　府県制ニ関スル意見　市制町村制ニ関スル意見　郡制ニ関スル意見」という冊子に、愛媛県からの意見として「県治局長ノ照会ニ対シ明治廿九年七月三十日意見申出」とある。

(24) 『帝国議会衆議院委員会議録』明治篇九、一六三頁。

(25) 同右書。

(26) 同委員会での委員長中島又五郎の発言。同右書一六三頁。

(27) 『帝国議会衆議院議事速記録』一一第一〇回議会、一六二頁。

(28) 地方自治体の首長の正当性をこうした主張から切り離すしかけとして名誉職制が採用されたとする、奥村弘「公民権・名誉職制・等級選挙制―地域社会編成からみた明治憲法体制―」（『人文学報』六七、一九九〇年）参照。また、国会開設以前の郡長公選論については、海野福寿・渡辺隆喜前掲論文中の一（渡辺執筆）、居石正和「三新法体制期の府県会制度―府県会の予算議定権を中心として―」（『同志社法学』三五―四、一九八四年）、同「府県会規則第七条（建議権）改正問題をめぐって―我が国における『法治国』の形成―」（『法制史研究』三八、一九八八年）参照。

(29)『帝国議会衆議院議事速記録』一〇第九回議会上、一四九〜一五〇・一五六〜一五七頁。
(30)『帝国議会衆議院議事速記録』一二第一〇回議会、四七〜四九頁。ただし、工藤行幹ほか七名提出「郡制改正法律案」は、従来通り両者が同じく「第三章　郡行政」のなかで扱われている。
(31) 参事会を執行機関とする「地方制度編纂委員会案」「内閣原案」への井上毅の批判、彼の主導による法制局内での修正については、序章一参照。
(32) 序章注(35)。水野は一八五〇年名古屋生まれ。一八九〇年当時、法制局参事官兼書記官。
(33)『帝国議会衆議院議事速記録』一〇第九回議会上、一五三頁。
(34)『帝国議会衆議院議事速記録』一二第一〇回議会、四四〜五一頁。ただし、工藤行幹ほか七名提出「郡制改正法律案」は、従来通り郡会に郡条例・規則の制定権を認めている（同前書一五九〜一六六頁）。
(35) 山口県文書館蔵『山口県庁文書』戦前A総務一一六「行政事務整理意見書」所収。上申の提出期限は一一月一五日となっている。
(36) この冊子によると、府県制に関する意見として複選制の可否に触れているのは、廃止説の大分県（山田為暄知事）と維持説の福井県（荒川邦蔵知事）のみである。全く意見を上申していない府県が多く、全体として改正意見が低調なのは、同年五月の県治局からの諮問に対し各府県からの答申が内務省に提出されていたためであろう。
(37) 前掲「衆議院議員選挙法ニ関スル意見 府県制ニ関スル意見 市制町村制ニ関スル意見 郡制ニ関スル意見」三五頁。
(38) この点をいち早く指摘したのが、小路田泰直『日本近代都市史研究序説』（柏書房、一九九一年）一六七〜一六八頁。
(39) 大霞会編『内務省史』第四巻（原書房、一九七一年）三三四頁。
(40) 山中永之佑監修前掲書に一八九九年二C資料として収録。
(41) 同右書二八〇頁。
(42) 早稲田大学大隈研究室編『大隈文書目録』（一九五二年）では、A—二六一九全体を一八九八年の第一次大隈内閣時の史料としているが、本文で推定したように、同史料所収の「府県制」は第二次松方内閣時のものである。
(43) 山中永之佑監修前掲書二五六・二五八頁。
(44) 同右書二五七頁。
(45) 同右書二八〇頁。

(46) 大霞会編前掲書、伊藤之雄前掲『立憲国家の確立と伊藤博文』二五〇～二五一頁第6表による。
(47) 板垣退助「内務省所管事務に就て」(『憲政党党報』第二号、一八九八年八月二〇日)。
(48) 滋賀県庁蔵『滋賀県行政文書』明治お―六二「秘書編冊」。
(49) 「政務調査局の会議」(『憲政党党報』第五号、一八九八年一〇月五日) 四〇頁。
(50) 「政務調査局の会議」(『憲政党党報』第六号、一八九八年一一月五日) 四四～四五頁。
(51) 山中永之佑監修前掲書に一八九九年二A資料として収録。
(52) 『東京日日新聞』一八九九年一月二四日。
(53) 同右一八九九年一月二六日、『日刊人民』一八九九年一月二五～二七日。『日刊人民』は、星亨系の新聞。国立国会図書館新聞資料室蔵マイクロフィルムを利用した。なお、いち早くこの交渉に注目して、府県制郡制改正を憲政党が地租増徴で妥協した見返りの一つと結論付けたものに、伊藤之雄前掲『立憲国家と日露戦争』第一部第一章一節（初出は一九九一年）がある。
(54) 山中永之佑監修前掲書二四〇～二四一頁に掲載されている閣議請議書「郡制府県制改正ノ件」の日付参照。
(55) 山口県文書館蔵『山口県庁文書』戦前A総務七七一「郡制ニ関スル要録」所収。
(56) 『帝国議会貴族院議事速記録』一五第一三回議会下、四七二頁。山中永之佑監修前掲書二五六頁。
(57) 『帝国議会衆議院議事速記録』八第七・八回議会上、二八頁。
(58) 自治制発布五十周年記念会編『自治座談 回顧篇』(一九三八年) 六三・六五頁。一木喜徳郎は、一八九九年の府県制郡制改正当時、内務省参事官。
(59) 『時事新報』一八九八年一一月二五日。
(60) 『大阪朝日新聞』一八九八年一二月七日。
(61) 『日刊人民』一八九九年一月二五日。
(62) 同右一八九九年二月二二日。
(63) ただ、複選制廃止が「転機となって、選挙をめぐる行政訴訟が八割減にな」ったことが指摘されており（石川一三夫『近代日本の名望家と自治―名誉職制度の法社会学的研究―』木鐸社、一九八九年、一九五頁)、町村会に限ってみれば、政党勢力を排除できたかどうかは速断できないが、その安定化には一定の成功を収めている。

(64) 山脇玄『学理実用府県制郡制論』（一九〇〇年）二〇頁。山脇玄は、ドイツ留学後、太政官書記官、参事院議官、法制局参事官、行政裁判所評定官を経て、同長官。
(65) 山中永之佑監修前掲書二六二頁。
(66) 山口県文書館蔵『山口県庁文書』戦前A総務七七一「郡制ニ関スル要録」中の「郡費ヲ以テ町村其他へ補助ノ件内務省県治局長へ照会」。
(67) 山中永之佑監修前掲書二五七頁。
(68) 同右書二六五頁。
(69) やや後のことではあるが、『日刊人民』一八九九年二月一日は「地方政治の振作」なる論説で、「殊に地方官の位置を政争外に置き、安して其施設をなすを得せしむるは、今日行政の刷新を謀る為め幾と欠くべからざることたり」と述べている。
(70) 大島美津子前掲書二六七頁。ただし、①案・②案共に、法制官僚の解釈書において、「旧府県制郡制ニ於テハ本条ニ該当スルノ規定ナク新府県制ニ於テ始《（ママ）》メテ之ヲ設ケタルモノナリ、而シテ此規定ハ府県行政ノ監督上極メテ便宜ニシテ且ツ必要アルヘシト雖モ、此監督官庁ノ処分ニ対シテ他ニ訴願又ハ行政訴訟ヲ許スカ如キ救済ノ途ナキニ依リ、或ハ府県ノ自治権ヲ縮小スルノ恐ナシトセサルナリ」（山脇玄前掲書二九七頁）と懸念された。「内務大臣ハ府県行政ノ監督上必要ナル命令ヲ発シ処分ヲ為スノ権ヲ有ス」との条文が盛り込まれ、改正府県制第一二九条に引き継がれていく点にも注意しておきたい。
(71) 升味準之輔前掲書二七六頁。なお、大霞会編『内務省史』第一巻（原書房、一九七一年）二三六頁も参照。
(72) 伊藤之雄前掲『立憲国家の確立と伊藤博文』二五〇～二五一頁第6表による。
(73) 有泉貞夫『明治政治史の基礎過程―地方政治状況史論―』（吉川弘文館、一九八〇年）。大石嘉一郎もこの点を捉えて、「官僚的統治に連繫する名望家支配体制も、府県では官僚と政党とが癒着する日清戦後経営期にほぼ確立する」との評価を与えている（同『近代日本の地方自治』東京大学出版会、一九九〇年、一七二頁）。
(74) この点も改正府県制郡制成立の一要因であることを主張した論稿に、山中永之佑『日本近代国家と地方統治―政策と法―』（敬文堂、一九九四年）第一章第三節がある。
(75) 山中永之佑監修前掲書二七七頁。
(76) 同右書二五九頁。

(77) 山中永之佑監修、山中永之佑・中尾敏充・白石玲子・居石正和・飯塚一幸・奥村弘・馬場義弘編『近代日本地方自治立法資料集成』一明治前期編（弘文堂、一九九一年）四二三頁。
(78) 山中永之佑監修前掲『近代日本地方自治立法資料集成』三明治後期編、二五九・二六〇頁。
(79)『東京日日新聞』『日刊人民』一八九九年一月二四日。
(80) 第三次伊藤内閣から第二次山県内閣にかけての選挙法改正問題については、伊藤之雄前掲『立憲国家と日露戦争』第一部第一章一節3参照。なお、第一次大隈内閣期の府県制改正案作成に際し、衆議院議員選挙法改正との釣り合いから選挙権の納税要件を検討中であると、『東京新聞』一八九八年九月三日は伝えている。
(81)『帝国議会衆議院委員会議録』明治篇一三、二三五頁。
(82)『東京日日新聞』『日刊人民』一八九九年一月二四日。
(83) 山田公平前掲書五〇六頁。一八九九年二月二五日の貴族院特別委員会における、船越衛の「前ノ内閣ノ時ニ板垣ガ内務大臣ノ時ニ是ハ私ガ聞イタノミデゴザイマスガ、此郡制改革ニ付テハ即チ府県ノ出張所トシヤウ、ソレデ自治団体ヲ半バ止メヨウ」との構想があったとする発言（『帝国議会貴族院委員会速記録』明治篇八、二四七頁）、同日の政府委員深野一三内務省地方局長の「先刻船越男爵カラ御尋ニナリマシタ此郡制ヲ廃止スルト云フ議ガ前内閣時分ニアッタカト云フ御尋ネデゴザイマシタガ是ハサウ云フ議論モアッタノデアリマス、ソレデ詰リ此郡制廃止ノ議論ノ起リト云フモノハ詰リ郡ノ事業トシテスルモノガナイ、デ一ノ階級ヲ止メタ方ガ却ッテ得策デアルト云フ詮議ガアッタサウデス」との発言（同前書二四九頁）を根拠としている。
(84) 山中永之佑監修前掲『近代日本地方自治立法資料集成』三明治後期編に一八九九年二Ｅ資料として収録。
(85)『大阪朝日新聞』一八九八年七月二九日。井上光貞・児玉幸多・永原慶二・大久保利謙編『日本歴史大系』四近代Ⅰ（山川出版社、一九八七年）八九二〜八九三頁（増田知子執筆）参照。
(86)『大阪朝日新聞』一八九八年八月一日。
(87) 同右一八九八年九月二三日。
(88)『東京新聞』は前掲『日刊人民』の前身。国立国会図書館新聞資料室蔵マイクロフィルムを利用した。
(89)『大阪朝日新聞』一八九八年一〇月一三日。
(90) 山中永之佑監修前掲『近代日本地方自治立法資料集成』三明治後期編、三三二〜三三三頁。

(91) 第二次松方内閣・第二次山県内閣の内務次官。第一次大隈内閣時は貴族院議員。
(92) 山県有朋の娘婿。千葉県令・石川県知事・宮城県知事を歴任。第一次大隈内閣時は貴族院議員。
(93) 埼玉県知事・静岡県知事・東京府知事を歴任。第一次大隈内閣時は貴族院議員。
(94) 松平正直・船越衛の郡制廃止論については三谷太一郎前掲書一〇五～一〇七頁、千家尊福については同書一〇八頁参照。原敬内務大臣が提出した郡制廃止法律案に対し、山県系官僚である松平・船越が賛成の立場を鮮明にしたことについて、反対派の取りまとめに奔走していた清浦奎吾は、「松平正直、船越の態度甚遺憾也」と不快の念を露わにしている（一九〇七年三月四日大森鍾一宛清浦奎吾書簡、『国家学会雑誌』八五―一一・一二、一〇六頁）。憲政党内でも波多野伝三郎が廃郡を主張しているが、それは郡長＝郡役所機構を含めた郡の全面廃止論である（同「廃郡意見」『憲政党党報』第五号、一八九八年一〇月五日）。
(95) この点については、『東京日日新聞』一八九八年一〇月二〇日が報じている。
(96) 『帝国議会衆議院議事速記録』九第八回議会下、六四九頁。
(97) 『帝国議会衆議院委員会速記録』明治篇八、二四九・二五〇頁。
(98) 山中永之佑『近代日本の地方制度と名望家』（弘文堂、一九九〇年）第四章で紹介された、第四四議会に郡制廃止法律案を提出した際に床次竹二郎内相が説明に用いた『郡制ニ関スル参考書』によると、一九〇七年の水利組合を除く町村組合数は三〇五九、一九二一年の場合は、普通水利組合二三五九、水害予防組合七一四、町村組合一八七九、計四九五二となっている。
(99) 『大阪朝日新聞』一八九九年一月九日。
(100) 同右一八九九年一月二六日。当時の内務次官松平正直の名前がない点に注意。
(101) 『日刊人民』一八九九年一月二四日。
(102) 同右一八九九年一月二五～二七日、『大阪朝日新聞』一八九九年一月二七日。第二次山県内閣は、成立直後の一八九八年一一月の時点で早くも郡制廃止案を議会に提出しない方針を確認している（『東京日日新聞』一八九八年一一月一八日）。
(103) 国立公文書館蔵『公文雑纂』明治三六年巻一三内務省三所収。

第三章　市制町村制改正案の形成過程

はじめに

一八八八年に公布された市制町村制は、日露戦後の一九一一年、第二次桂太郎内閣の時に全面改正となった。従来市制町村制は、国家支配を底辺で支える役割を果たした明治地方自治制の根幹をなす制度であると位置付けられ、その制定過程については多くの研究蓄積がある。(1) ところが、初期議会において市制町村制は明治政府と民党との政治的争点とならなかったために、施行後の具体的機能を検証する地道な研究は大きく立ち遅れた。(2) また、改正市制町村制が日露戦後の地方改良運動を制度面で支える役割を果たしたと理解した結果、(3) その改正過程を日露戦前に遡って跡付けようとする動機に欠けていた。さらに、史料上の制約も加わって、本格的な検討がなされないまま今日に至っている。(4) 市制町村制研究は特異な偏りを示すこととなったのである。

府県制郡制の改正を扱った前章において、(a)第二次伊藤博文内閣末期に内務大臣として入閣した板垣退助の下、内務省内で府県制郡制とともに市制町村制の全文改正作業にも本格的に着手したこと、(b)第二次伊藤内閣退陣後に成立した第二次松方正義内閣において、最初の府県制郡制改正案・市制町村制改正案が作成されたことを指摘した。日清戦後の内務省内における地方制度改革構想は、府県制郡制から市制町村制に及ぶ全面改正としてプランニングされていたのである。

本章の課題は、第一に、第二次伊藤内閣から始まり最初の政党内閣である第一次大隈重信内閣に至る市制町村制改正作業の全容をできる限り明らかにすることである。第二は、日清戦後の市制町村制改正案と、日露戦後の一九〇六年に第一次西園寺公望内閣によって初めて帝国議会に上程された市制町村制改正案（以下「西園寺内閣案」と略記）及び一九一一年改正市制町村制（以下「改正市制町村制」と略記）との継承関係を明確化することである。そして第三の課題として、以上を踏まえて、郡制廃止と市制町村制の改正を抱き合わせた原敬内相の地方制度改革構想との関連を明らかにしたい。

一　市制特例廃止問題

初期議会において市制町村制の全面改正は日程に上っていない。市制町村制関係で争点となったのは、(a)官選の府知事が市長の職務を行う、(b)助役の職務は府書記官が行う、(c)収入役・書記その他の付属員は置かず府庁の官吏がその職務を行うなどを内容とする、東京・京都・大阪三市の市制特例廃止問題であった。[5]第一議会に青木匡が「明治二十二年法律第十二号廃止法律案（市制特例廃止法案）」（衆議院審議未了）を提出したのを皮切りに、第一二議会まで連年の帝国議会に同様の法案を上程するなど（日清戦争中の第七臨時議会・開院式翌日解散となった第一一議会を除く）、衆議院はその廃止を強く求めていた。[6]

これに対し内務省には、東京・京都・大阪三市をはじめとした大都市を対象として、市制とは別制度の制定を目指す動きがあった。国立国会図書館憲政資料室蔵『井上馨関係文書』中の①「都制法律案第二案」、②「府制法案」、③「都制法案」である。[7]①は附則中に一八九四年四月一日からの施行が、②③は同じく九五年四月一日からの施行が明記されている。同蔵『都筑馨六関係文書』中の「都制法律案第一案」[8]「都制法律案第二案」[9]は①案の草案であり、前者を基に後者が作成された上で成案である①案ができあがったために、「都制法律案第二案」の名称が冠せられているのであろう。③案は①案の修正案と思われる。

これより先、第五議会の貴族院に渡辺清・安場保和・西村亮吉・平田東助の発議により、続いて第六議会の貴族院には渡辺・西村・平田の発議により、同文の「府制法案」が提出されている[10]（いずれも審議未了）。②案は、各条文の上段空欄にこの貴族院提出案の該当条文を対応させており、貴族院提出案を意識して作成されたものと思われる。②案と③案は、章款の構成が同じで条文も類似した箇所が多く、両者の関連性は非常に高い。しかし、（a）②案が府会議長・副議長を議員の互選としている（第四四条）のに対し、③案では議長・副議長いずれも都庁の高等官より内務大臣が選任する規定となっている（第四九条）、（b）②案では名誉職参事会員八名の内訳が府会の互選により六名、府知事の選任二名と振り分けられているのに対し、③案ではそれぞれ五名、三名の割合であるなど、後者の方が内務大臣・都長官の権限が強化された官治的性格が強い内容となっている。

恐らく『井上馨関係文書』中の三案共、井上馨が内務大臣であった一八九二年八月八日から九四年一〇月一五日の間に、帝国議会への提出を念頭に作成された法案であろう。これを裏付けるように、第六議会での市制特例廃止法律案の審議において政府委員都筑馨六は、市制特例に代わる新たな大都市法制を立案中であると示唆している[11]。野村靖も第二次伊藤内閣の内務大臣であった一八九五年、第六議会について「委員会ニ於テ内務大臣臨時代理芳川司法大臣ハ大都会ニ関シテハ府及市両様ノ性質ヲ帯ヒタル一種ノ制度ヲ定メントスル旨ヲ述ヘ」たと回顧している[12]。なお②案は、「東京、京都、大阪及其他特ニ府ト認メタル市街地」への、①③案は共に、「東京、京都、大阪及其他十五万以上ノ人口ヲ有シ特ニ勅令ヲ以テ都ト認メタル市街地」への適用を規定している。

内務省での大都市法制の立案作業は、詳しい経緯は不明だが東京市のみを対象とする「京制」に結実し、一八九四年一二月にひとまず終了する。そして、法制局により「都制」と修正され、第八議会への提出寸前までこぎ着けたが、[13]日清戦争中であったため見送られている。[14]

市制特例廃止問題はその後、一八九五年の不正鉄管事件を機に新たな展開をみせ、政府は第九議会に「東京都制および武蔵県設置法案」を提出した。この「都制法案」は、東京市を府県並みに昇格させた上で、選挙・被選挙権の納税要件も府県会に準じて地租・直接国税五円以上納入者に引き上げる内容であったが、前記①〜③案および「京制」とは構成・条文内容が大きく異なっていて、継承関係を確定できない。だが「都制法案」は、東京市政を掌握しようと目論んでいた星亨を激昂させるなど、政党・東京市関係者の支持を得るには程遠いものであった。[15]その結果同法案は撤回に追い込まれ、野村靖内務大臣辞任の一因となっている。

第二次松方内閣の発足に当たって大隈重信が示した入閣条件にも、市制特例廃止の一項が入っていた。[16]当時の政党にとって市制特例廃止の実現は相当高い優先順位を与えられていたことがわかる。日清戦後の大都市行政の質量両面にわたる拡大は、民権派の系譜を引く自治権拡張論だけでなく、複雑化した都市行政の円滑化という点からも、市制特例廃止を求める都市名望家の運動を一層活発化させていたのである。[17]

結局、第一二議会中の一八九八年六月四日、衆議院に続いて貴族院でも市制特例廃止法案が可決となった。その審議において、政府委員松岡康毅が「比較シテ是ヨリ宜シイモノガ最早出来ルト云フ見込ノナイ以上ハ已ムヲ得マセズ、両院ヲ通過シマシタナラバ強ヒテ拒ムコトハ致シマセヌ」と表明したように、[18]第三次伊藤内閣は市制特例廃止に同意するのである。[19]

二　内務省における市制町村制改正作業の始点

一九一一年の市制改正に内務官僚として関わった平井良成によれば、市制全面改正が内務省で検討課題となったのは、一八九七年六月の地方長官会議における樺山資紀内務大臣の発議に遡る。[20]しかし、それより四年前の一八九三年四月一七日に開かれた地方長官会議で、各府県知事提出の意見書が「府県制郡制　府県知事意見要領」「市制町村制府県知事意見要領」にまとめられている。[21]後者には、町村内での選挙区設置（徳島県・埼玉県・愛媛県・東京府・福島県）、地租付加税制限の嵩上げ（神奈川県・奈良県・三重県・山形県・滋賀県・京都府・香川県・岐阜県・富山県・和歌山県・佐賀県）、公民権資格中地租に制限を設けること（熊本県）、町村組合規定の強化（熊本県・長野県・高知県・富山県・福島県）、市町村条例の許可権を知事もしくは府県参事会へ移すこと（山梨県・愛媛県・山口県）、内務省県治局通牒と行政裁判所判決との矛盾を解消すること（愛知県）など、後に改正案中に項目として取り上げられる事項が多々含まれている。しかし、この時点では内務省としての改正案は作成されておらず、本格的な改正作業はまだ始まっていない。

内務省が市制町村制改正案の作成に着手したことが確実とみられるのは、日清戦後の第二次伊藤内閣末期である。そのことを示すのが、埼玉県立文書館蔵『埼玉県行政文書』明二〇五九—一二三、滋賀県庁蔵『滋賀県行政文書』明治こ—一九六である。両史料には、「市制町村制中改正ニ関スル意見未定稿」（活版）と題する、一八九六年五月時点で内務省が改正の要点とその理由を明らかにした「甲案」と「乙案」が収録されている（以下「甲案」「乙案」と略記）。以下では、「甲案」を中心にそこでの提案を検討する。まず「甲案」での改正項目を列挙してみよう。

一、町村制中町村会議員ノ選挙区ニ関スル規程ヲ設クル件

一、市制町村制中市町村会議員選挙人名簿ニ関スル規程改正ノ件

一、市制町村制中特別基本財産並基本財産ニアラサル積立金穀ニ関スル規程ヲ設クル件

一、市制町村制中市町村ハ国府県郡市町村其ノ他公共団体若クハ一個人ノ事業ニ対シ寄附若クハ補助ヲ為スコトヲ得ルノ規程ヲ設クル件

一、市制町村制第百条市町村税ハ総テ月割ヲ以テ徴収スルノ規程ハ不便少カラサルニ付府県制第六十六条ノ規程ヲ参酌シ改正ヲ加フルノ件

一、町村制中町村組合ニ関スル規程ハ大体左ノ如キ趣旨ニ依リ改正追加スル件

(一)町村組合規約ノ設定変更ハ監督官庁ノ許可ヲ受クルノ規程ヲ設クル事

(二)郡長ニ於テ公益上必要ト認ムルトキハ府県知事ノ許可ヲ得テ町村組合ヲ解除スルコトヲ得ルノ規程ヲ設クル事

(三)数町村ノ事務ヲ共同処弁スル為メ場合ニ依リ郡参事会ノ議決ヲ経府県知事ノ許可ヲ得テ数町村ノ組合ヲ設ケシムルコトヲ得ルノ規程ヲ設クル事

一、市制町村制中第百二十二条第三町村制第百二十六条第三地租ノ附加税徴収ニ関スル許可ヲ府県知事ニ委任スルコトヲ得ル規程ヲ設クル件

一、市制第百二十二条第二町村制第百二十六条第二号ヲ左ノ旨趣ニ依リ改正スルノ件

新ニ起債スル場合ト旧債償還ノ為メニスル場合トヲ問ハス市(町村)債ヲ起(一時借入金ヲ除ク)シ並借入ノ方法利息ノ定率及償還ノ方法等ヲ定メ若クハ変更スルコトハ総テ監督官庁ノ許可ヲ受ケシムル規程ヲ設クル事(22)

但償還期限三年以内ノ公債ニ関シテハ其許可ヲ府県知事ニ委任スルノ規程ヲ設クルコト

第一項は、市制中の市条例によって選挙区を設置しうる規定に倣い、町村制にも同様の条文を設けようとする提案である。その背景には、「目下町村ノ状況ヲ察スルニ議員ノ選出往々或ル一方ニ偏シ為ニ各大字間ノ不折合ト為リ、結局団体ノ分離ヲ企ツル等町村内ノ紛擾ヲ惹起スルニ至ル」[23]とあるように、町村制施行時に行われた町村合併以来の大字間対立が存在した。実は早く、町村制制定に大きな役割を果たしたモッセ作成の「自治部落制草案」[24]第一八条第二項では、旧町村の一体性を重視する狙いから大字を範囲とする選挙区を設置しうると規定していたが、町村制制定の過程で性格の異なる選挙分会へと修正された経緯があった。[25]また、すでに地域社会ではモッセの提案通り、対立を解消する手段として、定数を各大字に割り予選を行う方法が広くとられていた。[26]内務省はそうした対応を町村制の条文中に反映させようとしたのである。そこには、「既成町村内の『町村合併』[27]」とも評される、地方改良運動で内務省が目指した行政町村の強化という方向性は、まだみえない。

最終項も、府県制に関する行政裁判所と内務省・大蔵省の異なった解釈を解消するための改正という、注目すべき項目である。直接のきっかけとなった事件は、一八九五年五月に判決が下った広島市参事会と広島県参事会との行政訴訟である。判決で行政裁判所は、市制第一二二条にいう新たな負債を起こす場合には、旧債償還のための負債は含まれず、また市制第一〇六条第二項について、公債募集の方法、利息の定率、償還方法を変更した際に内務・大蔵各省の許可を要せず、との解釈をとった。[28]これに対し、内務・大蔵両省は反対の立場を主張していたのである。[29]「甲案」の〔参照〕では、次のように述べている。

両者（内務・大蔵両省―筆者）ト行政裁判所ハ各独立ノ機関タルヲ以テ法律上一般ノ解釈ニ就テハ互ニ独立ノ見解ヲ為シ得ヘキハ勿論ニシテ、行政裁判所判決ノ如何ニ依リ両省従来ノ解釈ヲ改ムルノ必要ナシト雖、本件ノ如キハ法律ノ解釈ニ属スル事項ナルヲ以テ、両省ニ於テ依然従来ノ解釈ニ依リ市町村ヲシテ履行セシメントスルモ市町村ニ於テ右ノ解釈ニ従ハサルトキハ、其結果ハ常ニ行政訴訟ト為リ事々行政裁判所ノ判決ト抵触ヲ来スニ至リ地方監督上支障少カラスト[30]

明治二〇年代は町村制をめぐる行政訴訟の一つのピークであった[31]。内務省参事官にまわってくる書類も市制町村制の解釈に関するものが多く、その処理に忙殺されていた[32]。市制町村制を内務省の解釈に沿って改正し解釈上の曖昧さを払拭することは、以上のような事態を回避するために是非とも必要な措置であった[33]。

「乙案」にも同様に、(a)公民権の資格要件の一つである「公費ヲ以テ救助」を受けていないことのなかに備荒儲蓄金による救助を含むか否か[34]、(b)市制町村制第一五条第二項市町村の有給吏員の被選挙権規定、(c)市制第六四条・町村制第六八条市町村会の不当議決に対する再議命令のように、行政裁判所の判決との相違を動機として改正項目に加えられたものがあった。これら以外にも、行政裁判所と内務省の解釈が相違しながら、両者の折衝によって解釈を統一できたため、「未定稿」で取り上げられずに終わったケースも存在した。例えば、市制第六四条・同第一一六条・町村制第一二〇条などに関して、法人である市町村も訴願・訴訟を提起できるか否かについて、行政裁判所はそれを許す立場をとったのに対し、内務省が一八九三年三月二一日起案の決定で市町村の訴願権・訴訟権を否定した解釈を主張したのは、そうした例である[35]。この場合は、内務省の解釈に沿って行政裁判所が判決を変えることで相違は解消している。

次に、公営事業の成立と展開を念頭に置き、その制度上の保証を与える提案として、第四項も重要な意味を持っていた。第四項の〔理由〕は、「元来市町村ハ其ノ団体ノ公益ヲ増進スルコトヲ目的トシテ存立スルモノナレハ、其ノ目的ヲ達スルニハ市町村自ラ其ノ事業ヲ経営スルコトモアルヘク、又他ノ事業ヲ補助シテ其ノ結果自己ノ公益ヲ期スル場合モアル[36]」と述べているのである[37]。ただし第四項も、内務省と行政裁判所の解釈の相違が背景にある[38]。後年水野錬太郎が、「市町村は営業を為すことが出来るや否やと云ふ問題、即ち今日で言へば公企業と言ふものでせう、市町村が電気事業とか、質屋事業をやる、さう云ふのを所謂営業と称して居ったので、市町村が利益を収める事業をすることが出来るや否やと云ふことに就て、問題があったのであります」と回想しているように[39]、当時は公営事業自体の適法性が問われていた。行政裁判所は、一八九三年の総会決議において、営業権と解釈しうる漁業権を町村には付与できないとの決定を行い、公法人である町村の事業を否定していたのである[40]。

第三項もその〔理由〕において、「水道ノ布設、道路ノ修築、公園ノ維持等ニ関シ、特別ノ基本財産ヲ蓄積シ其収入ハ之ヲ一般ノ歳入ニ編入セス全ク之ヲ特別ノ会計ト為シ之カ蓄積ノ目的タル特別ノ事業費ニ支出シ或ハ又之ヲ元本ニ加入シ、以テ特別ノ事業ヲ経営スルニ至ルノ間元本ノ増殖ヲ計ル[41]」目的で、特別の基本財産若しくは積立金穀を設置しうる規定を追加するよう求めていた。これも市町村の公営事業の成立と展開に見合った規定の整備が目的であった。

ところで、前節で指摘した『井上馨関係文書』中の「都制法律案第二案」「府制法案」「都制法案」は、いずれも右の甲案第三項・第四項を条文化していない。それに比し、一八九六年一月、第九議会の貴族院に提出された「東京都制案」は、第九一条で「都ハ都規則ノ規程ニ依リ或ル事業ノ為ニ特別ノ基本財産若クハ積立金穀等ヲ設クルコトヲ得」、第九五条で「都ハ内務大臣ノ許可ヲ得テ国府県郡市町村其ノ他公共団体若クハ一個人ノ事業ニ対シ寄附若クハ補助ヲ為スコトヲ得」と定めている[42]。日清戦争後、行政の領域拡大に伴って市制町村制改正が要請されてくる道筋がここから読み取れるのである。

最終項もまた、市町村での新たな事業展開により公債募集が増加し、「甚シキニ至テハ償還期限三年以上ニ渉ル公債募集ノ議決ヲ為シ許可ヲ得スシテ其議決ヲ執行スルノミナラス、債券ヲ発行スルモノアル[43]」状況が現出した結果である。第七項は、前章で府県制郡制改正を検討した際に指摘したように、内務大臣あるいは大蔵大臣の監督事項の一部を知事に委任し、行政の円滑化を図ろうとする提案である。第六項の町村組合に関する規定の拡充については後述する。

以上の検討から、内務省による市制町村制改正作業は、法の不備から生じた官僚機構内の解釈の不統一を解消し、日清戦後における公営事業の新たな展開を制度面から保障することを目指して始まった、と結論しうる。一八九六年五月に内務省県治局から行われた諮問に対しては、「(一八九六年)七月十六日付ヲ以テ県治局長迄意見書ヲ提出シタル通至急改正アランコトヲ望ム」(岐阜県)、「明治廿九年五月廿二日内務省県治局長照会アリ、之ニ対シ改正ノ必要ヲ回答セシ」(徳島県)と述べられており[44]、各府県から回答が上申されたことは間違いないが、今のところ前掲『滋賀県行政文書』明治こ―一九六に収録されている滋賀県知事の回答控しか見出せない。ただ、第二次松方内閣へ交替後、改めて内務省から行われた諮問への回答を集めた冊子が東京都公文書館蔵『地方官意見　知事官房』中にある[45]。その主な内容は、書記の選任権を市町村長に付与するなど市町村長権限の強化、町村組合規定の拡充、内務大臣の監督権限の知事への委任にまとめられる。ただし、五月の諮問への回答との重複を避けたと推測され、当時の地方長官の意見を尽くしているわけではない点に留意する必要がある。

では次に、「甲案」「乙案」が、その後の市制町村制改正案作成作業にどのように生かされていくのか検討してみたい。

三　市制町村制改正内務省案の形成過程

1　市制町村制改正内務省案の成立

本項では、第二次松方内閣から第一次大隈内閣にかけて、市制町村制改正内務省案が形成されていく経過を概観する。その際に、最も基本的な史料となるのが、早稲田大学蔵『大隈文書』A―二六一七「市制町村制改正ノ件」[46]である。

同史料には、①内務大臣が市制町村制改正案の閣議決定を求めた閣議請議書草案である「市制町村制改正ノ件」、②「市制改正法律案理由書」、③「町村制改正法律案理由書」、④「市制町村制改正法律案理由書」、⑤「市制」改正案、⑥「町村制」改正案が収録されている。このなかの①④には、「明治二十二年市制町村制ヲ実施シテヨリ茲ニ十箇年ノ星霜ヲ閲シ」とあり[47]、②③にも類似の文言が記されている。従って、①～④は一八八九年に市制町村制が施行されてから一〇年目に当たる一八九八年、第一次大隈内閣の時に作成された史料と推定しうる。次に⑥は、第一五三条でその施行期日を「明治三一年四月一日」と定めており[48]、第二次松方内閣の時に第一一議会への上程を念頭に作成された内務省案とみられる。第一一議会へ向けて作成された政党案とも考えられるが、以下の行論のなかで⑥が内務省案であることを論証していく。残りの⑤は、第一六三条で施行期日を「明治三十　年四月一日」とした上で、後に「明治三二年四月一日」に訂正していること[49]、条文の内容から「町村制」改正案とセットでつくられたとみられることから、やはり第二次松方内閣時の内務省案とみてよい[50]。第二次松方内閣が府県制改正「内務省案」を作成していたことを考え合わせると、当初内務省は府県制（恐らく郡制も）から市制町村制に至る地方制度全体の改革を構想していたわけである。

第二二議会における衆議院市制改正法律案町村制改正法律案及東京市制案委員会の一九〇六年三月一二日の会議で、政府委員吉原三郎内務次官は次のように述べている。

茲ニ提出シタトコロノ市町村制ハ、何時ノ起草ニ係ルカト云フ御尋デゴザイマスガ、是ハ起草ニナッタノハ、殆ド七八年以前カラデアリマス、即チ幾度モ研究ヲ致シテ、段々改案ヲ致シマシテ、サウシテ漸ク今日ニ参ッタ(51)

ここで後の市制町村制改正の出発点となったとされている最初の内務省案こそ、⑤⑥両案とみて差し支えないだろう。以下では、⑤⑥両案共に第二次松方内閣「内務省案」(括弧を付したのは、⑤⑥案に内務大臣名の閣議請議書がついていないため省内で最終的合意を得たとは断定できないことによる。以下「松方内閣「内務省案」」と略記)として論を進める。

⑤⑥には多くの訂正が加えられている。この訂正は、⑤⑥ともに施行期日が「明治三二年四月一日」に修正されていて、訂正後の⑤⑥の改正理由に当たる①〜④がいずれも第一次大隈内閣時の作成であるため、同内閣時の内務省によって行われたのは間違いない。最初の政党内閣である第一次大隈内閣時の内務省には、板垣退助大臣・鈴木充美次官・山下千代雄県治局長をはじめ、旧自由党の人物が多く就官していた(52)。この訂正が彼ら旧自由党系の人々の意向を強く反映していたことは疑いない。

以上を前提に、前節で検討した「甲案」「乙案」の改正項目と、「市制町村制改正ノ件」中の⑤⑥及びその訂正後の第一次大隈内閣時の内務省案(以下「大隈内閣内務省案」と略記)とを比較してみよう。

「甲案」との比較を行った表9からわかるように、⑤⑥(松方内閣「内務省案」)においては八項目の改正項目の内第七項目を除いて、基本的に「甲案」での提案がそのまま生かされている。特に第一項目の町村条例により選挙区を設置しうる提案の採用は、町村会議員を大字の地域代表とし、同時に作成された府県制改正案に盛り込まれた複選制廃

表9　市制町村制改正案の比較

未定稿「甲案」の改正項目	第二次松方内閣「内務省案」	第一次大隈内閣内務省案
町村条例により選挙区を設置し得る	同上	同上
市町村会議員選挙人名簿調製後一年以内の選挙に適用	同上	同上
特別基本財産・基本財産以外の積立金穀を設置し得る	同上	同上
市町村は公共団体・一個人の事業に対し寄附または補助をなし得る	同上	公共団体・一個人の事業に対しという部分を削除し単に寄附・補助をなし得ると規定
市町村税の徴収を月割ではなく府県制第六十六条を参酌して改正	同上	単に「此ノ法律中規定アルモノヲ除ク外勅令ノ定ムルトコロニ依ル」と規定
町村組合に関する規定の拡充 ㈠組合規定の設定変更は監督官庁の許可を受ける ㈡郡長は知事の許可を得て組合を解除し得る ㈢郡長は場合に依り郡参事会の議決を経、知事の許可を得て組合を設けさせ得る	㈠組合規約の設定変更は郡長の許可を要する ㈡郡長は郡参事会の議決を経、知事の許可を得て組合を解除し得る ㈢同上	㈠組合規約の設定変更は知事の許可を要する ㈡知事は組合を解除し得る ㈢知事は町村組合を設けさせ得る
府県制施行地は地租七分の三・五、未施行地は地租七分の三以下の附加税制限超過に関する許可を知事に委任する	地租一〇分の三を超過する附加税徴収は内務大臣及び大蔵大臣の許可を要する	同上、法律命令中別段の規定あるものは此の限に在らずとの但し書き追加
新たな起債・旧債償還のための起債を問わ	上記の設定・変更共に内務大臣及び大蔵大	同上

ず市町村債の借入方法・利息の定率・償還の方法等の設定・変更は監督官庁の許可を受けしむる	臣の許可を受けることを要す	

注、埼玉県立文書館蔵『埼玉県行政文書』明二〇五九－二三「市制町村制改正ニ関スル意見未定稿」、早稲田大学蔵『大隈文書』A―二六一七「市制町村制改正ノ件」により作成。

止と相まって、町村会議員選挙からの党争排除を意図していたことは容易に想像しうる。第七項目の、地租附加税制限超過に関する許可権限を知事に委任する改正は採用されず、従来通り内務大臣及び大蔵大臣の許可を要する規定が維持されている。次に大隈内閣内務省案に至ると、第五項目の市町村税の徴収方法に関する改正が、「此ノ法律中規定アルモノヲ除ク外勅令ノ定ムルトコロニヨル」(53)とされて、具体的規定が削除され大きく変化している。その一方で、第七項目には「法律命令中別段ノ規定アルモノハ此ノ限ニ在ラス」との但し書き(54)が加わり、一定限度までの地租附加税超過について知事に許可権限を委任する道が開かれ、「甲案」の提案が実を結んでいる。なお、第六項目の町村組合に関する規定の拡充の部分は、第一次大隈内閣の郡制廃止構想に伴い⑥中の郡長が知事に訂正されている。この点については後述する。

次に「乙案」についてみてみよう。市町村の法人格を明記し公共事業の範囲を明確化すること、市町村会の不当議決に対し再議を命ずる規定を明確化し直ちに議決を取り消せる規定を設けること、監督官庁による議会の停止・中止の命令規定を追加することなど、二五項目(一項目中に複数の改正提案が盛り込まれている場合もあるので実数ではこれを上回る)にわたる改正提案の大半が⑤⑥で条文化されている。そして、それがほぼそのまま大隈内閣内務省案へと引き継がれていく。ただそのなかで、公民権の納税要件中地租についても所得税と同じく二円以上納入者とする重要な改正提案(55)を、⑤⑥(松方内閣「内務省案」)、大隈内閣内務省案共に採用していない点が目立つ。

以上から、「甲案」「乙案」の内容は、基本的に『大隈文書』A—一二六一七「市制町村制改正ノ件」所収の「市制」改正案⑤、「町村制」改正案⑥に盛り込まれ、多少の異同があるものの大筋において大隈内閣内務省案へと継承されていった、と結論しうる。

2　松方内閣「内務省案」と大隈内閣内務省案の相違点

本項では、第一次大隈内閣時の内務省が⑤⑥（松方内閣「内務省案」）に加えた訂正の要点を検討する。

第一は、特別市制の処理の仕方である。「市制」改正案には、東京市・京都市・大阪市に関する特別の規定はない。一八八九年法律第一二号「市制中東京市、京都市、大阪市ニ特例ヲ設ク」、もしくは先に触れた『井上馨関係文書』中の「府制法案」や「都制法案」のような、前記三市を対象とする新制度の存在を前提としているのである。しかし、第一次大隈内閣時の訂正では、

　第六条　東京市、京都市、大阪市ニ於テハ従来ノ区ヲ存ス
　区ハ官ノ監督ヲ承ケ法律命令ノ範囲内ニ於テ財産及営造物ニ関スル事務並法律命令ニ依リ区ニ属スル事務ヲ処理スルモノトス
　区ノ廃置分合若ハ境界変更其ノ他区ノ境界ニ関シテハ第四条第五条ノ規定ヲ準用ス(56)

との条文を加え、「東京市、京都市、大阪市ノ助役ハ市会之ヲ選挙シ内務大臣ノ認可ヲ受クヘシ、若其ノ認可ヲ得サルトキハ更ニ選挙ヲ行フヘシ(57)」などの項目が追加されている。特別市制の廃止を反映した条文内容となっているのである。それに伴って区に関する規定も大幅に拡充されている。特別市制について衆議院は、第九議会において「市制中東京市京都市大阪市ニ設ケタル特例廃止法律案」を可決していた。第一次大隈内閣による訂正前の「市制」改正案

が作成されたのは、すでに一八九七年と推測した。この時点における政党の特別市制存廃への態度を考慮すると、「市制」改正案が政党案ならば特別市制の廃止を盛り込んでいるはずである。とするならば、「市制」改正案は政党案ではなく松方内閣「内務省案」と考えた方が納得がいく。以上の推定は、同じく『大隈文書』A―二六一七「市制町村制改正ノ件」に収められている「町村制」改正案も、同様に松方内閣「内務省案」と考える有力な根拠となる。

訂正の要点の第二は、「町村制」改正案で二級選挙制を規定した条文(第一四条)[58]及び「市制」改正案の三級選挙制を定めた条文(第一四条)[59]と、その関連規定の削除である。つまり第一次大隈内閣は等級選挙制の廃止を目論んでいたことになる。

町村制では、「選挙人中直接町村税ノ納額多キ者ヲ合セテ選挙人全員ノ納ムル総額ノ半ニ当ル可キ者ヲ一級トシ、爾余ノ選挙人ヲ二級ト」して[60]、一級・二級それぞれから半数ずつ議員を選出する規定であった。市制では同様に三級に分けられており、少数の地主・資本家に有利なように仕組まれていた。初期議会期、自由党は府県制郡制における複選制及び大地主制の廃止とともに、市制町村制の等級選挙制廃止も主張していたが[61]、議会に改正案を提出し政治的争点となるまでには至っていなかった。憲政党内閣成立を契機に、政党勢力は年来の主張の実現を図ったのである。「市制町村制改正法律案理由書」は、等級選挙制廃止の理由について次のように述べている。

現行市制第十三条ニ於テ市ノ選挙人ハ分テ之ヲ三級ト為スヘキコトヲ規定シ、町村制第十三条ハ町村ノ選挙人ハ二級ニ分ツヘキコトヲ規定セリ、而シテ斯ノ如キ規定ヲ設ケタル所以ノモノハ富者カ細民ノ多数ニ制セラル、ノ弊ヲ防遏センコトヲ予期シタルニ基クモノナルヘシト雖、若此等弊害ノ生シタル場合ニ於テハ監督権ノ存スルアルヲ以テ優ニ之ヲ防遏スルコトヲ得ヘク強テ此等ノ規定ヲ必要トセサルナリ、且之ヲ実際ニ徴スルニ階級選挙ノ制度ハ選挙人名簿ヲ調製スルニ幾多ノ煩累アルノミナラス、場合ニ依リテハ一名若ハ両三名ノ選挙人ニシテ一級選挙ヲ行フカ如キ不権衡ヲ来タシ却テ弊害ヲ生スルカ如キ嫌ナシトセス、依テ階級選挙ノ制ヲ廃シ公民中選挙権ヲ有スル者ヲシテ平等ニ其ノ権利ヲ行使セシメ手数ノ繁雑ヲ省略シ併セテ弊害ヲ除去センコトヲ期セントス(62)

なお、市制町村制の全面改正を目指す動きは、一九〇六年に第一次西園寺公望内閣が政府案として市制改正法律案・町村制改正法律案を提案するまで表面化していない。しかし、第二次山県内閣成立直後の一八九八年一二月六日、(63)翌年一月二四日、(64)一月二五日(65)と西郷従道内相邸で行われた政府と憲政党・国民協会との交渉会において、府県制郡制の改正のみならず市制町村制改正案の取扱も議題となっていた。憲政党は一八九九年一月二三日に開いた代議士総会で地方制度改正の要求項目を列挙したが、市制町村制については「階級制度を廃止する事」を決議している。(66)ところが、等級選挙制の廃止を求める憲政党とその維持に固執する平田東助法制局長官・安広伴一郎内閣書記官長・都筑馨六外務次官ら山県系官僚が対立し成案が得られず、(67)「結局宿題として双方とも尚研究せんこと」となったのである。(68)第一次大隈内閣が作成した市制町村制改正案が、その後第二次山県内閣の地方制度改革では盛り込まれず、改正府県制郡制のみ成立した経過のなかで、山県閥と憲政党との間では市制町村制改正先送りという了解に達していたのである。市制町村制改正問題はこうしていったん封印された。(69)市制町村制の改正についていえば、政党と内務官僚との間には依然として大きな溝が残っていた。

訂正の要点の第三は、「町村制」改正案四・五・六・九・三三・三六・三七・七五・八九・一〇四・一一六・一二九・一三三〜一三五・一三八・一五二・一五四・一五六各条、「市制」改正案四・六・一四二・一四三・一四七・一六五各条にあった郡参事会に関する規定が、すべて削除されたことである。郡長については残されており、訂正の意図は郡を行政区画とし自治団体としての性格を否定する点にあった。

それでは、郡制に代わる選択肢の位置を占める町村組合の規定は、一八八八年公布の町村制と比較してどう変わったのであろうか。町村制第六章に規定された町村組合に関する条文はわずかに三条であったが、大隈内閣内務省案では以下のように大幅に拡充されている。やや長いが引用してみよう。

第百三十条　町村ハ其ノ事務ノ一部ヲ共同処理スル為其ノ協議ニ依リ府県知事ノ許可ヲ得テ町村組合ヲ設クルコトヲ得

一郡内ノ町村ニシテ特別ノ必要アル場合ニ於テハ其ノ協議ニ依リ府県知事ノ許可ヲ得テ其ノ事務ノ全部ヲ共同処理スル為町村組合ヲ設クルコトヲ得

公益上必要アル場合ニ於テハ府県知事ハ関係アル町村会ノ意見ヲ徴シ本条ノ町村組合ヲ設クルコトヲ得

第百三十一条　前条ニ依リ設置シタル町村組合ニシテ其ノ組合町村ノ数ヲ増減シ又ハ共同事務ノ変更ヲ為サントスルトキハ関係町村ノ協議ニ依リ府県知事ノ許可ヲ受クヘシ

公益上必要アル場合ニ於テハ府県知事ハ関係アル町村会ノ意見ヲ徴シ組合町村ノ数ヲ増減シ又ハ共同事務ノ変更ヲ為スコトヲ得

第百三十二条　町村組合ヲ設クルトキハ関係町村ノ協議ニ依リ組合規約ヲ定メ府県知事ノ許可ヲ受クヘシ、組合規約ノ変更ヲ要スルトキ亦同シ

前項ノ協議整ハサルトキハ府県知事之ヲ定ム、公益上必要アルトキ亦同シ

第百三十三条　組合規約ニ定ムヘキ主要ナル事件左ノ如シ

一　組合ヲ組織スル町村

二　組合ノ共同事務

三　組合役場ノ位置

四　組合会ノ組織
五　組合事務ノ管理方法
六　組合費用ノ支弁方法

第百三十四条　町村組合ニハ其ノ組合規約ヲ以テ定メタルモノヲ除ク外町村ニ関スル此ノ法律ノ規定ヲ準用ス、但シ勅令ヲ以テ別段ノ規定ヲ設クルモノハ此ノ限ニ在ラス

第百三十五条　町村組合ハ関係町村ノ協議ニ依リ府県知事ノ許可ヲ得ルニ非サレハ之ヲ解クコトヲ得ス
公益上必要アル場合ニ於テハ府県知事ハ関係アル町村会ノ意見ヲ徴シ町村組合ヲ解クコトヲ得

第百三十六条　第百三十条第三項及第百三十一条第二項ノ場合ニ於テ財産及営造物ニ関スル処分其ノ他必要ナル事件ハ関係アル町村会ノ意見ヲ徴シ府県知事之ヲ定ム

第百三十七条　本章府県知事ノ処分ニ不服アル者ハ内務大臣ニ訴願スルコトヲ得(70)

すでに指摘したように、第二次伊藤内閣末期の一八九六年の「甲案」において、町村組合規定の拡充は提唱されていた。そこで改正理由として掲げられたのは、規約の設定変更について「町村組合ニ関シ十分監督ノ実ヲ挙ケ其ノ効果ヲ奏スルコト甚難キノ憾ア」る懸念(71)や、町村組合の解除につき「或ハ党派上ノ関係ヨリ或ハ自他町村利害ノ抵触ヨリ往々紛擾ヲ醸シ公益上解除ノ必要アルニモ拘ハラス之ヲ解除スルノ運ニ至ラ」ない現状(72)に対処することであった。要するに、町村組合への監督強化を目的に条文追加を求めたのである。従って、松方内閣「内務省案」である、『大隈文書』A―二六一七「市制町村制改正ノ件」所収の「町村制」改正案⑥も、この提案をそのまま取り入れ条文の拡充を行った。大隈内閣内務省案は、右の⑥案中の町村組合規定の骨格を継承した上で、(a)郡制廃止構想に伴って郡参事会に関する部分を削除し、(b)条文中の「郡長」を「府県知事」に書き換え、(c)第一三〇条第二項・第一

三六条・第一三七条を追加した。町村組合への監督強化から発想された追加条文について、郡制廃止に際してその代替物たることを期待された町村組合強化へと位置付けを変えたのである。

それでは、大隈内閣内務省案中の町村組合規定は、第一次西園寺内閣の原内務大臣時代に郡制廃止案とともに帝国議会へ提出された町村制改正案中の規定と、いかなる関係にあるのだろうか。両者を比較すると、大隈内閣内務省案の第一三〇条が原内務大臣時代の町村制改正案第一三一条、一三一条が一三二条、一三二条が一三三条、一三三条が一三四条、一三四条が一三五条、一三五条が一三六条、一三六条が一三七条、一三七条が一三八条にと、内容上多少修正があるもののきれいに対応している。一方両者の相違点としては、(a)前者では、公益上必要な場合、町村組合の設置・組合に参加する町村数の増減や共同事務の変更・規約の設定変更・組合の解除を知事が行いうるとの規定だったのに対し、後者では、そうした際に知事は府県参事会の議決を経て内務大臣の許可を得る必要があるとしたこと、(b)後者では第一三五条で町村組合を法人と明記したこと、の二点が挙げられる。郡制廃止問題に絡んで注目されてきた原内務大臣時代の町村組合規定は、大隈内閣内務省案の段階でその構成上の骨格がすでに定まっており、それを若干補充して成り立っていることが明らかとなった。

以上のように、第一次大隈内閣成立後に内務省へ入省した旧自由党系の人々によって、市制町村制改正案に政党年来の主張に基づいた重要な修正が加えられたのである。

四　大隈内閣内務省案のその後

1　大隈内閣内務省案と西園寺内閣案・改正市制町村制の比較

本項では、大隈内閣内務省案と西園寺内閣案及び改正市制町村制との関係をより明確にするために、町村組合規定以外についても比較を行う。

大隈内閣内務省案と西園寺内閣案の条文の対応関係を検討するために、表10を作成した。[74] 確かに条文の一部に削除・追加があり、条文の位置の入れ替えや字句の修正も多くみられるとはいえ、市制・町村制共に両者の対応関係は著しく高い。大隈内閣内務省案が、日露戦後の内務省における市制町村制改正案作成に際し直接の土台となったことは、内務省の内部資料である一九〇九年三月五日印刷の東京市政専門図書館蔵『市制町村制改正法律案理由要領』[75]でも傍証しうる。同書冒頭には次のように記されている。

現行ノ市制町村制ハ之ヲ創施以来二十年ノ成績ニ徴スルニ其ノ闕点著明ナルモノアルヲ認ム、或ハ其ノ規定ノ精密ナラス、若ハ文義ノ明晰ヲ欠クカ為ニ執行機関ト議事機関トノ間若ハ私人ト官庁トノ間ニ解釈ヲ異ニシ、従テ訴願訴訟ヲ醸生シ、或ハ其ノ規定ノ実際ニ適セサルカ為ニ専ラ法文ニ依ラント欲スレハ往往政務ノ実行ヲ害シ、務メテ実際ノ利便ニ従ハント欲スレハ却テ法文ニ背戻スルカ如キ形迹ヲ顕ハシ、或ハ規定ノ闕如セルカ為ニ実際ニ必要ナル政務モ之ヲ施行スルコト能ハサルノ憾アリ[76]

これは前掲『大隈文書』[77] A―二六一七「市制町村制改正ノ件」所収の「市制改正法律案理由書」「町村制改正法律案理由書」の冒頭部分とほとんど同文である。

表10　第1次大隈内閣内務省案と第1次西園寺内閣案の対応関係

市制		町村制	
第1次大隈内閣内務省案	第1次西園寺内閣案	第1次大隈内閣内務省案	第1次西園寺内閣案
第1条～第14条	➡第1条～第14条	第1条～第2条	➡第1条～第2条
	第15条追加	第3条	➡削除
第15条	➡第16条	第4条～第13条	➡第3条～第12条
	第17条追加		第13条追加
第16条～第23条	➡第18条～第25条	第14条～第22条	➡第14条～第22条
	第26条・第27条追加		第23条～第24条追加
第24条～第35条	➡第28条～第39条	第23条～第24条	➡第25条～第26条
	第40条追加	第25条	➡削除
第36条～第42条	➡第41条～第47条	第26条～第34条	➡第27条～第35条
第43条	➡第58条第1項		第37条追加
第44条～第53条	➡第48条～第57条	第35条	➡第38条
第54条	➡第58条第2項	第36条	➡第36条
第55条～第63条	➡第59条～第67条	第37条～第42条	➡第39条～第44条
第64条	➡第71条	第43条	➡第54条
第65条～第66条	➡第68条～第69条	第44条～第52条	➡第45条～第53条
第67条	➡第70条	第53条～第58条	➡第55条～第60条
第68条	➡第70条第2項	第59条	➡削除
第69条～第77条	➡第72条～第80条	第60条	➡第61条
第78条～第79条	➡第84条～第85条	第61条	➡第64条
第80条～第81条	➡第81条～第82条	第62条	➡第62条～第63条
第82条	➡削除	第63条	➡第62条第2項
	第83条追加	第64条～第67条	➡第65条～第68条
第83条～第86条	➡第86条～第89条	第68条	➡第72条
第87条	➡削除	第69条～第70条	➡第69条～第70条
第88条～第90条	➡第90条～第92条		第71条追加
第91条	➡第93条	第71条	➡削除
第92条第1・3項	➡第94条	第72条～第74条	➡第73条～第75条
第2項	➡第93条第1項	第75条	➡削除
第93条～第95条	➡第95条～第97条	第76条	➡第76条
第96条～第97条	➡第100条～第101条	第77条	➡第78条
第98条～第99条	➡第98条～第99条	第78条	➡第79条第2項
第100条～第103条	➡第102条～第105条	第79条第1・3項	➡第80条
	第106条追加	第2項	➡第79条第1項
第104条～第106条	➡第107条～第109条	第80条	➡第81条
第107条	➡第110条第1項	第81条	➡第84条
第108条第1項	➡第110条第2項	第82条～第83条	➡第82条～第83条
第2項	➡第111条	第84条～第87条	➡第85条～第88条

第109条	➡第112条
第110条	➡削除
第111条	➡第112条第1・3項
第112条～第116条	➡第113条～第117条
第117条	➡削除
第118条～第120条	➡第118条～第120条
第121条	➡第120条第1項
第122条～第126条	➡第121条～第125条
	第126条追加
第127条	➡第127条
第128条～第129条	➡第129条～第130条
第130条～第133条	➡削除
第134条	➡第135条
第135条	➡第142条
第136条～第138条	➡第136条～第138条
	第139条追加
第139条～第140条	➡第140条～第141条
第141条～第142条	➡第143条～第144条
第143条	➡削除
第144条	➡第145条～第146条
第145条	➡削除
第146条～第155条	➡第147条～第156条
第156条第1・4項	➡第157条
第2・3・5～7項	➡第159条
	第158条追加
第157条～第160条	➡第160条～第163条
第161条～第163条	➡第164条
第164条～第170条	➡第165条～第171条
第171条	➡附則
第172条	➡第172条
第173条	➡削除
第174条～第176条	➡削除
第177条～第178条	➡第174条～第175条
第179条	➡削除
第180条	➡第173条
第181条	➡附則

	第89条追加
第88条～第91条	➡第90条～第93条
第92条第1項	➡第93条第2項
第2項	➡第94条
第93条～第94条	➡削除
第95条	➡第95条
	第96条追加
第96条	➡削除
第97条～第100条	➡第97条～第100条
第101条	➡第111条
第102条～第104条	➡第101条～第103条
第105条	➡削除
第106条～第110条	➡第104条～第108条
	第109条追加
第111条	➡第110条
第112条～第118条	➡第112条～第118条
第119条	➡第125条
第120条～第122条	➡第119条～第121条
	第122条追加
第123条～第124条	➡第123条～第124条
第125条～第126条	➡第126条～第127条
第127条	➡削除
第128条	➡第128条～第129条
第129条～第138条	➡第130条～第139条
第139条	➡第140条・第142条
	第141条追加
第140条～第144条	➡第143条～第147条
第145条～第147条	➡第147条～第149条
	第150条追加
第148条～第152条	➡第151条～第155条
第153条	➡附則
第154条～第155条	➡第156条～第157条
第156条	➡削除
第157条	➡第158条
第158条	➡削除
第159条～第160条	➡第159条～第160条
第161条～第162条	➡削除
第163条	➡附則

注. 早稲田大学蔵『大隈文書』A-2617「市制町村制改正ノ件」,『帝国議会衆議院議事速記録』21 第22回議会（東京大学出版会）214～237頁により作成.

以上を前提に、まず一九一一年改正の主たる動機が市制改正にあったことを踏まえ[78]、主に大隈内閣市制改正内務省案と、日露戦後の議会に最初に提出された市制改正案である西園寺内閣案及び改正市制を比べ、次いで同様に各町村制改正案の比較を行ってみたい。

一九一一年の新市制によって改正された要点は、(a)市の固有事務の範囲を「法令ノ範囲内」と明確化し、市町村が法律命令により許された範囲で行動するよう義務付けられたこと、(b)従来市長・助役及び公選の名誉職参事会員から構成されていた執行機関を市長の独任制に改め、市参事会を副議決機関・諮問機関としたこと、(c)議会及び吏員に対する市長権限を強化したこと、(d)政治的変動から独立した専務職として、市条例をもって市参与を置けるようにしたこと、(e)一般会計とは別に特別会計を設置したことなどである。この内(d)については、西園寺内閣案まで規定がなく、改正市制の内務省原案に初めて登場することが明らかにされており[79]、検討の対象から除き、(a)(b)(c)(e)について分析する。

まず(a)についてみてみよう。市の固有事務の範囲については、すでに一八九六年の「乙案」冒頭で、「単ニ市町村ノ公共事務ハ官ノ監督ヲ受ケテ自ラ之ヲ処理ストアリテ其ノ範囲却テ判明ナラス」と記され[80]、明確さを欠いた旧市制の規定が批判されていた。大隈内閣内務省案は右の提案を採用し、市の固有事務について「法律命令又ハ従来ノ慣例ニ依リ」と定めた[81]。西園寺内閣案・改正市制ではより範囲を限定し、「従来法令又ハ慣例ニ依リ及将来法律勅令ニ依リ」と訂正している[82]。大隈内閣内務省案で示された方向がさらに徹底されたのである。

第二に、西園寺内閣案・改正市制ともに改正の核心ともいうべき(b)についてはどうであろうか。市長独任制は、松方内閣「内務省案」ですでに採用されており、大隈内閣内務省案はそれを引き継ぎ同様の規定を行っている。大隈内閣内務省案の閣議請議書草案「市制町村制改正ノ件」は、次のように述べている。

現行法ニ依レハ町村ノ行政ハ特任制ヲ採リ市ノ行政ハ集議制ニ依ルモノナリト雖、従来ノ実験ニ徴スルニ市ノ行政事務ハ複雑多端ニシテ、且往々軽易ノ事項アルニ拘ハラス一々合議体ヲ招集シ其ノ議決ニ依リテ之ヲ施行スルカ如キハ処理迂遠ニシテ、政務ヲ凝滞シ若クハ時宜ヲ失ハシメ、団体ノ不利不便実ニ云フヘカラサルモノアルヲ以テ、市行政モ亦町村行政ト均シク特任制ヲ採ルヘキ必要ヲ認メタリ(83)

一八八八年市制は、市会の選出した市参事会を議決機関であると同時に執行機関として位置付け、参事会中心主義ともいうべき構成をとっていた。これに対し、公営事業の展開など市行政の質量両面での拡大深化を背景に、「合議体」による市運営を「迂遠」として否定したのである。内務省に就官した板垣退助ら旧自由党系の人々が内務官僚と同じく、一八九八年という日清戦後の早い時点で市長独任制の採用を容認した裏には、大都市行政の非効率を非難して展開し始めた市政刷新運動の存在があったことは想像に難くない(84)。

さらに第二次山県内閣成立後も、旧自由党系の憲政党が市長独任制の採用という主張を維持したことが、星亨系の新聞『日刊人民』の次の記事から推測される。

市行政の集議制の如きも、徒に事務の渋滞を来す所以なるのみならず、亦市行政の責任者を明確にし、其独立を有力ならしむる所以にあらず、寧ろ町村行政の如く特任制を執に如かざる也(85)

この点で山県系内務官僚と政党には大きな差異はなかったのである。

次に(c)に移る。西園寺内閣案・改正市制共に、市長独任制の採用に伴って「概括例示方式」による市長権限の強化を図っているが、この点もすでに大隈内閣内務省案第八三条で条文化されている。同条の規定を以下に掲げる。

市長ハ市ヲ統轄シ外部ニ対シテ市ヲ代表ス

市長ノ担任スル事務ノ概目左ノ如シ

一　市会及市参事会ノ議事ヲ準備シ並其ノ議決ヲ執行スル事
二　財産及営造物ヲ管理スル事、但シ特ニ之カ管理者アルトキハ其ノ事務ヲ監督スル事
三　収入支出ヲ命令シ会計ヲ監督スル事
四　諸証書及公文書類ヲ保管スル事
五　法律命令又ハ市会若ハ市参事会ノ議決ニ依リ使用料、手数料、加入金、市税及夫役現品ヲ賦課徴収スル事
六　其ノ他法律命令又ハ上司ノ指令ニ依リ市長ノ職権ニ属スル事件(86)

西園寺内閣案第八六条・改正市制第八七条とほぼ同様の内容である。

実は第一次大隈内閣成立一ヵ月後、憲政党総務委員の相談役として設置された特別委員は、内閣第一の政策課題とした行政改革の具体策として行政改革条目をまとめ、総務委員に提出した。そのなかに「市町村長の権限強化」という一項が含まれており(87)、先の市長独任制採用論と合わせ、執行機関の権限強化は政党からも焦眉の課題として要請されていた。従って前項で論証したように、一八九六年の「乙案」にあった、(a)市町村会の不当議決に対し再議を命ずる規定を明確化し直ちに議決を取り消せる規定を設けること、(b)監督官庁による議会の停止・中止の命令規定を追加することといった提案も、大隈内閣内務省案にそのまま条文化されて盛り込まれ、西園寺内閣案・改正市制へと引き継がれていくのである。

(e)の一般会計とは別に特別会計を設置した点も、大隈内閣内務省案はその第一三七条で「市ハ市会ノ議決ヲ経テ特別会計ヲ設クルコトヲ得」と定めており(88)、西園寺内閣案・改正市制の規定を先取りしていた。特別会計の設置は、「例へハ水道病院ニ関スル財務ノ如キ一般会計ヲ離レ独立経営ノ必要ナルモノ鮮シト」しない状況(89)、つまり公営事業の発展に対応するための措置である。また、特別基本財産及び基本財産にあらざる金穀を積み立てることを認め、市

町村による寄付・補助もできるとした条文も、大隈内閣内務省案から盛り込まれている。[90] これも第二節でみたように、「甲案」で提案されていた条文であり、日清戦後の市町村における公営事業の展開に見合った規定であった。

次に町村制についてはどうであろうか。大隈内閣内務省案ではまず、①書記その他の町村吏員について、町村長の推薦に基づき町村会が選任するとなっていた一八八八年町村制の規定を町村長の任免に修正し、②町村会が町村の収支に関し不適当の議決を行った時は場合により町村長は再議に付さずに郡長の指揮を請うことができるとされた。改正町村制の特徴とされている町村長の権限強化は、大隈内閣内務省案で相当程度条文化されている。また、国の委任事務を列挙していた町村制の規定を改め、「法律命令ノ定ムルトコロニ依リ（中略）国及府県郡ノ行政ニシテ其ノ町村ニ関スル事務ヲ管掌ス」[91] という包括的規定に修正するなど、改正町村制の特質の多くがすでに盛り込まれているのである。

以上から、西園寺内閣案・改正市制町村制における改正の要点の大半は、大隈内閣内務省案で条文化されており、一部は第二次伊藤内閣末期の「甲案」「乙案」にまで遡ることが明らかとなった。

2　大隈内閣内務省案と西園寺内閣案・改正市制町村制の相違点

本項では、西園寺内閣案・改正市制町村制が大隈内閣内務省案に加えた修正の要点について検討する。

第一は、大隈内閣内務省案の等級選挙制廃止構想が否定されたことである。町村については二級、市については三級に分けた、市制町村制の等級選挙制を維持する方針を選んだのである。これによって市制第一五条・町村制第一三条が追加され、大隈内閣内務省案の市制第一四・一七・一九・二〇条、町村制第一三・一六・一七・一八・二六条の内容が大幅に修正された。

第二は、第一次西園寺内閣が等級選挙制廃止という選挙制度の「民主化」に消極的な姿勢をとる一方で、市制・町村制ともに公民権の納税要件を単に「直接国税ヲ納ムル者」と定め、公民権の範囲を拡大したことである。(92)特に都市部においては大幅な選挙権有資格者の増加に繋がる重要な修正である。そして、この選挙権の拡張との権衡上、多額の納税を行っている者を保護するためとして、第一に指摘した等級選挙制維持を方針とした。(93)第一次西園寺内閣は、等級選挙制の維持により旧来の名望家支配体制の存続を目指しながら、特に都市部でより底辺の住民をもそのなかに組み込もうと図ったのである。ただし、改正市制町村制の原案である第二次桂内閣提出の市制町村制改正案の公民権条項は、西園寺内閣案と同様であったにもかかわらず、政友会によって修正を加えられ、公民権は従来通り「地租ヲ納メ若ハ直接国税年額二円以上」(94)納入者に限定されることとなった点も指摘しておこう。(95)

第三は、「甲案」で提起され、その後松方内閣「内務省案」、大隈内閣内務省案で条文に盛り込まれた、町村会議員選挙にあたり町村内に選挙区を設置しうる規定が西園寺内閣案で削除され、選挙分会を設けうる規定へと変更されたことである。政府委員吉原三郎内務次官は、単記投票の採用により（大隈内閣内務省案は連記無記名投票）、人口の大きな大字が町村会議員を独占する弊害は防止しうる旨の説明を行っている。(96)恐らくこの修正は、日露戦後の地方財政悪化に対処するため、大字単位の選挙区設置によって行政町村内で旧村の分離・自立化傾向が強まることを嫌ったためであろう。一九一一年の町村制改正案作成過程でも、内務省内で部落の法制化を求める意見が出たが、「部落的観念を養っては統一を害する」との理由で否決されている。(97)この点で、「行政町村内の合併」を進めた桂内閣の政策と西園寺内閣の町村制改正案は必ずしも矛盾しない。(98)

第四は、西園寺内閣案第六四条第二項で「名誉職町村長及名誉職助役ハ其ノ町村公民中選挙権ヲ有スル者ヨリ之ヲ選挙スヘシ、但シ特ニ必要アル場合ニ於テハ一戸ヲ構エサル者ト雖他ノ被選資格ノ要件ヲ具備スルトキハ之ヲ選挙スルコトヲ得」との規定[99]が追加され、公民要件を欠いても行政能力のある者は町村長・助役に起用する意向を明確にした点である[100]。

第五は、大隈内閣内務省市制改正案が、特別市制廃止に伴って東京・大阪・京都三市を対象とする条文を多く追加したのに対し、西園寺内閣案はその条文を基本的に生かしながら、「東京市・京都市・大阪市」を「勅令ヲ以テ指定シタル市」と改め対象地域を拡大したことである（市制第七二・七九・九六条）。

第六は、西園寺内閣町村制案の「第七章　町村行政ノ監督」に第一五〇条が加わり、知事の許可事項が列挙されたことである[101]。一八八八年町村制第一二七条で郡参事会の許可事項と規定された「一、町村ノ営造物ニ関スル規則ヲ設ケ並改正スル事」「二、基本財産ノ処分ニ関スル事」などの項目は、松方内閣「内務省案」、大隈内閣内務省案では郡長の許可事項に改められていた[102]。それが「数個人又ハ町村内ノ一部ニ費用ヲ賦課スル事」などを除き、西園寺内閣案では知事の許可事項へと訂正されたのである。大隈内閣内務省案も西園寺内閣案も、ともに郡長・郡役所機構を残した上での郡制廃止を前提とした案であったが、後者の方がより郡長の権限を削減して知事の町村監督権を強化するものとなっている。原内務大臣の郡制廃止案は、この面からすると郡長の機能の実質的無力化に一歩踏み込んだものと評価できる。

以上のように、大隈内閣内務省案と西園寺内閣案・改正市制町村制の間には、日清戦後と日露戦後という時期の相違によるいくつかの重要な訂正が存在することが明らかとなった。

おわりに

本章は、市制町村制改正案が形成されていく経過を検証することにより、改正府県制郡制が成立するまでを跡付けた前章と合わせて、日清戦後における内務省の地方制度改革構想の全体像を明らかにし、立法過程における政党勢力の関与についても検討を加えた。

その結果、第一に、一八九三年の地方長官会議に向けて早くも市制町村制の改正点についての調査が行われ、その後第二次伊藤内閣末期に内務大臣として入閣した板垣退助の下、内務省内で「甲案」「乙案」が作成されて、事実上市制町村制の全文改正作業に着手したことを明らかにした。その改正動機としては、日清戦後における市町村での公営事業の展開を制度的に支え、市制町村制の解釈をめぐる内務省と行政裁判所間など、政府内部における相違を解消する必要性を指摘した。

第二に、「甲案」「乙案」での改正提案を取り入れつつ、松方内閣「内務省案」が作成され、それに等級選挙制の廃止など初期議会以来の政党年来の主張に沿ったいくつかの見過ごせない訂正を加え、大隈内閣内務省案が成立することを論証した。その上で、第二次山県内閣発足直後の政府・憲政党間の交渉で等級選挙制の存廃をめぐって両者が対立し、結局市制町村制改正の先送りで合意した経緯を明らかにした。その結果、日清戦後における内務省の地方制度改革構想が府県制郡制から市制町村制に及ぶ全面改正プランとして立案されたにもかかわらず、一八九九年の地方制度改革では府県制郡制のみが実現するのである。

第三に、大隈内閣内務省案における町村組合規定が、西園寺内閣案の規定と基本的に同じであることを確認した。前章において、第一次大隈内閣時に郡制廃止と町村組合規定の拡充を組み合わせた構想が具体的な政策課題となったと指摘した。本章での検討を加えてみると、日露戦後の原敬内務大臣による地方制度改革構想の姿がすでにこの時点で形を整えていることが、より一層明瞭となった。

第四に、大隈内閣内務省案が日露戦後の西園寺内閣案や改正市制町村制の直接の土台であることを証明した。そして、日清戦後と日露戦後という時代状況の変化に伴う相違点があるものの、改正市制町村制での主要な改正項目の大半は、すでに大隈内閣内務省案に条文化されており、しかもいくつかの改正項目については「甲案」「乙案」にまで遡れることを検証した。また、市長独任制への転換や市町村長権限の強化といった改正市制町村制の要点は、日清戦後という早い時点から、山県系官僚のみでなく政党からもその実現が要請されていたのである。

従来改正市制町村制は、日露戦後に展開した地方改良運動との関係から論じられてきた。改正市制町村制が実際に地方改良運動を制度面で支える機能を果たしたかどうかも、別個に検証する必要があるが、本章での検討からすると、改正市制町村制はその改正作業の始点及び動機からして、地方改良運動との関係に還元できない内容を持っていると結論しうるのである。

注

（1）代表的なものに、東京市政調査会編・亀卦川浩著『自治五十年史　制度篇』（良書普及会、一九四〇年、文生書院より一九七七年に復刻）、山中永之佑監修、山中永之佑・中尾敏充・白石玲子・居石正和・飯塚一幸・奥村弘・三阪佳弘・中野目徹・馬場義弘・住友陽文編『近代日本地方自治立法資料集成』二明治中期編（弘文堂、一九九四年）の「解題二　市制町村制、府県制・郡制の成立過程について」（奥村弘・居石正和執筆）、大島美津子『明治国家と地域社会』（岩波書店、一九九四年）第三章がある。

（2）有泉貞夫『明治政治史の基礎過程―地方政治状況史論―』（吉川弘文館、一九八〇年）一三四～一三五頁参照。ただし、町村制の機能論的研究は一九九〇年前後に大きく進展した。例えば、大石嘉一郎『近代日本の地方自治』（東京大学出版会、一九九〇年）、大石嘉一郎・西田美昭編『近代日本の行政村』（日本経済評論社、一九九一年）。

（3）例えば、山中永之佑『近代日本の地方制度と名望家』（弘文堂、一九九〇年）、同『近代市制と都市名望家―大阪市を事例とする考察―』（大阪大学出版会、一九九五年）第二章。

（4）数少ない研究として、持田信樹「日本における近代的都市財政の成立（一）（二）」（『社会科学研究』三六―三・六、一九八四・八五年）、同『都市財政の研究』（東京大学出版会、一九九三年）三章四、櫻井良樹『大正政治史の出発―立憲同志会の成立とその周辺―』（山川出版社、一九九七年）第九章（初出は一九八八年）、早田幸政「明治憲法下の地方『自治』法制における公民規定とその変遷」（『松山大学論集』一―四、一九八九年）、山中永之佑前掲『近代市制と都市名望家』第二章、同『日本近代国家と地方統治』（敬文堂、一九九四年）第一章第三節がある。その多くは改正市制を対象とした研究である。その後、中嶋久人「初期議会期における内務省の大都市構想の形成過程―市制特例から東京都制案へ―」（内務省史研究会編『内務省と国民』文献出版、一九九八年）により、市制特例廃止問題に対応して内務省・貴族院で構想された大都市法制について、本章で十分検討できなかった貴衆両院での議論を踏まえた本格的な分析が行われている。

（5）市制特例下の市役所や市参事会を扱った論稿として、堀田暁生「大阪市の成立と大阪市参事会」（大阪市公文書館『研究紀要』六、一九九四年）がある。

（6）各議会での市制特例廃止法案の提案主体・審議経過については、山中永之佑前掲『近代市制と都市名望家』第一章第五節、山中永之佑監修、山中永之佑・中尾敏充・白石玲子・居石正和・飯塚一幸・奥村弘・三阪佳弘・中野目徹・馬場義弘・住友陽文・古田愛編『近代日本地方自治立法資料集成』三明治後期編（弘文堂、一九九五年）の「解題　日本近代国家の成立と地方自治制」（山中永之佑執筆）第一章二が詳しい。

（7）①は国立国会図書館憲政資料室蔵『井上馨関係文書』二七八―八、②は同六六四―八、③は同六六四―九。中嶋久人前掲論文は②について触れていない。

（8）国立国会図書館憲政資料室蔵『都筑馨六関係文書』二七八―七。井上馨内務大臣時代、都筑は内務省参事官、一八九四年六月二二日内務省土木局長に就任。

（9）同右二七八―八。両案ともに施行日は一八九四年四月一日となっている。

（10）『帝国議会貴族院議事速記録』七第五・六回議会、一三二～一四三・二五七～二六六頁。

（11）同右書二一八～二一九頁。

（12）国立国会図書館憲政資料室蔵『井上馨関係文書』六六四―一〇「東京都制武蔵県設置法律及附属法令制定ノ件」。

（13）国立公文書館蔵『公文別録』未決並廃案書類一、内閣、外務、内務省。

（14）『帝国議会貴族院議事速記録』一〇第九回議会上、一七頁。

(15)『明治天皇紀』第九巻（吉川弘文館、一九七三年）一六頁、井上光貞・児玉幸多・永原慶二・大久保利謙編『日本歴史大系』四近代Ⅰ（山川出版社、一九八七年）七四六頁注(14)(増田知子執筆)。

(16)『東京日日新聞』一八九六年九月二五日。

(17)この間の経緯については、自治制発布五十周年記念会編『自治座談　経験篇』(一九三八年)一一六～一二一頁、大島太郎『官僚国家と地方自治』(未来社、一九八一年)一二四～一二七頁参照。不正鉄管事件と特別市制の関係については、石塚裕道『日本近代都市論―東京　一八六六～一九二三―』(東京大学出版会、一九九一年)七二～八三頁参照。また、有光金兵衛『我が国に於ける特別市制運動』(大同書院、一九二九年、東京市政調査会市政専門図書館蔵)第二章第二節・第三章、持田信樹前掲書三章四、大岡聡「日中戦争期の自治擁護運動について―都制をめぐる東京市政の動向―」(『歴史学研究』六六六、一九九四年)も、明治中・末期の特別市制廃止運動と帝国議会での「東京都制案」「東京市政案」の対立について触れている。大阪市における市制特例廃止運動については、山中永之佑前掲『近代市制と都市名望家』第一章第四節、京都市については、『京都の歴史』八古都の近代（学芸書林、一九七五年）六七～六八頁参照。

(18)『帝国議会貴族院議事速記録』一三第一一・一二回議会、一一四頁。

(19)一八九八年六月二七日法律第一九号として公布された。山中永之佑監修前掲『近代日本地方自治立法資料集成』三明治後期編、一八九九年四・四A・四B資料参照。

(20)自治制発布五十周年記念会編前掲『自治座談　経験篇』一二七～一二八頁。平井は一九〇三年内務属となり、のち東京府主事、内務省嘱託、道路改良会嘱託等を歴任。平井の発言に最初に注目したのは、持田信樹前掲「日本における近代的都市財政の成立(一)」五五頁・五七頁注(2)だが、出典が誤っている。

(21)滋賀県庁蔵『滋賀県行政文書』明治お―五四「知事会議」所収。

(22)山中永之佑監修前掲『近代日本地方自治立法資料集成』三明治後期編、一六二～一六五頁。

(23)同右書一六二頁。

(24)国立国会図書館憲政資料室蔵『井上馨関係文書』六六四―一「自治部落制草案」。山中永之佑監修前掲『近代日本地方自治立法資料集成』二明治中期編に一八八七年一五番資料として収録。

(25)坂井雄吉「『合併町村の選挙区』―モッセの町村観をめぐって―」(『ジュリスト』九三一・九三四、一九八九年)。

(26) 町村合併後、旧村間の対立が生じ、結局話し合いによって各旧村に村会議員の数が割り振られていく経過については、長野県埴科郡五加村を対象とした、大石嘉一郎・西田美昭編前掲書第一章第二節三参照。
(27) 三谷太一郎『日本政党政治の形成』（東京大学出版会、一九六七年）一〇三頁。
(28) 『行政裁判所判決録』三（文生書院、一九八九年）五一八～五二七頁。
(29) 地方債については、長井純市「山県有朋と地方自治制度確立事業―地方債構想を中心に―」（『日本歴史』五三五、一九九二年）がある。
(30) 山中永之佑監修前掲『近代日本地方自治立法資料集成』三明治後期編、一六七頁。
(31) 石川一三夫『近代日本の名望家と自治―名誉職制度の法社会学的研究―』（木鐸社、一九八九年）一二九～一三〇頁。町村制研究に行政訴訟の持つ意義については、同「明治期の町村自治に関する一視点―むら有力者と行政訴訟―」（日本近代法制史研究会編『日本近代国家の法構造』木鐸社、一九八三年）参照。
(32) 一八九四年に内務省参事官に就任した水野錬太郎の発言（自治制発布五十周年記念会編『自治座談 回顧篇』一九三八年、三〇頁）。内務省内でも、県治局と参事官との間で解釈に相違が生ずることがあった。
(33) この点は府県制郡制改正についても重要な動機であった。第一次大隈内閣時の「府県制改正ノ件」（早稲田大学蔵『大隈文書』A―二六一九所収）が、「法文ノ意義疑岐ニ渉リテ当局者ノ執行ニ惑フモノアルノミナラス之カ為ニ執行機関ト議事機関トノ間ニ紛議ヲ醸生シ若ハ理事者ト人民トノ間ニ争議ヲ続出セシムルノ類頗ル多シ」と述べ、第二次山県内閣時の「府県制改正法律案理由書」「郡制改正法律案理由書」（国立公文書館蔵『公文類聚』第二三編第二巻政綱門二―一）が共に、「規定ノ精密ナラス若クハ文義ノ明晰ヲ欠クカ為ニ徒ラニ執行機関ト議事機関トノ間ニ紛議ヲ醸生シ私人ト官庁トノ間ニ解釈ヲ異ニシ従テ訴願訴訟ヲ滋生」する事態への対処を改正理由として掲げる裏には、行政裁判所と内務省間の条文解釈の違いに基因する紛争が存在したのである。
(34) 前掲『行政裁判所判決録』三、一二八～一三二頁、『行政裁判所判決録』四（文生書院、一九八九年）二五〇～二五四頁。公民権については早田幸政前掲論文参照。
(35) 国立公文書館蔵『市制町村制指令録』四、山脇玄『学理実用府県制郡制論』（一九〇〇年）四一頁参照。
(36) 山中永之佑監修前掲『近代日本地方自治立法資料集成』三明治後期編、一六三頁。
(37) 持田信樹前掲「日本における近代都市財政の成立（一）」によると、内務省は一八九二年二月二四日行政実例以降、「単に営利を目的とする事業は町村において施行し得るべきものにあらず」との行政指導を行い、電車・電灯・瓦斯・バス・水道を「公営造物」と解釈して、その収入を公法上の使用料とし、市制第一一三条による国税滞納処分に準ずることとした。

(38) 後の発言ではあるが、第二二議会衆議院市制改正法律案町村制改正法律案及東京市制案委員会で、政府委員吉原三郎内務次官は、町村制第一一五条に「公益上必要の場合に於ては寄附又は補助を為すことを得」と掲げる理由として、従来の町村制でも町村による農会や教育会への補助が内務省ではできると解釈していたにもかかわらず、「行政裁判所では法律に明文がありませぬから出来ぬ」とされて甚だ都合が悪かった、と述べている（『帝国議会衆議院委員会議録』明治篇三七第二二回議会、六五頁）。なお、郡費による町村などの公営事業への補助についても、一八九一年六月二五日山形県照会への回答、九二年七月七日徳島県伺への通牒で補助できるとした内務省に対し、行政裁判所は九六年一一月五日の宣告で補助できないとの判決を下して（山口県文書館蔵『山口県庁文書』戦前A総務七七一「郡制ニ関スル要録」）、食い違っている。

(39) 自治制発布五十周年記念会編前掲『自治座談　回顧篇』三二頁。

(40) 前掲『行政裁判所判決録』三、五三七～五三九頁、農林省水産局『漁業権制度に関する資料』（一九三一年）二九～三〇頁。

(41) 山中永之佑監修前掲『近代日本地方自治立法資料集成』三明治後期編、一六三頁。

(42) 『帝国議会貴族院議事速記録』一〇第九回議会上、一四頁。

(43) 山中永之佑監修前掲『近代日本地方自治立法資料集成』三明治後期編、一六六～一六七頁。

(44) 東京都公文書館蔵『地方官意見　知事官房』に収録されている「衆議院議員選挙法ニ関スル意見　府県制ニ関スル意見　市制町村制ニ関スル意見　郡制ニ関スル意見」と題する冊子。

(45) 同右。

(46) 山中永之佑監修前掲『近代日本地方自治立法資料集成』三明治後期編に一八九九年二D資料として収録。

(47) 同右書二八一・二八三頁。

(48) 同右書三三〇頁。

(49) 同右書三〇八頁。

(50) 早稲田大学大隈研究室編前掲『大隈文書目録』では、A―二六一七を全体として一八九八年の第一次大隈内閣時の史料としているが、本文で推定したように、同史料所収の「市制」改正案・「町村制」改正案は第二次松方内閣時のものである。

(51)『帝国議会衆議院委員会議録』明治篇三七第一二回議会、三七～三八頁。
(52)大霞会編『内務省史』第四巻（原書房、一九七一年）、伊藤之雄『立憲国家の確立と伊藤博文―内政と外交　一八八九～一八九八―』（吉川弘文館、一九九九年）二五〇～二五一頁第6表による。
(53)山中永之佑監修前掲『近代日本地方自治立法資料集成』三明治後期編、三〇三頁。
(54)同右書三〇七頁。
(55)行政裁判所明治二二年三月一四日行政実例、明治二二年三月一八日行政実例によると、共有地のみの地租納入者であっても公民権の有資格者とされていた。早田幸政前掲論文参照。
(56)山中永之佑監修前掲『近代日本地方自治立法資料集成』三明治後期編、二八九・三〇八～三〇九頁。
(57)同右書二九八・三〇九頁。
(58)同右書三一三頁。
(59)同右書二九〇頁。
(60)山中永之佑監修前掲『近代日本地方自治立法資料集成』二明治中期編、三六〇頁。
(61)例えば、一八九二年一月五日自由党『党報号外』では、「我党は、市町村制に於ては階級選挙法を改正し（中略）政治の基礎を鞏固にせんと欲す」（三頁）と述べている。松尾尊兊『普通選挙制度成立史の研究』（岩波書店、一九八九年）一一頁参照。一八九一年一二月六日の自由党代議士総会では、「第二部提出の市町村制改正案に就き、河野氏之か改正の要点を説明し満場異議なく之れを是認し」（『自由党党報』第四号、二七頁）、一八九三年一一月一五日の自由党定期大会でも、市制町村制の「階級選挙法を廃す」と議決している（『自由党党報』第四九号、二六頁）。なお、自由党幹部植木枝盛の等級選挙制批判については、石川一三夫前掲書二四九頁参照。また、町村制施行直後の地域社会での等級選挙制に対する批判については、大島美津子前掲書第三章四―1参照。
(62)山中永之佑監修前掲『近代日本地方自治立法資料集成』三明治後期編、二八三～二八四頁。
(63)『大阪朝日新聞』一八九八年一二月七日。
(64)『日刊人民』一八九九年一月二五日。
(65)同右一八九九年一月二六日。

(66)『日刊人民』『東京日日新聞』一八九九年一月二四日。
(67)『大阪朝日新聞』一八九九年一月二六日。
(68)同右一八九九年一月二七日。『東京日日新聞』一八九九年一月二九日も参照。
(69)ただし、貴族院特別委員会一八九九年二月二八日の審議において松平正直内務次官は、「市町村制ニモ改正ヲ促スベキ廉カナイノデハナイノデアリマス、大イニ今調べ中ニナッテ居リマス」と述べた上で、「町村制ノ改正ノコトハ余事デハアリマスケレドモ今申上ケタ多少ノ改正ヲ促シタイト云フ所ガ是ハ第一ノ階級選挙ヲ始メトシテ基礎ヲ変エナケレバ其改正ヲ促シテ政党熱ヲ鎮圧スルト云フコトハ此町村制ニ於テ其功ヲ奏スル」(『帝国議会貴族院委員会速記録』明治篇八、二六二～二六三頁)との発言を行っている。第二次山県内閣時の内務省が、等級選挙制といった基本的な部分に手をつけずに、政党熱の抑制を目的とする市制町村制改正の道を探っていたことが判明する。
(70)山中永之佑監修前掲『近代日本地方自治立法資料集成』三明治後期編、三二七～三二八頁。
(71)同右書一六四頁。
(72)同右書一六五頁。
(73)『帝国議会衆議院議事速記録』二一第二二回議会、二三五～二三六頁。
(74)西園寺内閣案と一九一一年の第二次桂内閣案の関係については、三谷太一郎により後者が前者を踏襲して成り立っていると指摘されている(同前掲書一〇四～一〇五頁)。
(75)山中永之佑監修前掲『近代日本地方自治立法資料集成』三明治後期編に一九一一年一九C資料として所収。なお『市制町村制改正法律案理由要領』は、持田信樹前掲「日本における近代的都市財政の成立(二)」六三頁注(14)で「一応内務省の有権的解釈を反映しているもの」とされた、帝国地方行政学会『改正市制町村制釈義』(有斐閣、一九一一年)第一編第五章「市制町村制改正要領」に、若干の追加及び削除があるもののほぼ全文収録されている。『改正市制町村制釈義』の「序」に、「執筆ニ当リ内務書記官中川望君、同地方局員五十嵐鉱三郎君、近藤行太郎君ヨリ有益ナル資料ヲ供セラレ」とあり、『市制町村制改正法律案理由要領』は彼ら内務官僚によって提供されたとみて間違いない。つまり『市制町村制改正法律案理由要領』は若干の訂正を経ながら、改正市制町村制成立まで内務省内で利用されていたのである。
(76)山中永之佑監修前掲『近代日本地方自治立法資料集成』三明治後期編、七九五頁。

(77) 同右書二八三頁。

(78) 一九一一年四月に開催された地方長官会議において平田東助内務大臣が各地方長官に向けた「指示事項」のなかに、「改正市制町村制ニ関スル件」がある。そのなかで「主要ト認ムヘキ事項ニ付特ニ茲ニ一言セム」として取り上げられているのは、「第一、市参事会ノ行政機関タルヲ議決機関ニ改メタルコト」「第二、市参与ノ制ヲ設ケタルコト」「第三、市町村組合ヲ設置シ得ルノ制ヲ加ヘタルコト」「第四、監督ノ規定ヲ周密ニシ以テ寛厳其ノ宜シキヲ得セシムルコト」の四項目であり（山口県文書館蔵『山口県庁文書』戦前A総務一一一「明治四十四年明治四十五年　地方長官会議提出事項」）、市制改正をより重視していたことが窺える。なお、「改正市制町村制ニ関スル件」は、中央報徳会の機関誌『斯民』六―三（一九一一年六月七日発行）に転載され、広く知られるようになった。

(79) 市参与制度の制定については、櫻井良樹前掲書第九章第三節参照。また、同制度制定に関わった平井良成の証言が、自治制発布五十周年記念会編前掲『自治座談　経験篇』一四一～一四三頁にある。

(80) 山中永之佑監修前掲『近代日本地方自治立法資料集成』三明治後期編、一六〇頁。

(81) 同右書二八八頁。

(82) 『帝国議会衆議院議事速記録』二二第二三回議会、二二四頁。同右書六六八頁。

(83) 山中永之佑監修前掲『近代日本地方自治立法資料集成』三明治後期編、二八一頁。前掲『市制町村制改正法律案理由要領』でも「市参事会の性質」の項で、「従来ノ実験ニ徴スルニ市ノ事務ハ複雑多端ニシテ且往往軽易ノ事項ナルニ拘ラス一一合議体ノ議決ニ依テ施行スルカ如キハ処理迂遠ニシテ政務ヲ凝滞シ或ハ機宜ヲ失シ団体ノ不利不便実ニ謂フヘカラサルモノアリ」（山中永之佑監修前掲『近代日本地方自治立法資料集成』三明治後期編、八〇一頁）と、ほとんど同文の改正理由が述べられている。

(84) 日清戦後の大阪市における市政刷新運動については、原田敬一『日本近代都市史研究』（思文閣出版、一九九七年）第四章参照。また、日露戦後の大阪市における市政改革運動の市制改正要求については、山中永之佑前掲『近代市制と都市名望家』第二章参照。ただし、西園寺内閣案・改正市制ともに市参事会の権限を、①市会の委任を受けた事項の議決権、②市長が市会に提出する議案についての意見陳述権、③他の法令により権限として与えられた事件、以上三項目に限定したのに対し、第一次大隈内閣内務省案は、①臨時急施を要する場合と市長が市会招集の暇なしと認めた場合、市会に代わって議決を行う権限、②財産及び営造物の管理に関し重要なる事件を議決する権限、③市費をもって支弁すべき事件に関し重要なる事件を議決する権限を加え、参事会の地位がやや高くなっている。

(85)『日刊人民』一八九九年二月一日。
(86)山中永之佑監修前掲『近代日本地方自治立法資料集成』三明治後期編、二九九頁。
(87)『大阪朝日新聞』一八九八年七月二九日。
(88)山中永之佑監修前掲『近代日本地方自治立法資料集成』三明治後期編、三〇四頁。
(89)前掲『市制町村制改正法律案理由要領』中の五一「特別会計」の項（山中永之佑監修前掲『近代日本地方自治立法資料集成』三明治後期編、八〇六頁）。
(90)山中永之佑監修前掲『近代日本地方自治立法資料集成』三明治後期編、二八四〜二八五頁。前掲『市制町村制改正法律案理由要領』でも、「特別基本財産及積立金穀」の項で、「現行法ニ於テハ市町村ニ於テ特別ノ基本財産若ハ基本財産ニアラサル金穀等ヲ積立ツルコトヲ得ルノ明文ナシ、然レトモ市町村ノ状況ニ依リテハ或ル事業例ヘハ水道ノ布設道路ノ修築公園ノ維持等ニ関シ特別ノ基本財産ヲ蓄積シ又或ハ救荒予備等ノ為ニ一定ノ期間特別ノ積立金ヲ設クルノ必要ヲ見ルコトアルヘシ」（山中永之佑監修前掲『近代日本地方自治立法資料集成』三明治後期編、八〇四頁）と、ほとんど同文の改正理由が述べられている。
(91)山中永之佑監修前掲『近代日本地方自治立法資料集成』三明治後期編、三二二頁。
(92)『帝国議会衆議院議事速記録』一二第一二回議会、二一四・二一七頁。
(93)『帝国議会衆議院委員会議録』明治篇一七第一二回議会、四三頁の政府委員吉原三郎内務次官の発言参照。
(94)山中永之佑監修前掲『近代日本地方自治立法資料集成』三明治後期編、七七四頁。
(95)同右書八一三頁。この点については櫻井良樹前掲書三二一〜三二二頁注(6)参照。
(96)『帝国議会衆議院委員会議録』明治篇一七第一二回議会、七八頁。
(97)自治制発布五十周年記念会編前掲『自治座談　経験篇』一四〇〜一四一頁。
(98)なお、選挙制度についてはこの他にも、削除されていた投票における代人規定を復活させ（市制第二七条・町村制第二四条追加）、選挙に衆議院議員選挙の罰則を準用する規定を加える訂正を行っている（市制第四〇条・町村制第三七条追加）。
(99)『帝国議会衆議院議事速記録』一二第一二回議会、二三一頁。
(100)結局改正町村制ではこの部分は削除された。この点にいち早く着目したのは、山中永之佑前掲『日本近代国家と地方統治』一四二〜一四三頁・一七二頁注(34)である。
(101)　『帝国議会衆議院議事速記録』二二　第二二回議会、一二三七頁。
(102)　山中永之佑監修前掲『近代日本地方自治立法資料集成』三明治後期編、三二九頁。
(補注)　郡制改正と郡制廃止の関係をめぐっては、谷口裕信「明治中後期における郡制廃止論の形成」(『史学雑誌』一一三―一、二〇〇四年)が、(ア)初期議会において政党の郡制改正案から郡長公選が削除されていく背景に、郡長特別任用の範囲拡大による地方名望家の郡長就任への期待があったこと、(イ)一八九九年に郡長公選抜きの郡制改正が実現すると、郡制をめぐる議論が郡長に絞られていくこと、(ウ)その結果、第一次桂太郎内閣下で政党側の期待した郡長特別任用の範囲拡大が見込めなくなると、政党は一気に郡長=郡役所不要論にまで進み、再び郡制廃止論が浮上することなどを明らかにした。拙稿で見落としていた論点に切り込んだ貴重な成果である。

第四章　明治中後期の知事と議会

はじめに

一八八八年に制定された市制町村制は、九〇年に制定された府県制郡制と合わせて明治地方自治制とも称され、次のような特徴を持つと理解されてきた。①議会権限が大きく制約されている上に、内務大臣―知事―郡長の監督権限が広く認められた、官治的性格の強い制度である。②モデルとされたドイツの地方制度からの輸入法的性格を強く帯びた制度である。③江戸時代の村共同体を超えて土地集積を進める寄生地主の地域支配を、法的に支えた制度である。明治地方自治制は、近代日本において中央と地方の関係を規定し、官僚による地方支配の根幹をなした制度として、極めて重要視されてきたのである。

明治地方自治制下における地方自治・地方行政を考察しようとすれば、従来の府県会研究に着目する必要がある。ところが戦後の府県会研究は、自由民権運動研究の一環として出発したため、運動の「敗北」とともに府県会闘争にも終止符が打たれたと解し、国会開設後の府県会研究にまで展開していかなかった(1)。右の研究状況を批判して国会開設後の府県会研究を主導することとなった地方利益論は、地方名望家が政費節減・民力休養路線から転換して、知事主導の積極主義を受け入れていく経過・要因を見事に描いてみせた。しかし、有泉貞夫に代表される地方利益論(2)には次のような問題点がある。

第一に、積極主義の受容は知事の府県会に対する指導力強化に結び付かず、地方での政党化の進展に帰結したが、その背景にある制度的枠組みへの関心は希薄であった。例えば、一八八〇年に設置された常置委員会について、藩閥政府が自由民権運動対策としてとった名望家層取り込み策と解して(3)、具体的に検討しなかっただけでなく、それを引き継いだ府県制下の参事会も研究対象とすることがなかった。第二に、地方での政党化の進展に関心があったため、府県庁機構の構造と人的構成や、政策決定からその執行に至る地方行政の全体的特徴を究明しようとする意欲に乏しかった。近年、土木事業などに関する研究により府県行政の実像の一端が明らかにされつつあるが(4)、未だ事例研究の域を出ていない。第三に、明治地方自治制の「官治的性格」の中心的要素である監督行政について分析を行うことがなかった。右の諸点は、その後の地方政党論(5)においても克服されたとは言い難い。

本章では、以上のような研究状況を踏まえ、次の課題を設定する。第一に、府県制公布後に地方行政の主管庁＝内務省で行われた、府県会・常置委員会・参事会と知事との権限問題に関する議論を跡付ける。第二に、京都府を例に、府県会開設以来形成されていく議事慣行及び府県会・常置委員会の職務権限が、府県制施行後も知事を強く拘束していた状況とその要因を検討する。第三に、以上を踏まえ、改めて一八九九年の府県制郡制改正に込めた内務省の意図を探ってみたい。さらには右の作業を通じて、内務省から派遣された知事と、地域住民により選出された府県会議員との関係、換言すれば明治地方自治制下の中央―地方関係を理解する手がかりを得たい。

なお、府県制郡制は一八九〇年五月に公布されたが、約三年を経た九三年四月までに府県制を施行したのは、青森・秋田・山形・石川・福井・山梨・長野・愛知・徳島・高知・大分の一一県に止まり、他の府県では府県会規則・地方税規則が存続していた。本来ならば早期に府県制へと移行した事例をも検討すべきであるが、本章ではその用意はない。

一　第二次伊藤内閣と府県会

1　一八九三年四月の地方長官会議

一八九二年八月八日、第二次伊藤博文内閣が成立し、同日内務大臣に井上馨が就任した。この井上内相時には、早くも府県制郡制の改正を視野に入れた調査を開始し、内務省の所管でありながら未整備であった土木法制の立案作業に本格的に従事する。(6) それとともに、府県制公布後における府県行政の問題点を整理し、知事と府県会・常置委員会・参事会との間の権限問題に決着を付けようとした。一八九三年四月一七日に開会した地方長官会議の主要議題の一つはこれであり、内務省は次の内務大臣訓令案を各知事に諮った。

従来府県ヨリ本省へ報告スル事項トシテ、法律ノ範囲ヲ越へ或ハ職権外ニ渉ルノ嫌ヒアルモノ尠カラス、就中府県会ニ関スル事件其多キニ居レリ、惟フニ明治十一年府県会規則及地方税規則発布ノ後、府県ハ只管議会ト衝突セサランコトヲ務メ不知々々行政権ト議権トノ区別ヲ混淆シ、延ヒテ今日ニ及ンテハ遂ニ視テ以テ当然ノ事ト為スニ至レルモノ、如シ、今府県制実施ノ府県ハ僅ニ十一県ニ過キサルモ、一般之ヲ施スコト又甚遠キニアラサルへシ、若シ夫レ従来府県会及地方税ニ関スル弊習ヲ踏襲シテ新制度ノ上ニ及ホシ、其極或ハ府県ノ議会ニ付議スルモノ法律ノ範囲ヲ越へ、或ハ府県会其職権外ニ渉ルノ議事ヲ為ス等ノ事アリテ、不得已本大臣ニ於テ之レカ取消ヲ命スルノ場合続々萌起スルニ至リテハ、独リ本大臣監督上ノ失体タルノミナラス、府県ト議会モ亦共ニ其職責ニ違ヒ併セテ管下公衆ニ信用ヲ失フコトヲ免レサルへシ、(中略) 乃チ別紙ニ掲クル所ノ如キハ本大臣決シテ過去ノ失当ヲ詰ルノ主旨ニアラス、只将来ニ厳正ノ執行ヲ望ムニ外ナラス、希フハ既ニ府県制ヲ施行セル府県ト否

トニ拘ラス、自今深ク茲ニ留意シ其施政上ニ於テ大ニ改良ヲ加フル所アランコトヲ（中略）

右内訓ス

明治廿六年四月　日

内務大臣

各府県知事親展

各通（沖縄県知事ヲ除ク、但参考ノ為メ回シ置ク積）(7)

訓令案では、一八七八年の府県会規則及び地方税規則発布以来、知事が議会との衝突を避けようとした結果、行政権と府県会の議権との区別が曖昧となり、その状態が慣習化していること、府県会が法律の範囲を超えて職権を行使すれば内務大臣が取り消さざるを得ないことに強い懸念を示し、施政上の改良を求めた。この訓令案によれば、府県会規則に基づいて発足した府県会が、自由民権期のいわゆる府県会闘争を経て知事との間につくり上げた関係について、内務省が望ましくないと考えていることは明瞭であろう。従って、府県会・常置委員会の議事慣行のあり方、職務権限の実態解明は極めて重要である。

ところで、訓令案には文中で「別紙」とされた命令事項が添付されていた。全部で八点にわたるが、その一部を以下に示す。

一府県会議員ニシテ建議書ヲ携帯シ又ハ陳情委員ノ名ヲ以テ上京スル場合ハ、其旅費日当ハ之ヲ支給スルヲ得サル事

二府県会職権外ニ渉リ自ラ予算議按ヲ発スル事

（三〜七―中略）

八府県会ニ於テ人民ノ建議ヲ採納シ、又ハ精算予算等ニ就キ直接人民ニ対シ調査ヲ為スヲ得サル事(8)

第一点目は、「往々会議外ニ渉リテ旅費日当ヲ給スルコト殆ト府県通例ノ如クナレリ、近頃其実況ヲ見ルニ、名ヲ公務ニ借リテ其実政党ノ事務ノ為メニ上京スルモノ最多シ」という現状を踏まえて策定された項目である。府県会から内務大臣に対する建議書は、知事を経由して郵送するという正規の手続きを踏むよう求めたわけである。そして、議員は開会中のみ職権を行使できるのであり、閉会後に議員が建議の内容を直接内務大臣に陳ずるために上京するなどの行為は、一私人の活動に過ぎないことを強調した。さらに、一八八二年太政官達第一一号で「府県会規則第七条ニ依リ内務卿ニ建議スルノ場合ニ於テ、開会中議員自ラ其建議ヲ携帯上京等ノ儀ハ不相成筋ニ候」(9)とした条文につき、上京するならば閉会後に行うよう促したものとの解釈は誤っていると指摘し、府県会規則第一一条第二項、府県制第五五条で、議員の旅費日当について会期中に限ることを定めている点に注意を喚起した。

第二点目は、府県会規則第三条、地方税規則第四条及び府県制第七五条で、予算議案の発案権が知事にあると定められているにもかかわらず、事実上府県会に発案権が存する状況が広く存在するために、その矯正を狙ったものである。この点については次項で検討する。第八点目も、府県会の職権を超える行為として弊害の除去を命じたものである。

以上のように、一八九三年四月の地方長官会議において、府県会及び参事会の権限をめぐり議論が交わされ、その抑制に向けた具体的提案もあったが、結論を得るには至らなかった。前述の訓令案も発布されずに終わり、問題は翌年へと先送りされた。

2　一八九四年三月の地方長官会議

一八九四年三月一三日から内務省で地方長官会議が開催された。これに先立ち、内務大臣秘書官から各知事に調査を命じた「各府県知事ニ於テ調査稟申スヘキ件」[10]中に、知事と府県会・参事会間の職権問題に関する事項が三点含まれていた。

調査項目に対する回答を集約した上で、地方長官会議に提案された第一の議題は、「府県知事ノ職権ト府県会ノ職権トノ畛域ヲ明ニシ互ニ相侵犯スルコト勿ラシムルノ件」[11]である。これは前年の地方長官会議の際に、内務省訓令案の別紙「二」で取り上げられた内容とほぼ同じものである。つまり、「府県知事ノ職権ト府県会ノ職権トノ畛域ヲ混淆スルノ事ハ、多クハ府県歳入出予算ノ議決ト其執行トニ於テ之ヲ見ル、是レ畢竟現行予算書式ノ不完全ナルノ致ス所ナリ」との現状認識から、地方長官会議開催前に各知事に意見を求めたのである。この提案で具体的に例示して問題としたのは、次の二つのケースである。

①知事が府県会にa街道の修築費とb街道の修築費及びc橋梁の架設費計三万円を予算案として提出したのに対し、府県会が予算案にないd〜h五街道の修築費五万円を加え、知事の発案権を侵害したと認められるケース

②知事が最初に提案したa街道・b街道の修築いずれも行わず、また府県会が議決したd〜hの修築を行うでもなく、全く別のi・j二つの街道の修築に四万円を執行して、府県会が議決した予算の目的を違法に変更したと認められるケース

内務省では、こうした事例が広くみられるのは、府県歳入出の予算書式を定めた一八九一年内務省令第一二号に原因があると考えた。以下に同令で定められた府県歳入歳出予算書の書式「第一号」中、「歳出」の部分を掲げる。

第一条　府県歳入歳出予算ハ経常臨時ノ二部ニ大別シ、各部中ニ於テ之ヲ款項ニ区分シ、第一号ノ式ニ依リ之ヲ編製スヘシ

第二条　歳入歳出予算ニハ府県会参考ノ為、各項ヲ各目ニ区別シ各其予算ノ基ク所ヲ詳記シタルモノヲ添付スヘ

シ

（中略）

（第一号）

明治何年度某府県歳入歳出予算書

（中略）

歳出

経常部

（中略）

第三款　土木費　金

第一項　道路橋梁費　金

第二項　治水堤防費　金

第三項　港湾費　金

第四項　測量費　金

（中略）

臨時部

第一款　土木費　金

第一項　道路橋梁費　金

第二款　郡市町村土木補助費　金

第一項　道路橋梁費補助　金
第二項　治水堤防費補助　金[12]
（中略）

府県歳入出の予算書式は「款」「項」を示すに止まる。その下の具体的事業と金高を列挙した「目」は、第二条で参考書を添付するとしたに過ぎない。総額についてのみ掲げる方法は、本来府県会を開設した際、事業内容に府県会の議権が及ばないようにするために政府がとった方策であった。[13]ところが内務省は、この予算書式のあり方が府県会と知事の双方から安易に「目」の変更が行われる事態を招き、府県会に事実上の発案権を付与する結果となったとみた。そこで現行予算書式を改正する必要性の有無と、具体的な改正方法について地方長官会議の議題としたのである。

各知事からの回答の内、主なものを次に検討したい。まず、秋田県知事平山靖彦は、「発按権ト修正権トノ区別ハ予算ニ於テ多ク之レアルノ事実ニシテ、予算式ノ示ス歳入出各款ハ発按権ノ発動ニ係ルト雖モ、款内ノ項目ハ議会ノ修正権ニ属スルモノトナサヽルヘカラス」と述べ、府県会の権限を広く捉えて内務省の解釈に反論を加えた。また、山梨県知事田沼健が「数年ノ慣行遽カニ之ヲ変更スルハ県治上其宜キヲ得サルニ依リ、其収舎操縦ノ運為ハ地方ノ職司ヲシテ重ク其責ニ任セシメハ可ナリ」と断定し、佐賀県知事田辺輝実も「行政官ニ属スル権限ニシテ地方議会ニ潜奪セラル、コト今日ノ如キニ至リタルハ一朝一夕ノ故ニアラス、今之ヲ改メント欲セハ一定ノ規定ヲ設ケ各府県一斉ニ之ヲ回復スルニ在リト雖モ、此ノ如キハ実際ニ於テ地方事業ノ為メ議会ノ操縦上支障ナキコトヲ保セス」と懸念したように、①のケースはすでに慣行化していた。法の解釈上からも、府県政界との関係という政治的配慮からも、前年来の懸案であった予算書式の改正による府県会権限の抑制という方策は、知事の合意を得ることが難しかったのである。

第二の議題は、「特別委員並ニ小会議ニ関スル件」である。提案の背景には、次のような事情があった。一つには、法律上の権限として、府県会が特別委員を設け精算報告書を審査したり予算議案の一部を修正したりすることが広く行われている一方で、同じく委員でも、陳情委員と称して議会を代表して上京したり、道路橋梁などの工事のため委員の資格をもって実地調査を行ったり、議会閉会後も委員の職務を継続して事務に従事するなど、議員の権限を超えると認められる場合がみられることである。二つには、府県会内部に小会議を設け、地価修正や知事などの不信任を評議する場合が存在することである。この内、前者については従来放任されてきた委員の設置に規制を加え、後者に関しては、知事に議事細則の発案権がないことを踏まえた対応を検討しようとしたのである。

各知事の回答の内、現在知り得るのは大阪府など二一府県分である。それによれば、委員について訓令による取締を求める意見がある一方で、議事の進行上における便宜性を強調し、委員の設置を議会に任せるべきとして積極的に容認する知事もかなりいた。また、第一の議題と同様、「本項ノ如キハ因襲ノ宿弊ニシテ、遽ニ之ヲ打破革新セントスルトキハ勢ヒ議会ト一大紛擾ヲ来タサヽル可ラス」（鹿児島県知事大迫貞清）と述べ、政治的配慮を優先させる立場をとる知事も目立った。

こうしたなか、奈良県知事古沢滋は、当時府県制未施行府県が多かった状況を踏まえ、府県会が委員を設置する際の法的根拠として、一八八〇年一二月に内務省が刊行した、府県会規則の公の解釈書ともいうべき『府県会規則備考』(14)に着目した。同書での府県会規則第二六条に関する次の解釈を改正するよう求めたのである。

○原案ヲ廃棄スルノ精神ニアラスシテ、偏ニ金額ヲ減省スルノ意ニ出テ猶議数派ニ分レ竟ニ原案動議共ニ消滅ニ属セシトキハ、更ニ議案ヲ修正シ再議セシムルヲ得ヘシ

○若シ前項ノ場合ニ於テ議員ノ中ヨリ委員ヲ選ヒ之ヲ修正シ、更ニ議会ニ付スヘキ建議アルトキハ、議長ハ其可

否決ヲ取リ其手続ヲ為ス固ヨリ允当トス(15)

次に小会議についての回答を検討したい。元来小会議の法的根拠も、府県会規則第二六条に関する『府県会規則備考』の解釈で、「小会議ニ於テ可否決ヲ取ルノ方法ハ兼テ議事細則ニ定メ置クヘキモノトス(16)」とされた点にあった。各知事の回答をみると、「実際ニ便アリテ害ナキモノ」（長崎県知事大森鍾一）と評価したり、「議論ノ紛擾ヲ極メ若クハ予メ熟議ヲ要スルカ如キコトアルトキ」（愛知県知事時任為基）とか「議員ノ意見数派ニ分レ議事ノ進行ヲ得難キカ為メ其意見ヲ調和セシムル」（広島県知事鍋島幹）場合に開く必要があるとして、その存在を認める意見が強かった。ただ知事もしくはその代理人を退席させて会議を開き、非公開で地価修正や知事の進退を議する便法として利用されている所では、知事・書記官の臨席を義務付けたり、会議の公開を例とするといった対策がとられている。会議の非公開をめぐっては、滋賀県知事大越亨が、やはり『府県会規則備考』での府県会規則第六条に対する内務省の解釈、「報告書ヲ審議スルノ際府県会ヨリ府知事県令若クハ代理人ノ退席ヲ求ムルコトヲ得(17)」が根拠となっていると指摘し、その改正を強く求めていた。

議題の第三は、「府県会議員府県参事会員又ハ常置委員ノ調査及管内出張ニ関スル件」である。問題とされた一点目は、府県会及び参事会・常置委員会はいずれも合議体なるが故に、会議を離れて単独で管内を巡回したり陳情委員として出京するような行為は違法とする、内務省の解釈についてである。これは前年の地方長官会議でも議題とされた。二つ目は、参事会員・常置委員が土木事業の調査、地方税収支の現況調査、府県会計の検査などのため管内に出張するという、広く各府県で慣例となっていた状況の当否である。

この内、参事会員・常置委員が陳情委員の名義で出京する件に関しては、神奈川県知事中野健明・愛知県知事時任為基・岡山県知事千阪高雅・徳島県知事村上義雄を除き、大半の知事は職権外の行為と断定した。後者について、参事会員・常置委員が管内へ出張する慣例を禁止するために法改正を求めたのは、茨城県知事高崎親章や宮城県知事勝間田稔など九名である。他の知事は、職務権限上当然とするか、議事進行上の便益や必要性を強調するか、あるいは禁止した場合の府県会操縦の困難さを懸念するかの違いはあるものの、慣例を容認する姿勢を示した。なかでも熊本県知事松平正直は、『府県会規則備考』において府県会規則第三七条に関し、「地方税ニ関スル事業ノ実地調査ハ府県庁ニ於テ之ヲ為シ其旨常置委員ニ報告スヘシ、尤モ時宜ニ依リ常置委員ニ於テ審査スルモ妨ケナシ(18)」との解釈を引用し、慣例の法的根拠とした。また、徳島県知事村上義雄が「参事会ヲ行政機関トシテ運用スルカ如キニ於テハ寧ロ之（管内出張―筆者）ヲ抑止セサルノ得策ナルヲ認ム」と回答し、参事会員が行う実地調査のための管内出張を正当化している点は重要である。現在の法制史学では府県参事会を「補助議決機関」としているが、当時の法制官僚は行政機関と解釈するのが一般的であり、地方官においてもそうした理解に基づき参事会の権限を解釈する者がいたのである。

3　小　括

一八九三年四月と翌年三月の地方長官会議の分析から、次の点が明らかとなった。

第一は、府県会開設以来形成されてきた議事慣行や府県会議員・常置委員・参事会員の職務をめぐる慣例が、一八九〇年代半ばでも強い影響力を持っていることである。自由民権期の府県会闘争の消長とは一見異なった所で、開設以来の府県会のあり方がその後を大きく規定していたのである。第二は、議事慣行の形成や議員・委員の職務権限に関して、府県会側が明治一〇年代に内務省が行った府県会規則の解釈などを、法的根拠として可能な限り利用していることである。

第三は、第二次伊藤内閣の井上馨内相時、内務省は定着していた府県会の議事慣行や議員・委員の職務権限を抑制しようと企てたことである。第四は、その際、知事が内務本省の法令解釈とは異なった判断を持っていたり、府県会との良好な関係を維持するといった政治的配慮を重視したために、抑制は実現できなかったことである。この結果、一部の知事が主張したように、権限問題への対処は個々の知事に任されることとなった。

第五は、知事のなかに参事会を行政機関の一部とみる、当時一般的であった府県制解釈の影響が存在することである。府県制での参事会は、モッセの構想に従い府県会の補助議決機関としてだけでなく、行政監査権・争議決定権、市町村監督行政への参加権が付与されていた。確かに欧州諸国と比較するとその権限は限られていたが、法制官僚は、それは欧州諸国との歴史的経緯や発展段階の差に由来すると認識していたのである。例えば、山脇玄・中根重一講述『府県制郡制釈義』では、参事会について次のように述べている。

之ヲ欧州諸国ノ例ニ徴スルニ地方長官（州知事又ハ郡長）ハ自治事務ヲ実行スト雖モ、是ハ参事会ナル合議体ノ長トシテ之ヲ為スノミ、従テ其責任ハ参事会ニ於テ之レヲ分担シ知事一人ニ属セス、然ルニ我府県制ハ之ヲ知事一人ニ全任シ唯二三ノ事件ニ付キ名誉職参事会員ノ署名ヲ規定スルノミ、顧フニ此ノ如ク自治事務ノ実行権ヲ参事会ニ全任セサル所以ノモノハ、我国創メテ府県ニ自治制ヲ布クカ為メ官民共ニ未タ新制ニ慣熟セサル所アルト、封建時代列藩割拠ノ余風未タ去ラサルトノ事情ヲ慮リ、暫ク従前ノ例ヲ襲用シ施行権ヲ知事ノミニ委任シタルコトナルヘシ(19)

また、水野遵も次のように解釈している。

府県参事会ナルモノハ自治団体ノ行政機関トス（中略）第三章府県参事会ノ規定中ニ是等ノ事項（知事の事務執行上の規定—筆者）ヲ纂入シタルハ、法律ノ組織上ニ於テ其体裁ヲ得サルカ如シ、然レトモ元来本条（第五〇条—筆者）以下ニ規定シタルカ如キ事項ハ学説上ヨリ言ハ、府県参事会ノ執行スヘキ事柄ニ属スルヲ以テ、之ヲ法律組織上

ノ一ノ変例トシテ見ルモ可ナリ(20)

こういった解釈に立てば、将来参事会の権限はより拡大していくこととなるだろう。

以上の経過から、内務省が知事と府県会との職務権限の別を明確化し知事の立場を強化しようとすれば、府県制未施行府県の存在と現行の府県制の解釈が障害となることが、次第に明瞭となっていく。その後、第二次伊藤内閣と自由党との提携が進み、一八九六年四月には自由党総理板垣退助が内務大臣として入閣する。次いで第二次松方内閣も進歩党との提携で成立、短命で終わった第三次伊藤内閣、最初の政党内閣である第一次大隈内閣と続いた。この結果、政党側の主張を容れた府県制郡制の改正を伴わずに、内務省令や訓令によって府県会開設以来形成されてきた議事慣行や、府県会議員・常置委員・参事会員の職務権限に一気に変更を加えようとの動きは、表面化しないまま推移していく。

二　京都府における知事と議会

京都府は、一八九九年七月一日に改正府県制を施行するまで府県制は施行されず、府県会規則・地方税規則が存続していた。そのため参事会ではなく常置委員会が置かれていた。常置委員は、一八八〇年一一月五日太政官布告第四九号により新たに設けられた制度である。構成員は京都府の場合、市部会（特別市制施行以前は区部会）と郡部会から成っていたため、各部会から府会議員を五人ずつ選び、議長は急施会を除き知事であった。職務権限は、①府県会の議定により事業を執行する方法・順序に付き、知事の諮問を受けて意見を述べる、②地方税をもって支弁すべき事業で臨時急施を要する場合にその経費を議決し、追って府県会に報告する、③通常会・臨時会を論ぜず、知事が発する議案を前もって受け取り、府県会に意見を報告する、と定められており、総じて知事の諮問機関としての性格が付与されていた。(21)

しかし京都府では、常置委員会は法律上の職務権限を超えた機能を果たしていた。その第一は、知事が提出する議案に対して行う「実地ノ調査」である。京都府会常置委員会議則第七条では、「本会ニ於テ若シ実地ノ審査ヲナサ、レハ議シ能ハストスルトキハ、過半数ノ同意ヲ得テ審査委員ヲ撰ミ之ヲ派出セシメ其報告ヲ得、然ル後其意見ヲ述ヘ又ハ議決スルコトアルヘシ(22)」と規定されていた。これは公式の職務権限の一つといってよい。

第二は、地方税による工事の出来形検査と翌年度地方税補助工事個所の目論見検査のため、実地に府内を巡回することである。この内出来形検査は、一八八二年六月三〇日、京都府布達甲第一四七号で「一工事竣成ノ上臨時府庁ヨリ実地ヲ調査スルコトアルヘシ、其際不当ト見認ムルコトアルトキハ、其負担者ニ就キ訊問シ、又ハ該費金仕払帳ヲ検査スルコトアルヘシ、但郡部会常置委員ニ於テ調査スルコトアルトキモ、本文ノ通タルヘシ(23)」と規定されており、常置委員会が設けられた直後から有する機能の一つであった。なお、市部あるいは郡部の場合、常置委員一名が土木課技手・雇を同行して選出選挙区周辺地域を巡回するのが通例であり、市郡連帯による土木工事の場合は「市郡一名ツ、立会検査ヲナ(24)」すことが慣例となっていた。

第三は、各郡村人民総代からの地方税編入工事の請願を受け実地調査をしたり、府庁への請願を援助したりすることである。例えば一八九三年には、愛宕郡の人民総代として府会議員藤木林種と鴨脚光敷の二名が、郡内の名区勝地に達する道路を九四年度地方税事業に編入する議案を府会へ付議するよう、府庁及び常置委員に陳情したのに対し、一〇月に常置委員が大原・叡山・鞍馬の道路調査に出張している。(25)もう一つ例を挙げると、一八九七年一月七日、加佐郡由良村の三森西之上ほか一名は、前年の水害により破損した由良川堤防の護岸工事に付き、嘆願書及び上申書の写しを同郡選出の常置委員上野弥一郎に送り尽力を依頼している。上野はこれに応え府庁へ掛け合った結果、京都府土木掛森田玲彦技手より、「該工区出張所長へ本日直チニ照会取計置キ候間御了知被下度」との返答を得ている。(26)

第四は、府庁の議案作成に関して、常置委員会への正式の発案以前に府庁との協議を行うことである。一八九四年度の予算案作成に際して府庁は尋常中学校の新築を構想したが、ほかにも多くの新事業があり地方税の負担が過重となることを恐れ、議案の発案前に常置委員との協議に問題を委ねた。その結果、一八九四年度は新築用地として二条城の北手にある旧養魚場の官有地を三〇〇〇円で払い下げを願い、新築工事は翌年度まで延期する案に内定している。(27)ところが、一八九四年一〇月一〇日に中井弘知事が死去し、知事不在のなかで行われた九五年度予算編成においては、知事代理の一坂俊太郎書記官及び甲斐宗治参事官の主導で従来の慣例を破り、参考書として添付する「目」の項目を詳細にし、主任者によって異なった文体も統一するなどの工夫を凝らした上で、「従来は議案編制の前に予め常置委員に協議し置くの例なりしも、本年は当局者の任意に編制した」。(28)一坂書記官は、一八五六年徳島に生まれ、自助社幹部を経て法科大学卒業後官界入りし、千葉県書記官から九三年一一月京都府書記官に転じた人物である。(29)甲斐参事官も、大分県属・内務省属を経験した後、一八九四年二月大阪府参事官から京都府参事官に赴任した、当時三五、六歳の新進であった。(30)議案作成方法の変更は、彼ら中堅官僚のなかに行政権の独立に対する強い志向が存在することを示す。

第五は、地方税経済による土木建築工事の競争入札の監督を行うことである。これは工事の請負人に種々の悪弊があり、弊害が目に余る状況となったため、一八九三年五月から、常置委員が入札に立ち合い綿密に請負人の内幕を探ることにして加わった、新たな機能である。(31)同年九月には、京都府立療病院の診察室新築工事の入札があり、参加者が一名に過ぎない点に疑問を持った常置委員会は、実地調査に踏み切っている。(32)しかし、一八九九年一〇月開会の臨時郡部会で塩見清三郎議員が、「入札場ハ至テ静穏ナルモ、其ノ場処ヲ距ル二三町ノ外ニテハ飲食店又ハ鳥屋等ニ於テ、各請負人等ハ恰カモ雛鶏ニ餌ヲ与フルガ如クニ種々ノ人ヲ集メテ飲食ヲ供シ、以テ入札者妨害ノ用ヲ為サシム」などと述べて競争入札の実態を暴いており(33)、常置委員による監督が十分に効を奏さず、容易に改善できなかったことが窺える。

以上から、常置委員会は単なる知事の諮問機関ではなく、府行政、とりわけ土木行政の執行において不可欠の機能を果たしていた事実が明らかとなった。これを常置委員の側からみれば、学校制度整備以前の教育を受け、大庄屋・庄屋・戸長などを経験した経歴を持つ者が多く、行政の執行面を担い得たのであろうと推測できる。他方、府県庁機構に着目すれば、土木行政の遂行に当たって常置委員の協力なしには個所の選定から予算の見積り・設計・施工・検査までをこなし得ない、その弱さが浮き彫りになった。この点について、さらに立ち入って検討してみたい。

京都府の歳出決算額中における土木費の変遷を示した表11から明らかなように、日清戦争前後から額が急増する。しかし府県庁機構の規模は、地方官官制の定員と国庫から支給される府県定額金によって制約されており、土木事業の拡大に対応できなかった。一八九三年一〇月三一日勅令第一六二号で改正された地方官官制(34)によれば、府県庁は内務部・警察部・収税部・監獄署から成っており、その中で内務部が土木・教育・勧業・兵事・会計などの事務を取扱っていた。京都府の場合同年四月における内務部判任官の定員は一二七人、現員は判任官一二五人、雇八五人である。それが右の地方官官制改正に合わせて、一一月には判任官一一〇名余、雇六〇名余に削減されている(35)。土木・地理を分掌する内務部第二課の現員をみると、一八九四年六月で属三五人、技手一五人、雇一三人、計六三人(36)、改正府県制施行後の九九年現在で属二一人、技手二六人、雇一〇人、計五七人(37)となっており、技手は大幅に増えているものの全体としては微減であった。

表11　京都府歳出決算額中における土木費の変遷（単位：円）

	経常部土木費	臨時部土木費	臨時部郡市町村土木補助費	合計
1883	31, 050		13, 796	44, 846
1884	64, 157		14, 070	78, 227
1885	145, 409		31, 068	176, 477
1886	43, 588		8, 705	52, 293
1887	59, 210		10, 364	69, 574
1888	116, 911		13, 490	130, 401
1889	229, 404		84, 294	313, 698
1890	78, 719		24, 499	103, 218
1891	60, 969		18, 994	79, 963
1892	70, 311		27, 134	97, 445
1893	153, 431		36, 382	189, 813
1894	202, 763		45, 942	248, 705
1895	138, 512		74, 308	212, 820
1896	431, 364		56, 086	487, 450
1897	712, 118		401, 661	1, 113, 779
1898	332, 968		74, 110	407, 078
1899	229, 615	156, 870	153, 790	540, 275
1900	167, 569	115, 227	103, 321	386, 117
1901	245, 404	100, 523	191, 148	537, 075
1902	164, 268	95, 249	144, 986	404, 503
1903	323, 663	114, 209	179, 383	617, 255

注．京都府立総合資料館編『京都府統計史料集―百年の統計―』1（京都府，1969年）「第4章 地方財政」第4表により作成．

右の状況は土木事業の「渋滞」といわれる事態を引き起こし、府政の争点となる。京都府の府会議員は早くから土木事業の起工に積極的であり、北垣国道府政に対しても「一ツノ疎水工事ニ心酔シテ之レニ全力ヲ尽クシ、其他ノコトニハ兎角緩慢ニ付シ去ル(38)」との感を持っていた。一八九二年七月二〇日に千田貞暁が後任の知事として赴任すると、土木問題に関する不満は一気に表面化した。同年末の府会には土木行政の改革を求める「土木分掌者ノ件ニ関スル建議(39)」が出され、属官の人事は知事の職務権限なので建議をしてもはねつけられるとの理由から、知事を府会に呼び議論を傍聴させた上で詳細は常置委員より口頭で建言させることとした。この結果、一二月四日に常置委員が千田知事を訪問し、地方税による土木事業の渋滞の有様、請負工事の弊害、土木事業のために吏員の出張を求めても直ちに応じられない状況、事業に必要な技師を東京からの派遣に仰いでいるお粗末さなどを羅列し、吏員の増員が見込めない以上、「老朽吏員」の淘汰と敏腕の登用及び他課からの流用を求めたのである(40)。千田知事は土木事務改革の必要性を認め、翌年一〇月には新たに「工事施行及監督規程」を制定し、府内を三区に分ら、それぞれ工事執行担任者と助手を任命した。[41] しかし、府会の要求に屈する形での土木事務改革及び人事は、長年府政の中枢にいた尾越蕃輔書記官らとの間に対立を生み出した。尾越書記官は一〇月一〇日内務省に赴き、帰京後も府会提出議案の作成中であるにもかかわらず病気と称して登庁しなかった。[42] 結局この混乱は、一〇月末に千田知事が辞表を提出、その直後に尾越書記官は事実上解任、島田道生技師も北海道庁へ転任という、大幅な人事刷新に発展して決着した。[43]

しかし、土木事務の「渋滞」は機構改革のみでは解消できず、その後も府政の争点であり続けた。渡辺千秋知事赴任直後の一八九四年一一月一七日の通常府会でも、土木事業の遅れが議論となり、甲斐参事官はその原因について以下のように弁明している。

土木事業ニ対シテハ二十三年以前ハ十万四千九百幾ラト云フ土木費ナリシニ、其時分土木ニ従事シタル吏員四十六人アリ、而シテ二十七年度非常ニ多忙ナル本年度ハ如何ト云フニ、御承知ノ通リ二十四万五千百九十幾ラト云フモノナリ、殆ント一倍ノ増額ニシテ、其ノ従事スル吏員ハ三十九人ナリ[44]

一八九六年末の府会でも、郡部会議長奥繁三郎から山田信道知事宛に「土木工事施行ノ義ニ付建議」[45]が提出され、地方税支弁による土木工事の遅れが指弾されている。

事業の増加に対応できない府県庁機構の脆弱さについて、各知事は手を拱き傍観していたわけではない。特に一八九六年五月一三日に開会した地方長官会議では、三府五港所在地の知事と茨城県知事江木千之を委員に選び、府県庁経費増額と地方官吏の増俸を主な内容とする意見書を起草し、東京府知事の名をもって伊藤首相・板垣内相・渡辺蔵相宛に提出している。[46] そこでは、まず一八七六年一月三一日太政官第九号達「判任官月給割賦規則」[47]により、各府県の人口段別に応じて判任官の定員を定めて以降の府県官員の変遷を跡付けた。なかでも帝国議会開設後、第一議会での攻防を受けて政費節減が実施され、府県判任官の定員が七三八四人から一八五九人削減、俸給額も一九三万七九〇〇円から二八万四〇〇円程削減されたこと、一八九三年にも衆議院の主張した政費節減に政府が同意し、俸給額四万九五〇〇円が削られた点を強調した。その上で、現在の俸給では日清戦後の民業の発展に伴う民間への人材流出に歯止めがかけられない、技術上の著しい発達に対応して専門の技手を多数要する、日清戦後府県事務量が急速に膨張している、といった点を挙げ、判任官の増員と俸給の増額を求めたのである。また、①市町村監督の事務、②河川の区域及び河川台帳調査の事務、③官有地貸下払下・民有地の区分調査・水面埋立及土地収用審査に関する事務、④土木営繕建築に関する事務の増大などを理由に、庁費・旅費の増額も主張した。結論として、技師の人員二五一人と俸給額二五万一〇〇〇円、判任官の人員一六二四人と俸給額五二万一一六〇円、庁費八万八五二三円余、旅費三六万二七二九円余、国道修築費八三万余円、警察費国庫下渡金一六六万余円、計三七一万余円の増額を要求したのである。

板垣内相は、この意見書に応え予算増加の意向を有していたが、八月二八日第二次伊藤内閣が崩壊したため実現しなかった。その後も同年一〇月、九七年六月、九八年二月と地方長官会議が開かれる度に、知事たちは地方行政費増加を求める建議を採択し内相へ提出したが、政府はその一部を容れたのみであった(48)。

以上みてきたように、府行政に常置委員が幅広く関与する背景には府庁機構の脆弱さが存在した。しかも府庁の人員は定員・俸給額いずれも国政での決定に依存し、府庁の関われる範囲は限られていた。問題は構造的であった。知事を中心とする行政権の独立性を確保するために、府県会・常置委員会・参事会の職務権限を明確化し抑制するという課題は、一片の内務省令や訓令で解決し得る性格のものではなかったのである。

三　改正府県制の施行過程と府県会

1　府県制郡制改正に込めた内務官僚の意図

一八九九年三月一六日改正府県制郡制が公布され、七月一日各府県一斉に施行された。従来この府県制郡制の改正については、藩閥政府と政党との争点であった複選制や大地主制の廃止を軸に論じられてきた（第一部第二章）。しかし、府県会・常置委員会・参事会と知事との権限問題に着目してきた本章の視点からすると、同年八月に宮城県で開催された地方事務取扱協議会(49)での井上友一内務書記官(50)の演説が重要である。井上は当時県治局府県課長の任にあり、府県行政の担当者であっただけに、内務官僚がこの改正に込めた意図を知るには絶好の史料である。以下に全文を掲げる。

府県郡参事会カ議事機関ナルヤ将タ行政機関ナルヤハ、現行ノ各制度ヨリ之ヲ観察スレハ、或法令ニ於テハ之ヲ議事機関トシ或法令ニアリテハ之ヲ行政事務ヲ執行セシムルカ如キ、頗ル奇怪ノ感ナキ能ハス、是レ他ナシ、立法ノ趣旨ニ変化ヲ生シタルノ結果ニ外ナラス、元来旧府県制ノ時代ニアリテハ、立法者ハ参事会ヲシテ議政、行政、及行政争議ノ審判ヲ兼掌セシムルヲ以テ趣旨トセリ、故ニ市制町村制ニ於テ郡参事会カ町村吏員ノ財産差押ヲ為スノ規定ヲ設ケタルカ如キ、其他府県参事会ノ職務中ニテモ往々執行事務ニ属スルモノアリ、降テ前年新制度設定ノ当時ニアリテハ、立法者ハ参事会ヲ以テ純然タル議事機関トナシ、県郡会ノ代議又ハ補助ノ職務ヲ以テ其本質トシ、之ニ行政裁判ノ事務ヲ帯ハシメタリ、故ニ新制度ヲ一読スルモノハ参事会ノ議事機関タルコト亦疑ヲ容レサルヘシ、要スルニ立法ノ趣意前後相異ナルノ結果ナリトス、故ニ現時ノ参事会ハ其全体ノ職務ヨリ観察スレハ、尚議政行政ノ両性質ヲ具フルモノト云フヲ得ヘシ、然レトモ新制度ノ目的ヲ以テ将来ニ推及スルモノトセハ、市町村制及其他ノ法令ノ改正ト共ニ執行事務ハ参事会ノ職務中ヨリ抹殺セラル、ニ至ルハ当然ノ事ナリトス、又参事会ヲシテ行政ノ争議ヲ審判セシムルハ、或ル外国ノ制度ヲ参酌シ政務ノ簡捷ヲ期シタルモノナレトモ、議政機関ヲシテ行政裁判ノ事ヲ司ラシムルハ、現ニ其弊ヲ見ルノミナラス参事会ノ本質トシテ妥当ヲ得サルモノアリ、故ニ今後行政裁判ノ発達スルニ至ラハ、行政訴訟ノ事務ハ早晩参事会ノ職務ヨリ分離スルト同時ニ、地方ニ下級裁判機関ノ設立ヲ見ルノ日アルヘシ、本件ハ秘密ニ属スル事ナルモ現ニ省内ニ此議論漸ク多キヲ為セリ、地方ノ実務ニ当ラル、諸君ハ先ツ此変遷ヲ了セラレ、参酌宜シキヲ得ラレンコトヲ望ム(51)

改正府県制は、確かに府県参事会と知事・吏員とを同じ第三章で扱っていた府県制とは異なり、両者を分離した構成となっているが、府県参事会の構成員や職務権限に大きな差はない。しかし井上は第一に、府県制では参事会を、モッセら立法者の構想(52)に基づき「議政、行政、及行政争議ノ審判ヲ兼掌」する行政機関としたが、井上をはじめ改正案の作成者は、参事会を「純然タル議事機関」としたと述べる。第二に、府県制と改正府県制の「立法ノ趣旨」が異なる以上、改正府県制ではなお参事会が議政・行政の両性質を具えているものの、市制町村制などの改正が進めば執行事務が参事会の職務から「抹殺セラル、ニ至ルハ当然」とし、将来の制度改正の方向を明示した。井上はさらに、行政裁判所制度発足以来、郡参事会が始審庁、府県参事会が控訴庁の役割を与えられてきた点に触れ、行政訴訟事務を参事会から分離し、新たに行政裁判所独自の下級裁判機関を地方に設置すべきとの議論が省内で有力化しつつある状況を紹介した(53)。内務官僚にとっては、モッセの地方制度理論から脱却して参事会の純然たる議事機関化を果たすことが、一八九九年の府県制郡制改正に込めた意図だったのである。

では、府県参事会を「議事機関」として性格規定したことを手がかりに、内務省は従来の府県会・府県参事会の権限と各府県での慣行に対し、いかなる変更を加えていったのであろうか。

一八九九年四月七日、内務次官に小松原英太郎、地方局長に柴田家門が任命され(54)、改正府県制郡制の施行実務は彼らによって担われることとなった。直後の四月一七日から地方長官会議が開かれ、事前に送付していた府県制郡制の施行上に関する件が議題(55)として取り上げられた。同日の会議に提出された諮問案の内、「府県会議員配当に関する件」などは会議後に省令化されていった(56)。しかし、地方税規則に代わる「府県税規則」「府県会計規則」「府県金庫に関する省令案」「府県郡出納吏の身分保証及賠償責任に関する勅令案」「府県税徴収に関する勅令案」は成案を得られず、一部を除いて法令化されずに終わっている(57)。

九月二五日には、改正府県制による最初の全国一斉府県会議員選挙が行われ、一〇月に入ると各府県で臨時府県会が開催されて参事会員などの役員を選出、新議会の諸規定が制定される予定であった。こうした日程を踏まえ、七月六日内務省は、「今般改正府県制郡制施行相成候ニ付テハ、従来ノ慣行成規等ニシテ其改善ヲ要スヘキモノハ、此ノ際ヲ機トシ夫々改善ヲ加フヘキコトニ決定相成候間、大体別記ノ廉々整理ノ一端トシテ御処理相成度」とする次官通牒秘甲第二四八号(58)を発し、右の意図の徹底を図った。以下の項目について内務省宛に報告を行うよう各府県に求めたのである。

①新制に基づき規定を作成するに当たり、参事会と理事者との間の権限を明確に分かつこと。その際従来発議・実地の調査などにして理事者の職責に属すべきものを参事会で行っていた所は是正すること。この点につき改善の方法を取り調べ内申すること。

②参事会への諮問事項は、各地方の慣例もあり画一化するのは困難な事情もあるが、大要は各府県一定にする必要があるので、従来の慣例及び将来の見込みを内申すること。

③新制は、府県常設委員・臨時委員の乱設の弊を廃絶する意図であるので、従来設置の委員の存置改廃に関し意見を具し内務大臣に指揮を仰ぐこと。

④従来地方庁において管内巡視に努めてはいるが、理事者よりも常置委員・参事会員の方が地方の実情に詳しいといった嫌いがある。理事者に属すべき職権が参事会員らに移る恐れがあるので、速やかに各地方を視察する方法を立て結果の概要を内申すること。

⑤府県費支弁に属する工事の執行について、従来は一々参事会の議決を経る傾向があり、行政の敏活を期すことができなかった。新制での改正に基づいて制度・慣行を改め、新参事会で工事執行規定を制定する際の見込みを内申すること。

他の三点は省略する。通牒の内容から明らかなように、内務省は一八九三年四月・九四年三月の地方長官会議で論議しながら解決できなかった、府県会・参事会の権限を抑制し府県会開設以来の慣行を打破する課題に、一気に決着をつけようとしたのである。

改正府県制郡制の施行過程については、先述の井上友一の演説が行われた地方事務取扱協議会も見過ごせない。東日本の各府県は、一八九五年以来毎年会計事務協議会を開いて、府県間での会計事務の統一を図るよう努めていた。ところが改正府県制郡制の成立を受けて、一八九九年の会計事務協議会開催地であった宮城県の千頭清臣知事が、「地方制度改正等ノ時期ニ当リ研究ヲ要スル事項多々ナルヲ以テ」、会計に限らず協議してはどうかと提唱した結果、地方事務取扱協議会を開くことになった。

協議会は八月二一日から六日間にわたって行われ、東京府・埼玉県・群馬県は参事官と府県属、他の県は県属が出席し、内務省からも井上友一書記官と内務属の五十嵐鉱三郎・佐々木光綱が臨席した。府県参事会に関わる議題は、

①府県参事会庶務細則規定に関する件、②訴願取扱に関する件、③府県参事会開期の件、④財産及営造物管理に関する件、⑤工事執行に関する規定の件、⑥府県参事会諮問事項の件、⑦府県会より参事会に委任すべき事項の件、⑧府県参事会より知事の専決処分に任すべき事項の件、⑨府県参事会員の出張に関する件、⑩府県参事会書記設置の件、である。(59)

この内、議題②は府県参事会に対する訴願の裁決案の起案権が、参事会の議長である知事にあるのか参事会にあるのかという、本質的な問題であったが、この協議会では決着をつけられなかった。議題⑤は、従来からとかく府県参事会の執行権への介入を招き議論の的となってきた、府県費をもって支弁する工事に関する規定である。改正府県制の制定を機に、府県間の相違を調整して規定を揃え、府県参事会が執行権に介入していた慣例を払拭しようとしたのである。協議の結果、各府県の規定には、工事の種別、直轄工事に関する事項、請負工事に関する事項、その他の工事に関する事項を盛り込むことで一致した。議題⑥も、府県間で府県参事会への諮問事項を調整して極力諮問事項を抑制し、参事会の権限を限定しようとの狙いは明瞭である。議題⑧は、改正府県制の制定により新たに設けられた第八七条に基づき、知事の専決処分に任せる事項を予め府県間で調整しようとしたものである。本条は「微細ノ事項ニ至ルマテ一々府県参事会ノ召集ヲ要スルカ如キ煩累ヲ免レ」るために挿入されたのであるが、この地方事務取扱協議会では府県間の統一案は得られなかった。また議題⑨は、幾度となく議論となってきたテーマであり、改正府県制施行に当たっても、なお府県参事会員の管内への出張巡回を認める意見が府県庁内に存在したことを示す。

他方西日本の各府県は、やや遅れて一九〇〇年三月、広島県において地方行政事務協議会を開催した。この場でも改正府県制施行に際し府県参事会の権限をいかに定めるのかが議題となり、協議会後に「地方行政事務協議会規約書並協定書」(印刷物)(60)を作成し、五月に各府県へ配布された。この「規約書並協定書」には、東京府ほか三九府県における府県参事会への諮問事項の現状と、改正府県制施行後における諮問事項の見込みを列挙した、「府県参事会諮問事項ニ関スル件」という表が添付されている。ただ、削減計画の方は大半が空欄で、各府県とも協議会の結果を待って確定する腹積もりであったとみられる。

地方事務取扱協議会・地方行政事務協議会共に、一九〇一年をもって打ち切られたが、改正府県制郡制の施行に際して、各府県間に大きな差異のあった行政の統一を図り、府県会・府県参事会が主導して形成・維持されてきた慣行を一致して打破し、その権限を抑制していく上で、一定の機能を果たしたものと推定されるのである。

2　職務権限をめぐる二つの事例

地方長官会議や内務省の訓令・通牒、地方事務取扱協議会などにより、府県会開設以来積み重ねられてきた慣行が覆されたのか、この点は慎重に見極める必要がある。京都府の場合、常設委員・臨時委員の廃止を上申しながら、結局一八九九年一二月二六日「京都府臨時委員設置規程」(61)を定め、土木事務に関する臨時委員を設置しうるように改めている。府会議員の側も一九〇〇年六月、近畿各府県名誉職参事会員の集会を京都市議事堂で開催し、近畿懇話会を結成、府県会・参事会の権限に関わる議案について協議を行った。同年一一月にも大阪市で同会を開き、参事会員の実地調査の必要に関して議論した。府県会の権限抑制に反発する動きは、翌年二月、東京府・大阪府・京都府など三五府県の代表者四九名が、参事会の権限拡大を内容とする府県制改正案を帝国議会に建議するまでに発展していく。(62)

本項では、改正府県制施行過程において、府県会・府県参事会の権限を抑制しようとした事例を二つ取り上げ、内務省の意図が貫徹したのか検討してみたい。

（1）参事会の発案権をめぐって――長野県の場合――

長野県では、改正府県制郡制の施行に際し、参事会の発案権をめぐって県庁内部で意見が対立し混乱が生じた。事の発端は、一八九九年八月、内務部長が各郡市長に宛てた次のような通牒案を作成したことにあった。

改正府県制郡制施行ニ関スル通牒按

内務部長

各郡市長宛

改正府県制郡制施行上ニ関シ各郡市長集会ノ際、一定ノ取扱ヲ要スヘキ事項ニシテ類似ニ渉リ若クハ見解区々トナリタルモノ左記ノ通決定相成候条、右ニ依リ御取扱相成度、依命此段及通牒候也

（中略）

一郡制第六十六条二項五号ノ議按ニハ郡参事会ノ裁決按許可按等総テヲ包含シ会自ラ発按スルヲ致スヘキモノニアラス

一郡制第八十一条ノ費用弁償ノ中ニハ参事会員ノ出張旅費ヲ包含セス、即チ出張セシムルヲ得サル趣意ニシテ行政的権能ヲ行ハシムルヘキモノニアラス(63)

通牒按には、「県参事会郡参事会ハ議事機関ニシテ自ラ発按スルヲ得ストナスノ理由」が添付されていたが、特にその中で分村事件の裁決案に関して、以下のように述べている点が注目される。

例ヘハ分村ノ如キ其事ノ性質上行政上ノ実験ニ属シ利害得失ヲ考覈シテ而後決スヘキモノナルニ拘ラス、時々ニ成立スル参事会ニ於テ之カ発按ヲ試ムルコトアラハ、啻ニ其実際ニ通セサルノミナラス害ヲ利トナシ真ヲ偽トナスカ如キ謬見ニ馳セ却テ行政上ノ障害ヲ生スルナキヲ保セス、特ニ考フヘキハ従来参事会ニ於テ分村事件ヲ発按議決セルノ形蹟アルヨリ、一時ノ誤述ヨリ分村ヲ望ム者ハ参事会ニ陳情セハ其企望ヲ達スヘクト誤信シ、村内ノ紛議ヲ生スルコトモ意トセス一ニ参事会員ニ依頼シ為ニ自治ノ本体ヲ攪乱スルノ一事ナリ(64)

ところが八月一〇日夜、知事官舎で開かれた会議で以下の決定を行い、参事会の発案権を一部認めたのである。

他ノ法律命令中「郡参事会ノ許可ヲ受クアル」又ハ「郡参事会ニ訴願スルコトヲ得」等トアル場合ニ於テハ、郡参事会ハ自ラ発案シ（但シ便宜ニ郡長ノ発按スルコトハ敢テ之ヲ妨ケス）又之ヲ議決シ郡長名義ヲ以テ許可ヲ与ヘ又裁決ヲ為スモノトス(65)

参事会員の管内出張についても費用を支出することがありうるとし、各郡への通牒を出す結論に達した。長野県は、内務省の意図とは異なり、従来からの慣例に配慮して、改正府県制郡制の施行事務に取り掛かったのである。

ところが一〇月一一日、内務省は改めて次官通牒秘甲第三八七号を発し(66)、参事会員の出張巡回を認めず、異議の決定や訴願の裁決についても知事・郡長にのみ発案権が存することを確認し、各府県にこの通牒に則って施行事務を遂行するよう迫った。長野県でも同内容の通牒を起案し、内務部長名で各郡長宛に送付した。しかし、長野県ではこの機会に参事会の発案権を廃止できず、一八九七年九月二五日に県参事会で承認した以下の訴願取扱規程が残る。

一書記ニ於テ訴願書ヲ受付タルトキハ議長ニ提出シ、主査ノ指定ヲ得テ速ニ参事会員ノ回覧ニ付スルモノトス

一議長ニ於テ主査ヲ指定スルハ可成会員ノ席次ニ依ルモノトス

但事件ノ関係セルモノハ同一ノ会員ニ指定スルコトアルベシ

一主査ヲ指定セラレタルモノハ速ニ処分案ヲ起草シテ議長ニ提出シ、議長ハ之ヲ印刷セシメ会議ニ付スモノトス

一主査ニ於テ其会期中処分案ヲ起草スル能ハザルトキハ、其旨ヲ報告スルモノトス

一訴願審査上訴願者又ハ其関係者ニ対シ取調べヲ要スルトキハ、本会ノ決定ヲ経テ示達スルモノトス

但事軽微ナルモノ、又ハ当事者以外ノ者ニ就キ取調ヲ要スル事項ハ、主査ヨリ議長ニ請求シ県庁ノ調査ヲ求ムルモノトス(67)

この規程では、事実上主査＝参事会員に発案権がある。そこで一九〇三年三月三〇日、長野県知事関清英は、発案手続きを改める必要性を感じ、一月九日に南佐久郡内山村駒村半助ほか七一名総代関口佐兵衛ほか一名が提出した村有原野貸渡に関する訴願を却下する案を、自ら参事会に発案した。これに対し県参事会は、「元来県参事会ニ訴願シタルモノニ対スル裁決ノ発案ハ、当然県参事会ノ権限ニ属スベキモノナリ、然ルニ本案ハ県知事ノ提案ナルヲ以テ正当ト認メズ」と主張した。他方関知事は、「訴願裁決ノ発案ハ、府県制ノ規定ニヨリ当然県知事ニ於テナスベキモノニシテ、県参事会ニ於テ発案スルガ如キハ法ニ於テ之ヲ許サゞルモノ」と反論した。しかし県参事会は再考の余地なしとして裁決案の決定を強行したため、関知事は府県制第八二条に基づきこの議決を取り消したのである。

ここに至り県参事会は、同じく府県制第八二条により関知事の処分を不服として行政裁判所に出訴する事態となった。原告県参事会の訴訟代理人は原嘉道弁護士と小川平吉弁護士である。行政裁判所の判決は七月一〇日にあり、被告関知事が敗れ処分は取り消された(68)。八月二九日、県参事会は新たに訴願裁決手続内規を定めたが(69)、参事会側勝訴を背景に訴願における発案権に当たる裁決書案の起草者は主査＝参事会員と規定され、従前の訴願取扱規程から変化はなかった。このケースでは、内務省の解釈が否定され参事会に発案権が残ったのである。

(2) 府県における委員設置規定をめぐって—熊本県の場合—

一九〇一年六月二日、桂太郎内閣が成立し、内務大臣に内海忠勝が就任した。桂内閣発足に当たり『東京朝日新聞』は「地方行政刷新の方法」と題した記事を掲げ(70)、「地方行政の紊乱は東京大阪を始め殆んど全国各府県に及びたり、紊乱の原因は政党より出でたる府県郡市の参事会員が公の機関を利用して私利惟れ計ると云ふに帰す」と述べ、その具体例を極めてリアルに描いてみせた。その上で、「以上の曲事を為すに当り知事郡長等之が率先者たる地方あり、或は知事郡長は多数の為めに圧せられて心ならずも黙認し居る地方あり」とし、知事を中心とする行政権の独立性が損なわれている実態を指摘している。

特に記事では、府県会が妄りに委員を設け、有力者となると一人で二三の委員を、甚だしい場合は七八の職を兼務し、一職ごとに一円前後の日当を得ているだけでなく、委員の職権を笠に着て「好んで諸般の施設に容喙し以て地方行政事務の渋滞を来」していると批判している。熊本県でも一八九六年九月一日に府県制が施行されると、翌年一月に次のような熊本県臨時委員設置及選任法を制定し運用していた。(71)

第一条　本県ニ於テ府県制第五十三条ニ依リ臨時委員ヲ置カントスルトキハ県参事会ニ於テ議決スルモノトス

第二条　臨時委員ハ知事ニ於テ名誉職参事会員中ヨリ選任ス

委員ノ数名誉職参事会員ノ数ヨリ超過スルトキハ其超過ノ分ハ市町村長中ヨリ選任ス

第三条　臨時委員ハ一定ノ任期ヲ定メス其必要ノ期間任用スルモノトス

第四条　臨時委員ハ旅費滞在手当及出務日当ヲ支給ス、其支給額ハ設置ノ時々県参事会ニ於テ議決スルモノトス

その後改正府県制の施行に際し、一八九九年五月、内務省訓令地甲第三六号により改廃の必要のない委員に関する規定は改めて許可を得る必要がないとされたため、右の規定はそのまま存続する。ところが、一九〇一年一二月、新たに臨時委員を設置する必要が生じ県会から従来の選任法を改正したい旨の建議があったため、熊本県知事徳久恒範は内海内相に許可を求めたところ、「総括的」な臨時委員選任法は認められないとして却下された。この結果、熊本県では従前の熊本県臨時委員設置及選任法が生き残る。

さらに一九〇二年一月八日、内務省は訓令地甲第一号を知事宛に発し、委員設置の弊害を挙げた上で、「将来之カ新設及延期ノ場合ニ於テハ厳ニ調査ヲ遂ケ実際ノ必要上万不得已モノ、外容易ニ許可不相成」との方針を示した。三月四日には以下に掲げる訓令地甲第二五号を達して、総括的な委員設置及び選任規定の廃絶に向けて追い打ちをかけ

る。

委員設置規程ニシテ其期間ヲ定メス又ハ長期ニ渉ルモノノ如キハ種々様々情弊アルヲ以テ、近来之等ニ対シテハ数ケ年以内ノ短期間ニ改メ許可セラル、例ニ相成候ニ付テハ、従前既ニ設定シタル向ニアリテモ右同一ノ趣旨ヲ以テ一斉ニ措置ヲ要スル義ト存候ニ付キ、貴県ニ於ケル委員設置規程モ此際篤ト調査ヲ遂ケ、今後尚ホ存置ノ必要アルニ於テハ相当期限ヲ定メ、追テ開カルヘキ府県会ニ付議ノ上夫々改正相成候様致度、依命此段及通牒候也

明治三十五年三月四日　　内務総務長官

長崎県、岩手県、愛知県、広島県、福島県、東京府

岐阜県、熊本県、石川県、愛媛県、京都府、高知県知事宛

(後略)(72)

訓令の宛先から、総括的な委員設置及び選任法は熊本県など一二府県に及んでおり、改正府県制公布から三年経っても、内務省が求めていた委員の抑制が容易に進まない状況が読み取れる。

熊本県では、その後できるだけ委員の設置は控えたが、同年の通常県会を前にした九月、「本県土木事務ニ要スル費額頗ル多大ニシテ改修路線ノ選択、修繕道路ノ緩急等之レカ調査ヲ要スルモノ少シトセス」との理由から、臨時委員の設置許可を内務省に求めた。事務量の拡大に府県庁のみでは対応できないだけでなく、地域の事情に精通した県会議員・参事会員を土木行政に組み込まねば円滑な県政運営ができないという、長年にわたる府県行政の問題点が反映していた。しかし内務省は、土木行政に限定した熊本県の委員設置案に対しても、有給吏員を置いて調査すればよいとして不許可とする強い態度に出た。

結局、熊本県臨時委員設置及選任法の扱いが残る課題となった。内務省からは一九〇三年一月九日、少なくともこ

の規定に期間を付すよう指導があり、〇二年度通常県会でいかなる結論となったか報告を求める問合せがあった。さらに一月二七日には、地方局長吉原三郎名で、規定の廃止手続きを行うよう督促した熊発第五号が届く。熊本県ではこれに応じ、当初県会に規定廃止議案の提出を考えたが、最終的には規定が府県制第七七条の精神と合わず自然に効力を失っているとの解釈をとることに決した。一九〇四年二月、日露戦争の開戦に伴い開かれた地方長官会議に知事が上京した際に、内務省との協議によりこの方針が了承され、長きにわたった臨時委員設置問題はようやく決着した。委員の廃止一つをとってもこれだけ難航したのである。

おわりに

以上の検討から明らかになった点をまとめておきたい。

第一に、府県会開設以後に形成されてくる府県会・常置委員会の議事慣行のあり方や、法的枠組みを超えて行使されるその権限の範囲が、府県制公布後の府県会・常置委員会・参事会の議事慣行や権限を強く規定しており、知事の多くがそうした慣行を尊重せざるを得なかった点を指摘した。

第二に、知事を中心とする行政権の独自性を確保する狙いから、第二次伊藤内閣の井上馨内相時、内務省が地方長官会議を通じて府県会・常置委員会・参事会への統制を具体化しようとしたが、実現できなかったことを示した。内務省の構想を阻んだ要因としては、本省と理論的背景を異にしたり、円滑な県政運営を優先させて慣行の維持を望んだ知事の存在があった。特に土木行政において、府県会議員から選出された常置委員・参事会員や委員の協力なくしては行政を行えない、府県庁機構の弱さも指摘しうる。府県制公布から改正府県制施行まで、衆議院での政費節減や行政整理要求を背景に地方官官制に規定された判任官の定員は減少傾向にあり、知事による定員増加、定額金増額を求める主張は実らなかった。日清戦後の事務量や事業規模の増大・複雑化に府県庁機構は十分に対応できなかった。また京都府では、府会に知事が出席することは稀で、常置委員会の場合も書記官が出張で不在の時のみ議長を務めている。(73) 知事が府会・常置委員会で主導権を取った形跡はなく、府会による予算案修正をそのまま認め、新たな事業のために予算案下付を求める府会の議決に応じたり府令を改正したりすることは常態化していた。そうした意味で地方長官会議での指摘にあるように、府会側にも発案権が存在したのである。

第三に、明治地方自治制の制度設計を行ったモッセを受け継ぎ、府県制での参事会を法制官僚も含めて行政機関の一部と解釈したのに対し、改正府県制に至ってその立法精神が変わり、議事機関と位置付けられたことを明確にした。内務官僚は、府県制改正を奇貨として、府県会・参事会の議事慣行の打破や権限の抑制を企図した際に壁となっていた参事会の性格を、転換しようと目論んだのである。ただ井上友一は、市制町村制の改正が進めば参事会の職務として残された執行事務は「抹殺」されるだろうと述べたが、一九一一年の市制町村制改正でそうした変化は生じなかった。行政裁判所の下級審としての役割を参事会から分離するとの構想も結局実現しなかった。これは改正府県制の施行時における内務省の意図が貫徹しなかった例だが、その経緯の解明は今後の課題である。さらに、モッセの軛から脱した後、内務官僚や法制官僚はいかなる法理論に基づき地方制度解釈を行うようになるのか。この点も今後の検討に委ねざるを得ない。

第四に、第二次山県内閣期の内務省が、改正府県制郡制の施行を機に省令・訓令や地方事務取扱協議会・地方行政事務協議会を通して、府県会・参事会の機能を厳しく法制度の枠内に制限し、慣行の打破を進めようとしたことを明らかにした。こうした動きは政友会内閣である第四次伊藤内閣では確認できないが、第一次桂内閣の下で再び表面化した。ただし、府県庁機構の弱さが克服できず政党勢力が伸長するなかで、どの程度内務省の意図が実現したのか、慎重に検討する必要がある。参事会の発案権や委員の設置及び選任法の廃止をめぐる事例からは、相当の紆余曲折を経たものと予想しうるだろう。

最後に、第一次桂内閣での行財政整理に触れておきたい。伊藤之雄による詳細な検討(74)によると、第四次伊藤内閣時の奥田義人法制局長官によって始まった行財政整理案の作成作業は、伊藤内閣の総辞職により頓挫し、桂内閣へと持ち越しとなった。奥田長官は伊東巳代治に近く、桂が内閣組織に当たり政友会とのパイプを持つ伊東の協力を得るため奥田を留任させ、行財政整理を引続き担当させたのである。一九〇一年九月二〇日、桂首相は奥田・柴田家門内閣書記官長・阪谷芳郎大蔵省総務長官・荒井賢太郎大蔵省主計局予算決算課長を首相直属の委員に任命し、翌年一月二〇日には政務調査委員を置き、桂・奥田・柴田・阪谷らが中心となった。そして、七月初旬には奥田案が完成して桂首相に提出されたものの、各省の抵抗に遭い、首相が曽禰荒助蔵相提案の大蔵省案を採用したため、九月二六日奥田は辞任に追い込まれる。

この経過のなかで注目したいのは、第一に、奥田案に「第二項　地方政務ノ刷新ヲ図ルコト」として、「地方官ノ職権ヲ拡張シ且ツ其ノ責任ヲ重カラシムルコト」、「地方官ノ待遇ヲ高ムルコト」、「町村ノ合併ヲ行フコト」、「郡制ヲ廃シ郡ヲ以テ単純ノ行政区画ト為スコト」などの項目が入っている点である(75)。第二は、行財政整理案の作成に阪谷・荒井らの大蔵官僚が深く関与していることである。奥田辞任後も桂内閣での行財政整理案の作成作業は継続するが(76)、大蔵省での地方制度改革案が一九〇四年になって成案を得たこと(77)は、従来全く注目されていない。

日露戦後に第一次西園寺公望内閣が成立すると、郡制廃止と市制町村制改正を内容とする地方制度改革作業が本格化する。第一次桂内閣で進められた行政の画一化と行財政整理案の作成からどのように繋がっていくのか。この点も今後の検討課題である。

注

（1）序章注(12)参照。
（2）有泉貞夫『明治政治史の基礎過程—地方政治状況史論—』（吉川弘文館、一九八〇年）。
（3）序章注(8)参照。
（4）長妻廣至『補助金の社会史—近代日本における成立過程—』（人文書院、二〇〇一年）第五・六章、神山恒雄「明治中期における福岡県の道路政策」（『佐賀大学経済論集』三〇—三・四合併号、一九九七年）、同「道路整備と地方財政—福岡県の場合—」（高村直助編『明治の産業発展と社会資本』ミネルヴァ書房、一九九七年）などがある。
（5）代表的なものとして阿部恒久『近代日本地方政党史論—「裏日本」化の中の新潟県政党運動—』（芙蓉書房出版、一九九六年）。
（6）本書第一部第二章、拙稿「濃尾震災後の災害土木費国庫補助問題」（『日本史研究』四一二、一九九六年）参照。
（7）国立国会図書館憲政資料室蔵『都筑馨六文書』二八三—四「内務大臣訓令案」。
（8）同右。八項目の内第四点目は、一八九三年八月七日、内務・大蔵両大臣訓令第五五五号として公布された。
（9）山中永之佑監修、山中永之佑・中尾敏充・白石玲子・居石正和・飯塚一幸・奥村弘・馬場義弘編『近代日本地方自治立法資料集成』一明治前期編（弘文堂、一九九一年）六七二頁参照。
（10）奈良県立図書館蔵『奈良県行政文書』明二七—一—七「地方長官会議」所収。
（11）以下、議題及び知事からの回答については、山口県文書館蔵『山口県行政文書』戦前A総務一〇九「明治廿七年春季　地方長官会議　完」から引用した。
（12）山中永之佑監修、山中永之佑・中尾敏充・白石玲子・居石正和・飯塚一幸・奥村弘・三阪佳弘・中野目徹・馬場義弘・住友陽文・古田愛編『近代日本地方自治立法資料集成』三明治後期編（弘文堂、一九九五年）六四～七〇頁。
（13）奥村弘「三新法下における府県会の特質について」（神戸大学文学部『五十周年記念論集』二〇〇〇年）第一章第一節。
（14）以下、『府県会規則備考』については、山中永之佑監修前掲『近代日本地方自治立法資料集成』一明治前期編に収録されている「資料二」から引用した。

(15)　同右書八五三頁。
(16)　同右。
(17)　同右書八四八～八四九頁。
(18)　一八八〇年一二月発行の『府県会規則備考』には、松平正直熊本県知事が引用した第三七条に関する解釈文がない。このことは、後日『府県会規則備考』の増補版が刊行されたことを予想させる。
(19)　山脇玄・中根重一講述『府県制郡制釈義』（一八九〇年）一三八～一三九頁。
(20)　水野遵講述『府県制郡制講義』（一八九一年）一〇五頁。
(21)　山中永之佑監修前掲『近代日本地方自治立法資料集成』一明治前期編、一八八〇年第二一番資料参照。その後、一八八一年二月一四日太政官第四号布告、一八八二年二月一四日太政官第一〇号布告、同年一二月二八日太政官第六八号布告で改正されている。
(22)　京都府立京都学・歴彩館蔵上野家文書七四〇〇『明治廿年十月　常置委員提要』所収。
(23)　京都府立京都学・歴彩館蔵『京都府布令書』所収。
(24)　『明治廿七年度京都府会議事録』一八九三年一一月二〇日の項。
(25)　『日出新聞』一八九三年一〇月一四日。
(26)　上野家文書所収。
(27)　『日出新聞』一八九三年一〇月一〇日。
(28)　同右一八九四年一〇月二六日。常置委員会のこうした機能は、鳥取県でも確認できる（長妻廣至前掲書二七二頁）。
(29)　同右一八九三年一一月七日、宮崎十三八・安岡昭男編『幕末維新人名事典』（新人物往来社、一九九四年）一〇三頁。
(30)　同右一八九四年二月一一日。
(31)　同右一八九三年五月一八日。
(32)　同右一八九三年九月二〇日。
(33)　『明治三十二年十月京都府臨時郡部会決議及会議録　全』中の塩見清三郎の発言。
(34)　山中永之佑監修前掲『近代日本地方自治立法資料集成』三明治後期編、一八九三年第九番資料参照。地方官制の整備過程については、大島美津子『明治国家と地域社会』（岩波書店、一九九四年）第三章五参照。

(35) 『日出新聞』一八九三年一一月一六日。
(36) 京都府庁文書明二七―一七『明治二十七年六月 職員原簿 内記掛』。
(37) 京都府庁文書明三二―二二『明治三十二年 職員原簿 内記掛』。
(38) 一八九三年一一月七日、府会で前年の「土木分掌者ニ関スル建議」に関して報告会を開いた際の常置委員上野弥一郎の発言(『明治廿七年度京都府会議事録』)。
(39) 『明治廿六年度京都府会議事録 全』所収。
(40) 注(38)。
(41) 『日出新聞』一八九三年一〇月二四日。
(42) 同右一八九三年一〇月一〇・二〇日。
(43) 同右一八九三年一一月一・七・一二日。
(44) 『明治廿八年度京都府会議事録 全』所収。
(45) 『明治三十年度京都府郡部会決議録』所収。
(46) 『東京朝日新聞』一八九六年五月二七・二八日。同意見書は、富山県公文書館蔵『富山県行政文書』A―二一「自明治二十六年至明治三十二年 内訓通牒」に収録。
(47) 山中永之佑監修前掲『近代日本地方自治立法資料集成』一明治前期編、一八七六年第一番資料参照。
(48) 『東京朝日新聞』『東京日日新聞』一八九六年一〇月一五日、『日出新聞』同年一〇月二七日、九七年六月一七日、七月一六日、九八年二月六日。
(49) 地方事務取扱協議会は、改正府県制郡制の施行を機に一八九九年、各府県の実務担当者による協議の場として設けられたもので、三年間続けられた。
(50) 一八七一年金沢の生まれ。一八九三年帝国大学法科大学を卒業後内務省に入省。一八九五年一月県治局市町村課長、九七年九月県治局府県課長。
(51) 秋田県公文書館蔵『秋田県庁文書』九四三〇「明治三十二年六月十二月 第一課郡市町村掛事務簿 行政之部弐番」所収。
(52) モッセの構想については、居石正和『府県制成立過程の研究』(法律文化社、二〇一〇年)第二章による。

(53)『行政裁判所五十年史』には、この件に関する記述は一切ない。
(54)大霞会編『内務省史』第四巻（原書房、一九七一年）。
(55)議題については『東京朝日新聞』一八九九年四月一八日参照。
(56)例えば「府県会議員配当に関する件」は、五月二〇日に内務省令第一七号として公布された（山中永之佑監修前掲『近代日本地方自治立法資料集成』三明治後期編所収）。
(57)この内、「府県会計規則」と「府県金庫に関する省令案」は、一部が一九〇〇年三月一三日内務省令第七号として、「府県税徴収に関する勅令案」は、同年三月三〇日勅令第八一号として公布された。いずれも同右書所収。
(58)埼玉県立文書館蔵『埼玉県行政文書』明二一五三「県制・郡制（改正府県制郡制施行書類）」、長野県立歴史館蔵『長野県庁文書』明三二・二A―一九「府県制」、『長崎県庁文書』一四―六一七―一「明治三十二年中　閣省訓令訓示達」所収。
(59)群馬県立文書館蔵『群馬県庁文書』八〇二「自明治三三年至明治三四年　地方行政　事務協議会書類」による。なお、右書類には、議題と提案の趣旨が収められた「関東連合府県行政事務協議会問題及会同者多数ノ意向（問題ニ付記スルモノハ会同者多数意向ノ摘要」と、協議の結論を記した「明治三三年八月　地方事務取扱協議録」（印刷物）が含まれている。
(60)熊本県立図書館蔵『熊本県公文類纂』二―二所収。
(61)京都府立京都学・歴彩館蔵『明治三十二年京都府通常府会決議録　全』所収。
(62)上野家文書八九〇四「〔府県制改正願〕」、八九〇五「府県制改正同盟会報告書」、八九〇六「現行府県制郡制中改正ヲ求ムル条項並ニ其ノ理由ノ概要」。
(63)長野県立歴史館蔵『長野県庁文書』明三二・二A―一九所収。
(64)同右。
(65)同右。
(66)同右。
(67)長野県編『長野県史』近代史料編第二巻(一)県政（社団法人長野県史刊行会、一九八一年）二四四番史料「自明治三十六年三月至同三十六年八月　知事参事会訴願　裁決発案権存否につき行政裁判判例並訴願裁決手続内規」所収。
(68)以上、訴訟の経過については同右史料による。

(69) 同右史料所収。行政裁判所判決後の「訴願裁決手続内規」作成の経過は、長野県立歴史館蔵『長野県庁文書』明三六・二A―八―一「明治三十六年 県参事会々議録二冊の内一 会議係」に収録されている。
(70) 『東京朝日新聞』一九〇一年六月八日。『東京朝日新聞』と同様の地方政治の紊乱という視角からこの時期の府県参事会を捉えたものに、増田知子「一九〇〇年体制の確立」(井上光貞・児玉幸多・永原慶二・大久保利謙編『日本歴史大系』四近代Ⅰ、山川出版社、一九八七年)がある。
(71) 以下の経過は、熊本県立図書館蔵『熊本県公文類纂』二―二所収史料による。
(72) 熊本県立図書館蔵『熊本県公文類纂』二―二所収。
(73) 『日出新聞』一八九二年九月八日、上野家文書「常置委員会諮問会日表」。
(74) 伊藤之雄『立憲国家と日露戦争―外交と内政 一八九八～一九〇五―』(木鐸社、二〇〇〇年)。
(75) 原敬文書研究会編『原敬関係文書』第七巻書類篇四(日本放送出版協会、一九八七年)六八～六九頁。
(76) 伊藤之雄前掲書第三章第三節。
(77) 国立国会図書館憲政資料室蔵『水町袈裟六関係文書』第六号財政―地方財政四、地方財政の整理に関する調査復命書(一九〇四年八月二六日)。

第二部　地方名望家と政党・地域振興

第一章　初期議会期の政党

はじめに

議会開設から日清戦争に至る初期議会の研究は、坂野潤治『明治憲法体制の確立』(1)が画期をなしている。その要点をあえてまとめると、①自由党・立憲改進党などの民党は政費節減・民力休養を掲げて富国強兵政策を進める藩閥政府と対峙したが、歳出予算案の大幅な削減によりその力を誇示したものの、地租軽減・地価修正は「藩閥政府の藩屏」(2)貴族院の存在によって実現できなかった、②帝国憲法の規定により、新事業を興したり新税や増税を課す場合には衆議院の同意が必要であったが、民党によって阻止され、藩閥政府は富国強兵政策を十分に展開できなかった、③藩閥政府・民党共に自らの主張を実現できない行き詰った状況は、第四議会を境に鉄道敷設などの地方利益問題を手掛かりにして自由党が伊藤内閣と提携することで大きく変化する、となるだろう。

坂野以後の初期議会研究は、右のような通説的理解に対する修正や見直しという形で進み、着実な成果を挙げてきた。第一は、藩閥政府と民党との争点についてである。坂野が地租軽減という単一の争点に着目したのに対し、言論・集会・結社の自由の拡大と条約改正を加えた三つの争点を重視するのである。(3)初期議会の争点は、三大事件建白運動(4)におけるそれを引き継いでいたのである。

第二は、藩閥政府と自由党の接近・提携をもたらした要因である。坂野は、第四議会において鉄道敷設などの地方利益供与が両者の提携をもたらしたとし、その後有泉貞夫が山梨県を事例に地方政治から地方利益の果たした役割を跡付けたことで通説化した(5)。この点に関して、日清戦争以前において鉄道敷設などの地方利益供与が果たした役割への過大評価があるとの批判が提起され(6)、むしろ両者の接近をもたらした要因を条約改正問題に求める主張が強まっている(7)。条約改正交渉史に関する近年の研究も、こうした見方を裏付けている(8)。

第三は、藩閥政府の内部構造である。超然主義の多様性についてはすでに坂野の指摘があるが、その具体相とともに藩閥指導者内部における帝国憲法に対する理解の相違が明確にされた。また、伊藤博文の指導性が突出したものではなく、政治的成功により誰かが優位に立つことを望まない元勲相互の横並び意識が藩閥政府の結束を妨げていた点も浮かび上がってきた(9)。

第四は、貴族院研究の本格化である。坂野潤治の議論において、衆議院と同等の権限を有し、「藩閥政府の防御線」と位置付けられた貴族院は、重要な役割が与えられていたが、かといって十分な検討がなされたわけではなかった。近年の研究により、初期議会期の貴族院のなかに、衆議院の政党だけでなく藩閥政府からも独立した位置に立とうとする勢力がかなりあり、必ずしも政府の期待通りに動くわけではないことがわかってきている。政府もそうした貴族院を信頼せず、予算問題などにおいて貴族院を利用して衆議院に対抗させる方策をとらず、衆議院との協議・妥協を優先させる姿勢で一貫していたことが論証されている(10)。

第五は、政党研究の進展である。坂野において民党は、衆議院で第一党を占めた自由党を中心に論じられていた。その自由党の内部構造については、鳥海靖の先駆的研究があるが(11)、伊藤之雄の研究(12)により格段に理解が深まった。また、遅れていた立憲改進党研究についても、大日方純夫や阿部恒久の研究に続いて五百旗頭薫の著書が出て(13)、一気に進展した。とりわけ五百旗頭により、かつてのように民党大合同の不成立を否定的に評価するのではなく、複数政党制による政権交代の起源を見出していく新たな視点が提示されたことは、貴重な成果である。他方で、大成会―中央交渉部―国民協会と展開する吏党研究も深化した。その結果、政策や主張において民党と大差がなく、藩閥政府の意向に必ずしも従順に従うわけではない姿が浮き彫りになるとともに、政党を忌避する議員を多数抱える集団であったため、院内会派を超えて政社化することにかなりの難しさを伴っていたことが明瞭になってきている(14)。

本章の課題は、この初期議会期における政党に関わる。議会の開設によって、それまで国政から事実上排除されてきた国民は、自らの政治的意思を表明する制度的根拠を得た。代議士の多くは地方名望家であり、国会は彼らを統治機構のなかに取り込む回路の機能を果たした。結局、地方名望家は政党を通して国政に関与するようになるのだが、議会開設前後の政党認識は、近世以来の徒党批判の流れを継ぐ見方をはじめとして多様であり、政党は必ずしも自明の存在ではなかった(15)。本章では、中央政治を成り立たせていた基盤としての地方制度や地方政治にも着目しつつ、政党が定着していく経緯を検討してみたい。

一　帝国議会の開設

1　超然主義

一八八九年二月一一日、大日本帝国憲法が発布された。その翌日、黒田清隆首相は鹿鳴館に地方長官を集めいわゆる超然主義演説を行ったが、議会開設を目前に控えて実際に政党を排除したわけではない。黒田内閣では、伊藤博文内閣の末期に入閣した立憲改進党を率いる大隈重信が引き続き外相を務めていた。続いて、井上馨が一八八八年七月一五日に農商務相として入閣したが、井上は自治党組織に着手し、大隈率いる立憲改進党と連合させ政府与党の形成をねらっていた。黒田首相はさらに、憲法発布当日に暗殺された森有礼文相の後任補充を利用して、榎本武揚逓相を文相に横滑りさせ、その後釜に大同団結運動の指導者後藤象二郎を据えた。また、憲法発布の大赦によって、投獄されていた旧自由党の活動家たちの政界復帰を促すとともに、板垣退助の入閣をも画策するが、これは断られた。黒田首相は、第一回総選挙を前に、当時有力であった党派の指導者をすべて閣内に取り込んで、挙国一致内閣の成立を目論んだのである。(16)

こうした黒田の構想を破綻させたのが大隈条約改正交渉の失敗であった。大同団結派は大隈条約改正交渉反対運動に積極的に参加することで、黒田内閣に対して野党的立場を明確にしていった。玄洋社員来島恒喜が投じた爆弾で大隈が負傷したことをきっかけに黒田内閣が倒れ、しばらくして大隈外相も下野したことから、立憲改進党も野党化の道を歩み、藩閥政府との距離を広げていく。

一方、井上馨が力を入れた自治党結成も、政府が特定の一党派に肩入れすることに疑問を呈する黒田首相や山県有朋内相の反対にあい頓挫した。自治党構想の行き詰まりは、地方的基盤の脆弱さも一因であった。かつて坂野潤治が自治党による地方組織化の実例として挙げた政派の内、(17)京都公民会はその趣意書で自治党を含む政党と距離を置いて活動すると表明しており、(18)大阪同遊会に結集した大阪財界の重鎮たちも、一八八九年二月の府会議員選挙で区を基盤とする土着名望家に敗れ、大阪商業会議所や大阪商工協会などの商工団体に活動の場を移し表向き政治から手を引いていく。(19)また、近江同致会も「一党一派に偏せず地方公同のことに尽くす」ことを目的に結成された組織であり、むしろ立憲改進党系の性格が強い。(20)自治党構想の蹉跌は、藩閥政府内での同意の取り付けや地方組織の育成という点で、初期議会期に民権派とは別に政府党を組織することの難しさを示す出来事であった。

こうして、一八八九年一二月二四日に成立した山県有朋内閣は、依拠すべき与党を持たないまま第一回総選挙を迎えることになった。

2　第一回総選挙

憲法発布と同日、衆議院議員選挙法が公布された。議員の任期は四年で、定員は附録で三〇〇名と定められた。全国を二五七選挙区に分け、人口一二万人を目安に、それ以下の二一四選挙区は定員一名、それ以上の四三選挙区は定員二名とし、小選挙区制が採用された。定員二名の選挙区は連記投票であった。選挙区は府県内の市と郡を組み合わせて成り立っている点に特徴があった。次に、選挙権は満二五歳以上の男子で選挙前一年以上その府県に居住し、直接国税一五円以上納める者に限られた。有権者は全人口の一・一％に過ぎず、多くは一町五反歩程度以上の土地を有する地主や自作農であった。被選挙権も、満三〇歳以上の男子で、直接国税一五円以上納入者に限定されていた。投票方法は、候補者名とともに投票者自身の姓名・住所を記載する記名投票であり、誰が誰に投票したのか一目瞭然であった。立候補制はとっておらず、自薦ではなく選挙区内の地方名望家たちが推す人物が選ばれるよう期待されていた。なお、北海道と沖縄は通常の地方制度が施行されるまで衆議院議員選挙法は適用されないことになった。(21)

右のような選挙法の下で実施された第一回総選挙は、大同倶楽部系の越佐同盟会対立憲改進党系の同好会（新潟県）、大同倶楽部系の信濃倶楽部対大同協和会系の信濃協和会（長野県）、旧自由党穏健派の群馬公議会対旧自由党急進派の上毛民会（群馬県）、大隈条約改正反対派の同成会対大隈条約改正反対に消極的な郷党会（佐賀県）、大同団結運動反対派の公民会対民党系の公友会（京都府）というように、大同団結運動の過程で成立した府県限りの政社間の対抗という形をとった。(22)

京都府の事例をみてみよう。京都府では、一八八九年二月一一日に、大同団結運動に対抗して実利主義的立場から、田中源太郎(23)・浜岡光哲ら京都財界の主な人物たちが中心となって、京都公民会が成立した。一方、三月二四日には、旧立憲政党員を中心に民党系政社として京都交話会が発会にこぎつけ、「秩序的平民主義」を掲げた。同会は民権運動以来の活動家である壮士と距離を置き、京都市にはほとんど基盤がなかった。少し遅れて八月二五日には、郡単位の大同倶楽部系政社を糾合して生民会が創設された。ところが、生民会は一一月から翌月にかけて、京都市内の溝口市次郎・植島幹ら代言人や彼らに繋がる壮士グループと、西川義延(24)・奥繁三郎(25)ら郡部会員とに分裂し、後者が交話会に合併を持ちかけて、一八九〇年三月二四日、公友会が成立する。こうして京都府では、北垣国道知事与党という性格を有する公民会対民党系政社公友会という対立構図ができあがり、この前後から第一回総選挙へ向けた候補者の予選が本格化した。

選挙戦の具体相はどうであったのか。まず、府下で唯一定員二名であった、南桑田(有権者六三八人)・北桑田(一七三人)・船井(六七二人)・何鹿(二六五人)・天田(四五二人)五郡を範囲とする第五区をみてみる。同区では、一八九〇年四月、南桑田郡と船井郡で予選が実施され、公民会の田中源太郎と石原半右衛門(26)を候補者に決定した。公友会は、候補者として北桑田郡の河原林義雄(27)を推すことで一致していたが、有権者数の多い南桑田・船井両郡を公民会に押さえられたため、北桑田・何鹿・天田三郡をまとめた上で、船井郡の一部を切り崩す必要が生じた。そこで、もう一人の公友会候補者を天田郡から立てるとの条件で、同郡の府会議員クラスの地方名望家である山口俊一(28)・小田軌・芦田鹿之助(29)らを公民会から公友会へと鞍替えさせることに成功し、芦田を候補者に予選した。予選の結果に不満を持つグループが党派を離脱して対立する党派に移る事態はしばしばみられ、それだけ政社の拘束力は弱く、政社間の主義・主張の相違も大きなものではなかったのである。具体的な選挙運動としては、立候補制をとらずマスメディアの未発達であった状況から、両派共に候補者名を周知させるために名刺の郵送を行っている。戸別訪問、演説会の開催に加えて買収も盛んで、一郡につき三〇〇円程度の選挙資金を使ったとみられている。選挙結果は、田中源太郎一一八九票、石原半右衛門一〇六九票、芦田鹿之助七七八票、河原林義雄七四七票となり、公民会の田中・石原が当選した。南桑田・船井二郡と北桑田・何鹿・天田三郡の有権者数の差が反映した結果であった(30)。

次に、加佐・与謝・中・竹野・熊野の丹後五郡を範囲とする第六区を検討する。同区で候補者と目されたのは、まず与謝郡岩滝村の豪商山家屋出身の小室信夫である。小室は、幕末尊攘運動に参加した経歴を持ち、明治政府成立後に岩鼻県権知事・徳島藩大参事などを務めた後、蜂須賀茂韶に同行して欧米を視察、帰国後民撰議院設立建白書の起草に関わったことで著名であった。もう一人は、与謝郡石川村出身の神鞭知常で、一八七三年星亨の引きで大蔵省に入省し主税局次長にまで栄進し、八七年一二月に非職となって以後は実業界に入り、富士製紙・富士紡績を創立した「水力組」の一員として活躍していた(31)。

一八九〇年四月二七日に中・竹野・熊野三郡でそれぞれ予選が行われた。中郡では小室が多数を占めたものの一本化できず両派に分裂、竹野・熊野両郡は一郡全体で小室支持にまとまった。五月上旬には、公友会幹部の河原林義雄や群馬公議会の新井毫が遊説に訪れ、小室支援を明確にしている。これに対し民権運動以来の活動家がまとまって存在し公友会員の多かった与謝郡は、主税局次長であった神鞭から情報を得ながら地価修正運動を展開して減租を実現した経緯から、神鞭を推すことになり、公民会の影響力が圧倒的に強かった加佐郡も神鞭に加担した。その結果、神鞭知常六六九票、小室信夫四三五票と神鞭が勝利した。ここでも、有権者数の多い与謝郡（三七八人）・加佐郡（三九〇人）及び中郡の一部をまとめた神鞭が、小郡の竹野郡（二二七人）・熊野郡（一七二人）及び中郡の多数派から支持を得た小室を圧倒したのである(32)。

このように、地方有力者の名望は基本的に郡を超えることはなく、複数の郡から成る選挙区全体で各郡代表者が集まって予選を実施しようとするものの特定候補に一致できず、結局は郡単位の予選となった[33]。そのため、多くの有権者を有する郡が結束して特定候補を推す場合には圧倒的に有利となった。そのなかで、府県限りの政社の組織力は郡により大きく異なっており、政社幹部の人脈にかなり依存していて、全く勢力の及ばない郡もあった。また、政社の組織対象は、郡役所の官吏、町村合併により成立した新町村の町村長・助役・町村会議員クラスに限られている場合が多かった。さらに、代議士像について、地域の代表として土着の地方名望家を選ぶのか、一国の代表として全国的名士を選ぶのかをめぐって意見の対立があり、前者のようなタイプの当選者は、大庄屋など近世来の名家の出身で、漢学を学び府県会議員を経験しているといった共通項が得られる。一方後者としては、民権派幹部や中央官僚としての知名度が重視された。ただ、地方利益の実現を選挙中に掲げた候補者はみられず、特別地価修正が選挙結果に影響した京都府第六区は、神鞭が大蔵省主税局次長であったという特殊な事情による。

3　第一議会の攻防

第一回総選挙における党派別の議席数は、党派の所属を明確にして選挙戦が行われた訳ではなかったため曖昧さを残すものの、大同倶楽部五四、愛国公党三六、再興自由党一七、九州同志会二四、立憲改進党四三、自治派一二、国権派一二、保守中正派六、無所属七九などという内訳となった[34]。小党分立状態のなかで、大同倶楽部・愛国公党・再興自由党の旧自由党系三派が一〇〇議席余りを獲得し、選挙前からあった合同して主導権を得ようとの機運が高まった。大隈条約改正交渉の失敗を引きずり「敗北」した立憲改進党にも、「進歩主義政党合同」によって生き残りを図り、政策立案能力での優位を生かして発言権を確保しようと、合同に応ずる動きがあった[35]。

山県内閣は一八九〇年七月二五日、集会及政社法を公布し、改めて政社が支社を置いたり他の政社と連結通信することを禁止した。(36) これを受けて、京橋区警察署が党派間の協議に注意を行い介入したことも合同を促した。結局、立憲改進党を含めた大合同では交渉がまとまらず、九月一五日、大同倶楽部・愛国公党・再興自由党・九州同志会などにより立憲自由党が発足、院内会派として弥生倶楽部を創設して一三一名が参加した。これに立憲改進党系の院内会派である議員集会所の四三名を加えると過半数を超え、民党が第一議会の多数派を形成することになった。

他方、政党を徒党として嫌う人々、殖産興業に関心が深く政治活動に熱心ではなかったものの当選した人々などもかなり存在し、無所属が七九名を数え無視できない存在であった。彼らは、議会開設前に大成会を発足させたが、地租軽減、言論・集会・結社の自由、条約改正などの政治目標を民党と共有しており、政策上での際立った相違はない。また、大成会の性格付けをめぐって、単なる院内会派に止めようとする人々と、政社として政府与党化を進めようとするグループとの間に対立があった。超然主義に立つ山県内閣としては、大成会を与党として特別扱いできないばかりでなく、大成会を一概に政府支持派と括るわけにもいかなかったのである。(37)

山県内閣は、民党との対決が予想される第一議会に向けて、あえて条約改正問題を取り上げる危険を回避したため、(38)第一議会における最大の争点は予算問題となった。民党は政費節減・民力休養を掲げて議会に臨んだが、民党が求める地租五厘の引き下げと、一部の議員が主張していた地価の不均衡を是正する地価修正を実施するには、八一九万円を確保しなければならなかった。政府提出の一八九一年度歳出予算案の総額は八三三二万円であり、地租軽減・地価修正の財源を得るには、憲法第六七条で政府の同意なくして廃除や削減ができないと規定されていた費目に切り込まざるを得ない。六七条費目は六四七五万円余に上っていたのである。(39)

衆議院予算委員会での査定案による減額は、最終的に約九二〇万円にまで膨らみ、各省会計局の課への格下げ、参事官の廃止など、官制改革を伴う内容が含まれていた。当初山県内閣は、第一議会の成功を期して、地方税であった営業税の国税移管などを財源として地租軽減に応じることも考え、一八九一年一月一二日の臨時閣議で地租軽減策を決めていた(40)。しかし、衆議院では、査定案の削減額の引き下げを求めたり官制改革を要する六七条費目の廃減は違法であるといった緊急動議が繰り返し否決され、政府との妥協を拒む強硬姿勢を維持したために、山県内閣は妥協策を放棄し、閣内には衆議院解散論さえ浮上した。

事態打開のきっかけとなったのが、二月二〇日、衆議院本会議に大成会の天野若円が、六七条に規定する歳出について廃除削減する際は、衆議院で確定議となる前に政府の同意を求めるべしとする緊急動議を提出、これに板垣退助に近い植木枝盛・片岡健吉・林有造ら自由党代議士の一部が賛成して可決された、いわゆる「土佐派の裏切り」である(41)。緊急動議の提出には、土佐派と縁の深い陸奥宗光農商務相が関与し、山県首相・松方蔵相らも事前に知っていた。動議可決後政府と衆議院との六七条費目削減をめぐる交渉が行われ、削減額六二一万円で決着し、三月二日衆議院本会議で妥協案が可決された。ただし、地租軽減の法律案は、衆議院で可決されたものの貴族院で審議未了となり、削減した六三一万円は歳入剰余金となった。

板垣・植木らは、条約改正への悪影響を懸念し、立憲政治の運用能力を世界に示すねらいから、第一議会の成功を優先した。彼らは政府との妥協の道を探って天野動議以前から動いていたが、地租軽減への代議士の期待や、実力をもって予算の大幅削減への賛成を強要する大井憲太郎派壮士の圧力によって功を奏さなかったのである。天野動議成立後、賛成した自由党代議士二九名は脱党し、自由倶楽部を組織する。しかし、第一議会での経緯から壮士に対する代議士の反発は強く、閉会後の三月二〇日に開かれた自由党大阪大会では、星亨の主導の下に大井憲太郎以外の幹部が結束し、板垣を復党させて新設した総理に迎え、壮士の影響力を削減する組織改革を行った。第一議会を経て、党内での板垣―星体制が成立し、自由党は代議士中心の政党へと転換していった(42)。

一方、第一議会を何とか乗り切ったものの、六七条費目を含めた大幅な予算削減という譲歩を強いられた藩閥政府が受けた衝撃は大きかった。四月八日、山県首相が明治天皇に辞意を表明したことをきっかけに、大山巌・山田顕義・西郷従道ら元勲級指導者もそれに続き、とりあえず閣外へ去って政治生命を温存しようと動いた。五月六日、松方正義が条約改正交渉の凍結を条件に後継首相に就任した。(43)

4　請願運動

議会開設により、請願という世論を国政に反映させる回路が制度化され、代議士に何倍する地方名望家が議会ごとに国会を目指して東京に参集するようになった。衆議院の請願受理件数は、第一議会一五二六件、第二議会一三七〇件、第三議会六四二件、第四議会二八〇八件、第五議会一〇九三件に達する。(44)請願者は、地域社会から負った政治目的を果たすために、まずは地元府県選出の代議士を頼った。波のように押し寄せるそうした請願者の期待を代議士は無碍に突き放す訳にはいかない。時には食事をふるまい酒を飲ませ、同僚議員に頼み込んで限られた傍聴券を確保し融通するといった光景が、あちらこちらでみられた。ただし、初期議会では、請願が採択されて衆議院議長から内閣に提出される事例は稀で、目立って採択率が上昇して請願の政治的影響力が増すのは、一八九四年一二月に召集された第八議会以降であった。(45)

請願の具体的事例をみてみよう。第一議会には府県制・郡制施行の前提として小郡の合併を主眼とする郡分合法案が提出された。そのなかに、京都府の中・竹野・熊野三郡合併案が含まれており、中郡峰山町に郡役所が設置されるとみられたため、竹野郡・熊野郡では郡の独立を求める請願運動が起きた。熊野郡では、久美浜村長の山本三四郎と熊野郡全村組合収入役を務めていた稲葉宅蔵が上京委員に選ばれ、一月六日に東京に着いてから二月末まで請願活動を展開した[46]。まず上京直後には、地元選出の神鞭知常代議士を訪ねて請願の意図を告げ、郡分合法案への神鞭の態度を探った[47]。しかし、まもなく立憲自由党に属する京都府選出の代議士伊東熊夫が郡分合法案の特別審査委員となったので、彼を通じて情報収集を行うようになった[48]。一月一〇日には小室信夫に招かれ、浜町二丁目の料理屋花屋敷で、新井毫・伊東熊夫・和田彦次郎が同席して会合を行っている[49]。貴族院へも福知山町の豪商で京都府選出の多額納税者議員であった吉田三右衛門を窓口として働きかけを行ったが[50]、主たる運動先はあくまでも衆議院であった。

上京後しばらく、代議士の宿所を訪ねて面会を求め請願の意図を説明する方法をとったが、広くて不案内な東京で宿所を探し当てるのに苦労し、宿に辿り着いたものの目当ての代議士が不在の場合も多く、思ったほどの成果を挙げられなかった。ところが、各議員一日一枚に制限されていた傍聴券を何とか手に入れて議会を傍聴する内に、国会の応接所で待ち受けて、他の請願人が代議士と面会している様子を見計らい、横合いから割り込んで請願の意図を伝える方法が確実であることを学んだ。このやり方で、郡分合法案の特別審査委員や中江兆民・河野広中など著名な議員をつかまえて、郡合併反対を直接訴えることに成功している[51]。

議会が開設されると、各地から様々な目的をもって東京に集まってきた請願人の間で、請願方法や傍聴券の融通などで情報交換が行われるようになり、ネットワークが形成されていった。稲葉と山本も、竹野郡の森田重武[52]・足達虎蔵、葛野郡の大八木伝右衛門、久世郡の菱木信興といった京都府からの上京委員に加え、同じく郡合併反対を目的に上京していた岡山県川上郡の赤木幸三郎や平川保、富山県礪波郡の郡分割案に反対していた上野安太郎などとの交流を深め、合併反対派の集会を構想するまでになっていった[53]。京都府からは、蚕種検査法の制定を求める京都府蚕糸業取締所会頭山崎義丈や何鹿郡蚕糸業組合長波多野鶴吉らが[54]、やや遅れて郡分合と地価修正への反対を目的に北桑田郡の河原林義雄や野尻岩次郎も上京してきたが、彼らとも活発な交流を行っている[55]。

こうした地方の「実事問題」＝地方利益を実現するにあたって、党派の相違は意味を持たなかった。各地から上京した請願者たちは、ともかく多くの代議士に請願の趣旨を理解してもらおうと知恵をしぼり、党派を超えて相互の結び付きを求めていく。そうした経験を通して、民党系政社の公友会員であった稲葉宅蔵は、「小生等ノ如キ勧業人間ノ為ニハ、政事上一方ニ偏シ候論ヲ吐候ハイラヌ敵ヲ求候様ノ事ニ相成不得策ト存」(56)という認識をつくり上げていったのである。

稲葉宅蔵と山本三四郎は、請願活動の様子だけでなく、国会の模様も詳細に郷里へ書き送った。例えば、衆議院の傍聴に出かけた折、一月七日に壮士に襲われ負傷した宮崎県選出の安田愉逸が(57)、頭に綿のようなものを貼っていて目立ったこと(58)、伊東熊夫も宿所に様々な壮士が押しかけてくるため安心できず迷惑と話し「議員ハイヤニナリタル」様子であること(59)、衆議院応接所に屯している壮士の多くが「ステツキ」を持っていること(60)、一月二〇日に火事で国会議事堂が焼失した直後に現場へ赴き、保安条例による追放に不満を抱いた壮士の仕業と考えたことなど(61)、壮士に否定的な評価を加えた記述は多い。稲葉・山本の送った書簡は、熊野郡独立委員会を構成する村長クラスの地方名望家に回覧され筆写されていったが(62)、そうした過程を経て壮士のマイナスイメージは広く行き渡っていったと推測される。請願者の書簡や帰郷後の言説は、新聞と並んで東京で繰り広げられる政治劇の実相を知る情報源として重要な役割を果たしていった。

二　選挙干渉

1　干渉の実相

条約改正交渉への悪影響に対する懸念から、藩閥政府と民党の双方に議会の成功を望む空気が強かった第一議会とは異なり、第二議会は当初から両者の全面対決が予想された。一八九一年一一月二五日に召集された第二議会では、早速衆議院において地租軽減・地価修正の財源確保を前提に歳出予算の削減が行われ、その額は八九三万円に及んだ。これに対し松方正義内閣は、鉄道公債法案と私設鉄道買収法案による地方への利益誘導や、監獄費国庫支弁法案による地方負担の軽減で、民党の切り崩しを図ろうとしたものの効果がなかった。結局、樺山資紀海相の「蛮勇演説」もあって、一二月二五日衆議院は解散された。

この解散による総選挙は、品川弥二郎内相─白根専一内務次官の下で、警察官や郡役所吏員などを使った全国的な選挙干渉が行われたことで知られている。

北垣国道が知事を務めていた京都府でも、知事与党の公民会と自由党・立憲改進党を中心とする非公民会派との対立が激しかった。北垣は候補者の選定を自ら行い、一八九二年一月六日に郡長会議を招集して総選挙の方針を示し、各区の推薦候補を指示、一二日には候補者名を問い合わせる小松原英太郎警保局長からの電報に対して、第一区坂本則美・西村七三郎（公民会）、第二区竹村藤兵衛、第三区松野新九郎（公民会）・寺内計之助（公民会）、第四区田宮勇（公民会）、第五区田中源太郎（公民会）・石原半右衛門（公民会）、第六区神鞭知常の名前を返電している[63]。定数一の第一区で公民会所属の西村に加えて坂本を推したのは北垣知事の強い意向による。また、北垣は第四区でも田宮の当選に不安を感じて、西川義延に出馬を説得し成功している[64]。

中・竹野・熊野三郡郡長稲葉市郎右衛門[65]のメモによれば、北垣知事は一月六日の郡長会議で総選挙に臨む方針について、①政府党の候補者は松方内閣の大臣と縁故のある者か知事の推薦による者に限る、②当選の成否は知事が責任を負い、大臣に縁故のある候補者であっても、選挙活動などに関しては知事と協議して決める、③候補者一名に付三〇〇〇円の運動資金を知事より支出する、と説明している。(66) 解散に際し、明治天皇は事態を憂慮して、将来「良民」の議員が議会を構成することを望む意向を示して選挙への干渉を容認したが、品川内相が各知事に実力行使を直接指示していたわけではない。(67) にもかかわらず、選挙干渉が高知・佐賀・福岡・千葉・熊本などの各県で死者まで出す事態となったのは、北垣の説明にあるような知事に責任を負わせる選挙干渉の方法に主因があった。こうした方針からすると、陸奥が星に、高島鞆之助陸相が新井章吾に直接選挙活動に関して指示したことは、(68) 知事—郡長には逸脱行為と受け止められたであろう。いずれにしても、知事が選挙干渉を仕切りその責任を負う仕組みが、各府県での干渉のバラつきと一部府県での流血の事態を生み出したとみてよい。

高知県などと並んで有数の選挙干渉が行われた佐賀県の例をみてみたい。佐賀県では、議会開設を前に大同団結運動に呼応して大隈条約改正交渉に反対を主張する同成会と、反対に消極的な郷党会が対立していた。第一回総選挙では、両派が激しく争った末、三選挙区とも郷党会が勝ち、当選した松田正久・武富時敏・二位景暢は立憲自由党に、天野為之は立憲改進党に属した。他方、敗れた同成会の人々は、民党大合同に反対して、大同倶楽部から脱した後藤象二郎系の人々が結成した国民自由党に参加し、政府支持派となった。第二回総選挙に際して樺山資雄知事は、この同成会の候補者を推すことにし、郷党会を支持していた郡長・町村長のうち数人を更迭して切り崩しを図った。この措置により、町村内部にまで両派の対立が持ち込まれ、地域社会は分裂する。また、郷党会系の新聞『肥筑日報』を発行停止処分とし、圧力をかけて演説会場の確保を難しくさせるなど、言論の封殺を行った。(69)

二月一五日の投票日当日、露骨な選挙干渉によって溜まった民党の憤懣が爆発し、松田正久の地元小城町では、吏党事務所や警察署を襲撃する騒擾が勃発し、死者が出た。唐津町や杵島郡小田、佐賀郡川上などでも刀剣を携えた群衆が屯集して警察分署・巡査駐在所を襲撃する事態に発展、県庁襲撃の流言まで広まった。警察力で抑えきれないと判断した樺山知事は第六師団に軍隊の派遣を要請し、福岡の第二四連隊から一中隊一三二名が出動した。同隊はこの日夜八時に佐賀に到着、中原・小城・高橋の三ヵ所に展開した後、二月二〇日に帰営するまで騒擾の鎮圧・警備に当たった。また、熊本の憲兵隊二分隊六五名も派遣され、第三区の一部町村で延期されていた投票が、保安条例施行下で二月二六日に無事実施されたことを見届けた上で、三月八日に引き揚げている。(70) 結局佐賀県では、吏党側十数人、民党側七三人の死傷者を出す事態となり、第一区では、『東京中正日報』主幹を務めていた坂元規貞と県会議員牛島秀一郎、第二区では川原茂輔、第三区では大分県参事官の五十村良行が当選し、松田・武富ら郷党会の候補者は全員落選した。(71)

近年の研究では、民党・吏党の争いは、市制町村制施行の前提として実施された町村合併により生じた、村役場や小学校の位置、村長・村会議員の選挙、役場吏員の人事などをめぐる大字（近世村）相互の対立・反目に結びついていたという。(72) 佐賀県でも右の指摘はあてはまるが、そうした対立・反目が国政選挙での流血の事態にまで発展したのは、知事による郡長・町村長の更迭という一方の党派に偏した人事の強行に起因していた。本来中央政界における党派間の争いを地域社会にまで持ち込ませないための制度として市制町村制を作成したのは藩閥政府であったのだが、選挙干渉によって自らそうした政争を町村にまで浸透させてしまったのである。

次に、丹後五郡を範囲とする京都府第六区を取り上げる。丹後では、帝国議会開設後も粘り強く地価修正運動が続けられていたが、北垣知事が推した神鞭知常は、一八八七年と八九年の二度の特別地価修正により、丹後国の地価の不平等性は解消されたと考えていた。(73) 一八九二年一月六日に中・竹野・熊野三郡の村長・有志者を峰山町に集めて開かれた演説会でも、神鞭は地価修正について曖昧な態度に終始し、地価修正運動に取り組む人々から「人望ヲ欠ク」傾向が生じた。(74)

この状況を利用して神鞭に対抗したのが、与謝郡加悦町の石川三良介である。石川は、地価修正運動に熱心に携わると共に、竹野郡の自由党員森田重武など第一回総選挙で小室信夫支持に動いた勢力の一部を取り込み、元来保守中正派であった自らを「民党」と位置付け、神鞭派を「吏党」として排斥する戦術をとった。石川派の運動員として丹後各地を演説して回った一行も、自由党員の森田と保守中正派の新聞『中正日報』の社員多根太郎、『千代田新報』の社員速水誠三らの混成であった(75)。また、石川の選挙運動を担った森田、竹野郡徳光村の永島米治、中郡五箇村の野木儀右衛門、さらに多根太郎も石川の親族であり(76)、選挙における地方名望家相互の親族ネットワークの重要性を示していて興味深い。

石川派の活発な動きに不安を感じた北垣知事は、一月末に元天橋義塾幹部で丹後の事情に通じていた属官木村栄吉(77)を派遣してテコ入れを図った。だが、粟飯原鼎与謝郡長が木村に「軽々手出ヲナサズ円滑ニ且表面ニ表ハル事ナキ様(78)」求めたように、第一線の郡長・郡書記には露骨な選挙干渉を嫌う雰囲気が強く、木村は目立った動きをしていない(79)。圧力をかけて演説会場の使用料を引き上げさせたりもしているが、主に郡書記が各役場を巡回して村長・助役を説得する方法がとられた(80)。ただ、勝敗の帰趨を決したのは、当初一部に上野弥一郎擁立論のあった加佐郡の公民会派が、恐らくは松方首相から直接委嘱を受けて近畿地方に派遣された九鬼隆一の働きかけにより(81)、神鞭支持にまとまったことであった。九鬼の近畿派遣は、解散直後の一二月二八日の時点で自由党に知られていたものの(82)、九鬼による第六区での候補者調整は現場の郡長や警察に気取られた形跡がない。まさに隠微な選挙干渉であった(83)。投票結果は、神鞭八七八票、石川三〇一票と神鞭が圧勝したが、投票日直前の郡長による熊野郡の情勢分析によると(84)、各村内は大字ごと、一部は大字内の人物ごとに神鞭・石川に割れ、町村合併で成立した新町村内部の政治的分裂が露わになった。この点では、暴力や威嚇に頼った選挙干渉のなかった京都府第六区でも、佐賀県の状況と大同小異だったのである。

京都府の他の選挙区では、第一区坂本則美、第二区竹村藤兵衛、第三区正木安左衛門（自由党）、第四区西川義延、第五区田中源太郎・石原半右衛門が当選し、第三区を除いて、ひとまず北垣知事の推した政府系候補が勝利を収めた。しかし、選挙後の三月一六日、政争の深刻化を背景に、中立を掲げてきた公民会は解散に追い込まれ、北垣知事は府政遂行の支柱を失った。総選挙後、選挙干渉の責任を問い選挙前の政治的力関係に復すべく民党が積極的に行動する一方で、中立不偏を標榜する人々の一部には、政治からの逃避を図る動きが広がっていった。

2　第三議会の攻防

一八九二年五月二日、第二回総選挙の結果を受けて第三議会が召集された。衆議院の勢力比は、自由党九二、立憲改進党三八、独立倶楽部二五、中央交渉部八四、東北同志会九、無所属五二であった(85)。選挙干渉の結果、自由党・立憲改進党のみでは過半数に及ばず、民党系の独立倶楽部の動向が重要になった。政府系候補として当選した議員は中央交渉部という会派を結成し、佐賀県で当選した四名は全員同会に所属した。依然として五〇名を超える無所属議員も無視し得ない存在であった。そのなかには、大坂会にまとまっていた大阪・京都・兵庫・滋賀・岡山各府県選出の非民党系議員の内、民党にも政府にも与しない中立不偏を標榜していた京都・滋賀・岡山の議員一二名も入っていた。また、京都府第四区から当選した西川義延は、結局独立倶楽部に加わった。北垣国道は強固な政府党組織の必要性を確信していたが、選挙干渉で政府系候補として戦ったにもかかわらず、中央交渉部にすら加盟しようとしない京都府選出の非民党系議員に対して、何らかの説得を行ったような形跡はない(86)。

自由党・立憲改進党は、第三議会において選挙干渉問題で松方内閣の責任を厳しく追及し、内閣の退陣を求める「選挙干渉ニ関スル決議案」を衆議院で可決して、同内閣に深刻な打撃を与えた。この過程で、議会内での対応に敏速を欠き結束の弱さを露呈した政府支持派＝中央交渉部のなかに、九州選出議員を中心として同会の政社化へ向けた動きが起きた。この結果、六月二二日に国民協会の結成に至るが、依然として中央交渉部所属議員に政党を忌避する者が多く、社交倶楽部としてのスタートであった。無所属議員も、京都府選出の議員を含めて、九州選出議員の影響力が強まり国権派的色合いを濃くした国民協会を嫌い、加入を見合わせた。さらに、国民協会会頭に西郷従道、副会頭に品川弥二郎が就任したものの、伊藤博文・井上馨は国民協会結成に批判的であった(87)。第二回総選挙直後から国民協会の創立に至るまでの経緯は、政府党の組織には、なお乗り越えなければならない高い壁が存在していたことを示している。

自由党は第三議会において、条約改正問題でも松方内閣を追及しようと条約改正上奏案の議会上程を目指して条約改正研究会の設立を急ぎ、四月二三日、自由党員や立憲改進党員、無所属議員が参加して発会式を開いた。自由党の条約改正論の大枠は、一八九一年四月に同党の条約改正調査委員会がまとめた報告書においてすでに固まっていた。条約改正上奏案の草案は、その内容を踏襲して、領事裁判権の廃止と共に内地雑居を許す、ただし土地所有権や鉄道・鉱山・銀行・船渠・諸会社などを所有したり株主となる権利を認めない、法典編纂・外国人法官任用の条件は廃止する、海関税を改正するといった点が盛られていた(88)。また、交渉方法として、改正の要旨を諸外国に通知して次回議会が開会となる一一月までに返答を求め、要求が受け入れられない場合には、条約廃棄の議決を行って通知するという、現行条約の廃棄戦術を組み込んでいた(89)。

一方松方内閣は、第二回総選挙直後の四月五日に開かれた閣議で、榎本武揚外相の条約改正草案を原則的に承認し、条約改正調査委員会を設置して、最終確定案を作成することになった。委員には、榎本外相のほかに、副島種臣内相、後藤象二郎逓相、伊藤博文枢密院議長、黒田清隆・寺島宗則・井上毅枢密顧問官が選ばれた。委員会は一回開かれたのみで、その後は意見書の提出・印刷配布を通じた意見交換のみの場となり、結局五月末で機能を停止した。そのなかで、五月六日に伊藤が提出した「条約廃棄に関する件」は、国内世論を強く意識して対等条約の締結を掲げ、そのために条約廃棄戦術を組み込んだ交渉方法を採用していた。こうした交渉方針で、伊藤・井上馨・陸奥宗光の間で合意が形成されたのである。(90)星亨の発案、野沢雞一の起草による条約改正上奏案で提起された交渉方法は、伊藤・井上馨・陸奥の構想と平仄が合っており、これは偶然とはいえないであろう。こうして、第三議会に条約改正上奏案が提出されたのだが、(91)臨時議会のために会期が四〇日と短く、選挙干渉の責任追及や予算問題が最大の争点となったため、条約改正上奏案は審議未了に終わった。

内地雑居を認めた条約改正上奏案の議会上程は、非内地雑居論者の組織化を促し、同年六月一二日、内地雑居講究会が発足した。その中心勢力は、大井憲太郎ら自由党関東派、佐々友房らの熊本国権党など中央交渉部の一部、新潟の国権派などであった。(92)

その後七月一四日、河野敏鎌が新たに内相に就任し、選挙干渉の中心人物であった白根専一次官を解任、次いで調所広丈高知県知事・安場保和福岡県知事など六知事を更迭して、選挙干渉の責任を問う姿勢を明確にした。これに対し、高島鞆之助陸相・樺山資紀海相が反発して内閣が分裂、七月二七日松方内閣は崩壊した。

三　政党の基盤拡大

1　集会及政社法の改正

一八九二年八月八日、第二次伊藤博文内閣が成立した。黒田清隆（逓信）・山県有朋（司法）・井上馨（内務）・大山巌

（陸軍）を閣内に取り込んで、「元勲内閣」と称された強力内閣であった。伊藤内閣は、国民協会をも含めて、すべての政党政派から距離を置く超然主義の立場を鮮明にした。伊藤内閣が最初に臨んだ第四議会は、民党が海軍軍拡の必要性を認めつつも海軍改革が行われていない現状では反対するとして、甲鉄艦などの軍艦建造費を全額削除したため、民党との全面対決となった。追い詰められた政府は、九三年二月一〇日、①軍艦建造のために内廷費から毎年三〇万円を六年間下付し、その間文武官の俸給を一割納付させて軍艦建造費に充てる、②内閣に行財政整理の実施を命じるとともに、衆議院には海軍拡張への協力を求める、という「和協の詔勅」を発して、かろうじて事態を乗り切った。[93]

「和協の詔勅」は、藩閥政府と政党との関係が変化するきっかけともなった。自由党のなかに、政権への参入を果たし立憲改進党との民党連合を脱して単独過半数政党を目指す思惑から、伊藤内閣に秋波を送る動きが露骨となり、伊藤内閣もそれを利用すべく反応したのである。そうした両者の利害の一致をよく示すのが、第四議会で成立した集会及政社法の改正である。この結果、政党支部の設置が解禁されたことで地方名望家の所属党派が明確となり、自由党・立憲改進党は名実ともに政党へと脱皮していく。他方で、第二六条により二党が連携した運動は引き続き規制されることになった。自由党内で民党連合からの決別を目論む勢力には、この改正は都合のよいものであった。[94]

実際に、この改正を機に、自由党は立憲改進党との絶縁へ向けた動きを加速させた。一八九三年九月に実施された星亨・河野広中・松田正久による九州遊説は、そうした動きの一つである。[95]九州の民党勢力は、第一議会前に民党合同が不調に終わった後も、民党連合の仲介役たろうとしていたが、この遊説が一つのきっかけとなって、同年末の第五議会で、政府との連携を模索する板垣・星・松田ら自由党主流に対して、従来の民党連合路線に固執する九州派の代議士多数が脱党するに至る。例えば佐賀県では、以前から大隈重信と気脈を通じて民党連合を主唱していた武富時敏が、自派の『肥筑日報』紙上において佐賀県での星の演説を罵倒したことが遠因となり、一二月二日自由党を除名された。旧郷党会員を中心とする自由党佐賀県支部は、武富に従って自由党脱党グループと行動を共にしたため、孤立した松田正久は選挙干渉で煮え湯を飲まされた旧同成会員を自由党へと組み込んでいくことになる(96)。

自由党は、集会及政社法の改正を党勢拡張の好機としても活用した。五月四日、板垣総理の名前で大阪と仙台に出張所を設立し、各府県に一ヵ所支部を設けるよう通達を出した。その結果、五月の大和支部・新潟支部・下野支部の創設を皮切りに、一一月一五日の自由党定期大会までに富山・千葉・長崎・山口・徳島・大分・広島の七県を除く三府三五県に支部が設置され、さらに一年後には支部未設は千葉・徳島・大分三県のみとなる。自由民権期に二三〇〇名余りの党員から成る少数者による「盟約共同体」的性格が濃厚であった自由党(97)は、第一議会開会時点で党員一万六五〇〇人を擁する地方名望家中心の政党へと変貌を遂げ、この定期大会時には三万九八七七人に達した(98)。党員数についていえば、立憲改進党員も、自由民権期の一七〇〇人余り、九二年三月末の四二九二人が、九三年一一月大会時で一万二九四六人、九四年五月臨時大会時で二万三六八人へと増加した(99)。第一回総選挙から議会開設に至る過程で、自由民権期を遙かに上回る地方名望家が政党に参加し、九三年四月の集会及政社法改正を機に、さらに政党の地方基盤が強化されたことは明瞭である。ただし立憲改進党の場合、集会及政社法改正後における地方支部設置の動きは緩慢で、九四年五月の臨時大会までに確認できるのは、静岡・宮城・栃木・岩手・兵庫・長野・千葉・埼玉の八県のみである。二万人に達した党員も、栃木・宮城・静岡・三重・長野・千葉・茨城の七県のみで約一万五〇〇〇人を占め(100)、党勢のほとんど及んでいない府県が多数存在することから、自由党の地方組織との力量差は歴然たるものがあった。

2　井上馨の内務行政と地方名望家

第四議会閉会直後の一八九三年三月、内閣改造が行われ、文部大臣に井上毅、海軍大臣に西郷従道、司法大臣に芳川顕正が任じられた。ことに国民協会会頭であった西郷の任命は、西郷を同会から切り離す措置であり、国民協会には大きな打撃となった。また、伊藤内閣は、内閣改造に合わせて今後の政治方針を決定した。[101]この「改革ノ方針閣議附 大政ノ方針要目」と呼ばれるものの内、「大政ノ方針要目」は、①憲法擁護、②「内地ノ改良」、③「国権ノ拡張」から成っていた。その②には、「二、地方自治ノ制ヲシテ其実ヲ挙ゲシメ、其基礎ヲ鞏固ニシ、彼ノ不適任ナル地方官ノ如キハ地方人民ノ要求ヲ待タズシテ速ニ之ヲ処分スベキ事。蓋シ立憲制ヲ採用シ、中央政府ニ変動多キニ至ルト同時ニ、地方行政及ビ自治団体事務ヲシテ一定鞏固ナラシメザルベカラズ」との政策目標が提示されていた。[102]以下では、この点に注目して、井上馨内相下の内務行政と地方名望家の関係について検討してみたい。

地方名望家と国家の関係を定めた基本的法律の一つである府県制が公布されたのは、一八九〇年四月である。居石正和によると、府県制草案の理論的背景となっているモッセの自治論は法治国論を基礎としており、国家権力による権利の侵害から個人を守る法治国を実質化する制度的措置として自治制を位置付けているのだという。[103]そうした視点から草案には、①名誉職制度の採用による自治体行政への住民参加、②参事会制度の採用を通じた官吏による行政権の濫用防止、③監督行政への参事会の参与による官吏の権限濫用防止、④行政裁判機能を付与された参事会を通じた行政による権利侵害からの住民の保護が盛り込まれていた。

府県制草案は、その後ロエスレルや井上毅の批判にあい、府県会の条例・規則制定権が削除されたり参事会の権限が後退したりしたものの、公布された府県制における参事会は、行政裁判権・争議決定権・町村監督事務への参与権を幅広く有する点で、それ以前の常置委員会から面目を一新し、府県会権限も府県会規則での規定から一気に拡大した。しかも、府県制施行の前提とされた小郡の合併を目指す郡分合法案の成立が遅れ、第四議会閉会直後の九三年四月までに府県制を施行したのは一一県に止まっていたが、府県制未施行府県でも、府県制の参事会規定に準拠して常置委員会の権限が強化された。常置委員会・参事会は知事の諮問機関を超えて、府県行政、とりわけ土木行政の執行において不可欠の機能を果たしていたのである（第一部第四章）。

井上馨は内相就任直後から、内務大臣の諮問機関であった土木会を利用しながら、道路法・河川法・砂防法・災害土木費国庫補助法・災害土木基金法など土木法制の立案作業を本格化させた。例えば道路法を例にとると、その立法目的は、一八九四年三月の地方長官会議に提出した公共道路法案第三条において「道路ノ種類及ヒ区域等ハ行政庁ノ認定スル所ニ依ル」と定めているように、道路の費用負担の前提となる県郡市町村のいずれに属するかの決定を知事が一元的に行い、府県会を決定過程から排除する点にあった。従来は、「府県知事が府県道編入を府県会に諮問して、その上で費用を議するのが慣行」であったことから当然政党は反発し、道路法は成立せず、道路法の制定によって側面から府県会・府県参事会の権限を抑制しようとした内務省の意図は実現しなかった。(104)

井上馨内相は、土木法制の整備と共に、府県制公布後における府県行政の問題点を整理し、知事と府県会・常置委員会・参事会との間の権限問題に決着を付けようとした。しかし、第一部第四章で明らかにしたように、いずれの場合も、府県会開設以来形成されてきた議事慣行や慣例の否定が、府県会との良好な関係を維持する上で障害になるといった懸念から、知事の間で一致できず、内務省は具体的な措置を取れなかった。井上内相は、知事を中心とする行政権の独立性を確保するために、府県会・常置委員会・参事会の職務権限を明確化し抑制しようと試み、失敗したのである。

井上馨内相による内務行政は、府県会の場における超然主義の実践といってもよいが、そうした試みは構想の域を出ずに終わった。この結果、初期議会期に顕著となり始めた道路開鑿や河川修築などの地方利益要求や、それに伴う府県土木費の増加は、府県常置委員・参事会員を通して実現することになり、政党の地域での勢力扶植や、場合によっては流動化に決定的な意味を持つようになっていく。そうした地方利益の実現を積極的に党勢拡張に利用していったのは、新潟県[105]・京都府（第二部第二・三章）のいずれにおいても自由党であり、やや遅れて九九年一〇月の県会議員選挙から本格化した山梨県でも憲政党・政友会なのであった[106]。

3　第三回・第四回総選挙

第四議会中の九三年二月一五日、内地雑居を容認する条約改正上奏案が、自由党・立憲改進党などの賛成により可決されたことをきっかけに、条約改正交渉再開へ向けた動きが始まった。陸奥宗光外相は、七月五日の閣議に新条約案を提出し、まず「対等」な新条約締結交渉を行い、交渉不調の場合には止むを得ず条約の廃棄宣言を行うとの交渉方法を確認した。その後一一月二二日の閣議決定を経て、イギリスとの本交渉へと移った[107]。

一方、内地雑居講究会に集まった人々は、条約改正上奏案の可決を機に、自由党が内地雑居許容論をもって伊藤内閣と結び付いていくことに反発した。また、会頭西郷従道の海相引き抜きなどの切り崩し策に直面していた国民協会は、伊藤内閣への対決姿勢を強めていた。こうした要因が重なって、研究団体としての性格が濃かった内地雑居講究会を運動団体に改組しようとする動きが起こり、一〇月一日に大日本協会が設立された。同会には、国民協会・政務調査所・東洋自由党だけでなく、自由党と立憲改進党の仲介役を自認し民党連合を志向していた同盟倶楽部からも参加者があった。また、貴族院からも安場保和・三浦梧楼・西村茂樹などが顔をみせ、対外硬派の横断的組織という性格を有していた。井上馨内相はこうした動きに敏感に反応し、一〇月一八日の閣議で大日本協会への処分案が了承されると、直ちに同会を政社に認定して監視を強化した[108]。

条約改正問題が政治的争点として急浮上するなか、従来内地雑居を認める立場に立ち、条約改正上奏案にも賛成した立憲改進党は、民党連合路線に決別し政権参入を目指して伊藤内閣への接近を企てる自由党に対抗するために、第五議会開会を前にした一一月一四日の党大会で現行条約励行を決議した。立憲改進党との連携に道が開けたとみた大日本協会も、一二月三日に開催した大会で内地雑居尚早論を棚上げして現行条約励行で足並みを揃えた。この結果、衆議院において、国民協会・立憲改進党・同盟倶楽部・政務調査所・同志倶楽部・東洋自由党から成る硬六派が過半数を制し、政府・自由党と対峙することになった。(109)

対外硬派は、陸奥外相との縁故から伊藤内閣との提携を主導していると目された星亨に狙いを定め、第五議会開会直後に取引所事件を理由として星亨議長不信任決議案を可決、それを受け入れない星を議会から除名した。これを機に、星が積極的に進めてきた民党連合路線からの離脱に反発する東北派・九州派の代議士の多くが脱党し、同志倶楽部を結成した。次いで対外硬派は、一二月一九日、条約励行建議案を上程した。この建議案は、現行条約を厳格に履行すれば、外国人に不利益や苦痛を与えることになり、その結果列強は自発的に対等条約の締結を求めてくるとの考え方に立っており、陸奥外相の進める条約改正交渉と相容れないものであった。伊藤内閣は議会を停会する措置をとり、大日本協会に解散を命じた後、停会明けの同月三〇日、衆議院を解散した。

一八九四年三月一日に行われた第三回総選挙は、自由党一一九、立憲改進党五一、国民協会三二などという結果となった。自由党は四三議席増と大幅に勢力を拡大したものの過半数には及ばず、他方で硬六派のなかで最大の議席を有していた国民協会は半減し、大日本協会の関係者を多数擁した政務調査所も一九名から五名に減って惨敗を喫した。対外硬スローガンは選挙での集票には有効に機能しなかったのである。選挙後の五月九日、ともに政社認定を受けて同盟政社・同志政社と改称していた同盟倶楽部と同志倶楽部が合同して、立憲革新党を結党した。(110)その直後に召集された第六議会でも、伊藤内閣と対外硬派が激しく対立し、五月三一日に内閣不信任上奏案が可決されたことから、六月二日伊藤内閣は再び衆議院を解散した。九月一日投票で行われた第四回総選挙では、自由党一〇七、立憲改進党五三、立憲革新党三九、国民協会三二などとなり、議席に大きな変動はなかった。二つの選挙を通して、自由党が過半数を得る可能性は遠のき、対外硬派内部での民党系勢力の優位が確定した。

佐賀県では、第三回総選挙で第一区は武富時敏と野田常貞、第二区は中江豊造、第三区は二位景暢が当選し、選挙後武富と野田は立憲革新党の創立に参画し、中江と二位は自由党に加わった。第二回総選挙で当選した非民党系議員の内、牛島秀一郎と川原茂輔は国民協会、五十村良行は政務調査所に属し、坂元規貞は無所属であったが、全員姿を消し、国権派は議席を失った。第四回総選挙では、第一区で武富と江藤新作、第二区で松尾寛三、第三区で二位が当選し、立憲革新党が全議席を独占した。この選挙で同党は、郡ごとに予選委員三名を選び、彼らによる予選会の協議で各選挙区の候補者を決定する方法がとられ、政党としての組織的基盤が次第に整いつつあることを示した。松田正久率いる自由党は敗れたが、一八九四年四月四日に佐賀県支部を再建し(111)、以後立憲革新党・進歩党と自由党が厳しく対立する佐賀県政界の構図が固まった。

京都府ではやや様相が異なる。一八九三年六月二五日に自由党京都支部が立ち上がり、次いで山城支部も発足、両支部は第五議会解散後の九四年一月一四日に合同して改めて京都支部発会式を挙行し、その場で総選挙の候補者選定について協議するなど、自由党の地方組織は順調に成長した。選挙の結果、自由党は第三区の安田益太郎(112)、第四区の田宮勇、第五区の河原林義雄の三名を当選させ、前回の一名から勢力を伸張し、第四回総選挙でも同じく三名を確保した。党員も、淀川治水問題を利用して主に山城地域で次第に増えていった。これに対し非自由派は、総選挙では二回とも四名を得たものの、地方組織の形成は遅れた。非自由派の結集を促したのは、土木費を中心に増大する府予算をめぐる地域間対立であった。府会内で自由党に対し劣勢となることを恐れた府会議員を中心に、丹波を拠点とする進歩党、丹後の神鞭派、京都財界と太いパイプを持つ旧公民会派が寄り集まって、一八九六年一二月土木協会を立ち上げ、自由党に対抗していくのである（第二部第二章）。

おわりに

本章で明らかにした点をまとめ、日清戦争後への見通しについて触れてみたい。

議会開設時、政党に所属していた代議士は、立憲自由党と立憲改進党を合わせて衆議院の半数をようやく超えるに過ぎなかった。特定の政党に属さず院内会派大成会にまとまるか無所属を通した代議士が半数近くおり、その多くは藩閥政府に従順であったわけではなかったものの、民党には批判的であった。役員や規則を持たず入党・離党などの出処進退に関する制約のない、院内会派にのみ属する代議士で構成される議会という、井上毅の期待したような状況(113)にならず、政党が主導権を握れたのは、第一回総選挙の前提となった大同団結運動を通して、地方名望家の政治参加が全国的に拡大したことによる。

第二回総選挙の選挙干渉により、非民党勢力は大きく議席を増やし、内部において政府党組織を志向する人々の影響力が強まった。しかし、藩閥政府が立脚した超然主義の壁と、議員に根強かった政党への忌避感情や中立を標榜する意識を乗り越えられず、地方に基盤を持つ政府党の組織は実現しなかった。選挙干渉により当選した多数の非民党系議員の内、一部は民党系小会派や対外硬派を構成する小会派に加わり、一部は自ら政界を去るか第三回総選挙で敗れて姿を消した。国民協会は、一八九四年の二回の総選挙を経て勢力を半減させ、九州選出の代議士の比重を高めて地域政党的性格を濃くした。一八九三年四月の集会及政社法の改正により地方支部の設置が可能となったことを機に、自由党や立憲改進党が地域的基盤を一段と強化したのに対し、非民党系議員は地方名望家の組織化を図る上での弱さを露呈していったのである。ただし、九四年の二回の総選挙では、地方支部の設置が進展したのに伴い、政党ごとの候補者の予選がみられるようになるものの、それはあくまでも郡に基礎を置く地方名望家相互の協議による選挙区単位のものであり、党本部の地方支部への影響力は依然としてごく限られていた。

第三回と第四回の総選挙により対外硬派内部での民党系勢力の比重が増し、立憲改進党と立憲革新党の主導により、一八九六年三月中国進歩党・大手倶楽部なども加わって進歩党が結成された(114)。この結果、進歩党と自由党を合わせ三〇〇議席中の約三分の二を占めた。民党連合は破綻したが、進歩党が民党的性格を強く有するようになったために、地方名望家の政党への組織化は、民党の系譜を引く自由党と進歩党がほぼ独占する。ただし、自由党は日清戦争が終わるまでにはほとんどの府県に支部を置いたのに対し、立憲改進党の地方組織の整備は遅れ、党員数でも自由党の後塵を拝した。進歩党結党により、党員数は約五万名へ増加したと推定され(115)、地方での組織的基盤を拡大したが、結党から約一年後の時点でも、青森・岩手・宮城・秋田・山形・福島・栃木・埼玉・新潟・静岡・岐阜・滋賀・奈良・岡山の一五県にしか支部を設立できていない。

こうした両者の組織的力量の相違は、民権運動以来の経緯以外に何に基因するのか。両者の支持基盤が、中小地主にあるのか（自由党）大地主にあるのか（立憲改進党・進歩党）(116)、資本主義化の先進地帯にあるのか（自由党）後進地帯にあるのか（進歩党）(117)といったことも見逃せない視点であろう。それに加えて本章では、府県常置委員会・参事会が実質的に執行機関として府県土木行政を担っていた現実と地方名望家の組織化の進展が相まって、初期議会期から自由党は一部の府県で地方利益の実現を党勢拡張に結び付ける手法をとり始めることに注目した。積極主義の採用が藩閥政府の強化ではなく政党勢力の伸張へと帰結する事態は、すでに端緒的にではあるが府県において成立しつつあったのである。

注

（1）坂野潤治『明治憲法体制の確立』（東京大学出版会、一九七一年）。
（2）同右書六三頁。
（3）伊藤之雄『立憲国家の確立と伊藤博文―内政と外交 一八八九～一八九八―』（吉川弘文館、一九九九年）第二章、佐々木隆『藩閥政治と立憲政治』（吉川弘文館、一九九二年）。
（4）三大事件建白運動については、遠山茂樹「三大事件建白運動」（同『自由民権運動と現代』筑摩書房、一九八五年）、坂野潤治『近代日本の国家構想―一八七一～一九三六―』（岩波書店、一九九六年）第二章第二・三節参照。
（5）有泉貞夫『明治政治史の基礎過程―地方政治状況史論―』（吉川弘文館、一九八〇年）。
（6）伊藤之雄前掲書、松下孝昭『近代日本の鉄道政策』（日本経済評論社、二〇〇四年）。
（7）伊藤之雄同右書、小宮一夫『条約改正と国内政治』（吉川弘文館、二〇〇一年）。
（8）大石一男『条約改正交渉史―一八八七～一八九四―』（思文閣出版、二〇〇八年）。
（9）佐々木隆前掲書、伊藤之雄前掲書。
（10）小林和幸『明治立憲政治と貴族院』（吉川弘文館、二〇〇二年）、内藤一成『貴族院と立憲政治』（思文閣出版、二〇〇五年）。
（11）鳥海靖「初期議会期における自由党の構造と機能」（『歴史学研究』二五五、一九六一年）。
（12）伊藤之雄前掲書。
（13）大日方純夫『自由民権運動と立憲改進党』（早稲田大学出版会、一九九一年）、阿部恒久『近代日本地方政党史論―「裏日本」化の中の新潟県政党運動―』（芙蓉書房出版、一九九六年）、五百旗頭薫『大隈重信と政党政治―複数政党制の起源 明治十四年―大正三年―』（東京大学出版会、二〇〇六年）。
（14）佐々木隆前掲書、村瀬信一『明治立憲制と内閣』（吉川弘文館、二〇一一年）。
（15）山田央子『明治政党論史』（創文社、一九九九年）。
（16）佐々木隆前掲書序章・第一章。

(17) 坂野潤治前掲『明治憲法体制の確立』一八～一九頁及び第一章第一節注(45)(47)。
(18) 高久嶺之介「明治憲法体制成立期の吏党」(同志社大学人文科学研究所『社会科学』二二、一九七六年)、小林丈広「京都公民会と都市商工業者」(『キリスト教社会問題研究』五九、二〇一〇年)。
(19) 原田敬一『日本近代都市史研究』(思文閣出版、一九九七年) 第四章第三節。
(20) 彦根市史編集委員会編『新修彦根市史』第三巻通史編近代 (彦根市、二〇〇九年) 三〇九頁。
(21) 稲田正次『明治憲法成立史』下巻 (有斐閣、一九六二年) 第三一章、季武嘉也・武田知己編『日本政党史』(吉川弘文館、二〇一一年) 七三～七四頁。
(22) 升味準之輔『日本政党史論』第二巻 (東京大学出版会、一九六六年) 第五章第一節、阿部恒久前掲書第二章四、丑木幸男『地方名望家の成長』(柏書房、二〇〇〇年) 第三章四1。
(23) 南桑田郡亀岡町。府会議員を経て、第一・二・三回総選挙で当選。一八九七年から一九一八年まで貴族院多額納税者議員。一八八九年京都公民会創設。京都商工銀行など多くの会社を設立しその経営に携わった。伝記に『田中源太郎翁伝』(一九三四年) がある。
(24) 綴喜郡田辺村。一八七九・八〇・九〇年と府会議員に三選。南山義塾を設立して自由民権運動に参加。大同団結運動にも加わり民党系政社生民会を組織。第二回総選挙で当選。のち進歩党京都支部常議員。
(25) 綴喜郡八幡町。府会議員を経て、第五回総選挙以後当選八回。一九一四・二〇年に衆議院議長に就任。自由党京都支部設立を主導し常議員・幹事。以来府下の自由党・憲政党・立憲政友会の中心人物。
(26) 船井郡川辺村。一八七五年から文部省出仕。八八年府会議員当選。京都公民会常議員。第一・二・四・五・六回総選挙に当選。はじめ大成会に入り、次いで芝倶楽部・政務調査会・大手倶楽部を経て進歩党・憲政本党に所属。一九〇一年脱党して三四倶楽部に参加。国家経済会に加わるなど神鞭知常に近かった。
(27) 北桑田郡山国村。高久嶺之介「明治期地方名望家層の政治行動―河原林義雄小伝―」(同志社大学人文科学研究所『社会科学』二二、一九七七年) 参照。
(28) 天田郡細見村。府会議員に七選。第六・七・一二・一三回総選挙で当選。一八九七年進歩党京都支部設置に際し常議員。のち憲政本党・憲政党・立憲政友会に所属。

(29) 天田郡中六人部村。府会議員を経て、第九回総選挙で当選。自由民権運動に参加し立憲政党加盟。立憲自由党員。憲政党・立憲政友会に所属。芦田均の父。
(30) 高久嶺之介『近代日本の地域社会と名望家』（柏書房、一九九七年）第三章第四節。
(31) 筒井正夫『巨大企業と地域社会―富士紡績会社と静岡県小山町―』（日本経済評論社、二〇一六年）第一章。
(32) 今西一『近代日本成立期の民衆運動』（柏書房、一九九一年）第三章。
(33) 村瀬信一「議員選挙の導入と変容」（『年報近代日本研究一四 明治維新の革新と連続』山川出版社、一九九二年）。
(34) 衆議院・参議院編『議会制度百年史 院内会派編』衆議院の部（一九九〇年）一頁。
(35) 五百旗頭薫前掲書第一章第三節。
(36) 大日方純夫前掲書第I部第三章二1。
(37) 村瀬信一前掲書第二章二。
(38) 大石一男前掲書第四章第二節(3)。
(39) 佐々木隆前掲書八四頁。
(40) 原田敬一「第一議会における『地租軽減』実現の可能性について」（『鷹陵史学』二八、二〇〇二年）。
(41) 佐々木隆前掲書第二章第三節、伊藤之雄前掲書第一部第一章三節二・三参照。
(42) 伊藤之雄同右書第一部第一章三節四。
(43) 大石一男前掲書一九一頁注(134)。
(44) 葦名ふみ「帝国議会衆議院における建議と請願」（国立国会図書館『レファレンス』七一八、二〇一〇年）。
(45) 同右。
(46) 京都府京丹後市蔵稲葉家文書B三九―五六三「葉書綴」中の一八九一年一月六日織田幾二郎宛稲葉宅蔵葉書、同B三九―五六七「一八九一年二月二六日織田幾二郎宛山本三四郎葉書」。
(47) 同右B三九―五六九「熊野郡独立請願委員よりの書簡写綴」中の一八九一年一月九日織田幾二郎宛稲葉宅蔵・山本三四郎書簡（久美浜町史編纂委員会編『久美浜町史』資料編、二〇〇四年、近代二九番史料）、同B三九―六〇三「一八九一年一月一三日山本三四郎・稲葉宅蔵宛神鞭知常書簡」。

(48) 同右前掲B三九—五六九中の一八九一年一月一一日織田幾二郎宛稲葉宅蔵・山本三四郎書簡、同B三九—六八一「一八九一年二月一九日稲葉宅蔵宛伊東熊夫葉書」。
(49) 同右前掲B三九—五六九中の一八九一年一月一一日織田幾二郎宛稲葉宅蔵・山本三四郎書簡。
(50) 同右前掲B三九—五六九中の一八九一年一月一七日織田幾二郎宛稲葉宅蔵・山本三四郎書簡、一月二一日織田幾二郎宛稲葉宅蔵・山本三四郎書簡、一月二七日織田幾二郎宛稲葉宅蔵・山本三四郎書簡、同B三九—六八五「一八九一年二月二〇日山本三四郎宛吉田三右衛門葉書」。
(51) 同右前掲B三九—五六九中の一八九一年一月二一日織田幾二郎宛稲葉宅蔵・山本三四郎書簡。
(52) 竹野郡網野村。但馬国青谿書院に学んだが、一三、四歳の頃キリスト教に入信し、新島襄から洗礼を受けた。天橋義塾社員。一八九〇年府会議員当選。第一回総選挙では京都府の民党系政社公友会に属し小室信夫擁立の中心となって活動した。その後立憲自由党に入党したが、一八九二年六月に三二歳の若さで急死した。
(53) 稲葉家文書前掲B三九—五六九中の一八九一年一月一七日織田幾二郎宛稲葉宅蔵・山本三四郎書簡、一月二一日織田幾二郎宛稲葉宅蔵・山本三四郎書簡、一月二七日織田幾二郎宛稲葉宅蔵・山本三四郎書簡。
(54) 同右前掲B三九—五六九中の一八九一年一月二一日織田幾二郎宛稲葉宅蔵・山本三四郎書簡、同B三九—五九四「一八九一年一月一二日稲葉宅蔵宛京都府蚕糸業取締所葉書」。
(55) 同右前掲B三九—五六九中の一八九一年一月二一日織田幾二郎宛稲葉宅蔵・山本三四郎書簡、高久嶺之介前掲書一八四〜一八五頁。
(56) 稲葉家文書C五七—三二「一八九二年一月二〇日稲葉市郎右衛門宛稲葉宅蔵書簡」。
(57) 『東京日日新聞』一八九一年一月八日。
(58) 稲葉家文書前掲B三九—五六九中の一八九一年一月九日織田幾二郎宛稲葉宅蔵・山本三四郎書簡。
(59) 同右前掲B三九—五六九中の一八九一年一月一一日織田幾二郎宛稲葉宅蔵・山本三四郎書簡、一月一七日織田幾二郎宛稲葉宅蔵・山本三四郎書簡。
(60) 同右前掲B三九—五六九中の一八九一年一月一七日織田幾二郎宛稲葉宅蔵・山本三四郎書簡。
(61) 同右前掲B三九—五六九中の一八九一年一月二一日織田幾二郎宛稲葉宅蔵・山本三四郎書簡。

(62) 同右。
(63) 塵海研究会編『北垣国道日記「塵海」』(思文閣出版、二〇一〇年)一八九二年一月一二日条。
(64) 同右書一八九二年一月六日条、佐々木隆「干渉選挙再考―第二回総選挙と九鬼隆一―」(『日本歴史』三九五、一九八一年)六九〜七一頁。
(65) 熊野郡久美浜村。拙稿「稲葉家の近代と一二代市郎右衛門・宅蔵兄弟」(京丹後市教育委員会編『京都府熊野郡久美浜稲葉家資料調査報告書』第三分冊、二〇〇八年)参照。
(66) 稲葉家文書C五七―九「〔稲葉市郎右衛門覚書〕」。
(67) 佐々木隆前掲書第三章第五節二。
(68) 同右書第三章第五節三。
(69) 尾形善次郎「第二回総選挙のころ 民党・官党の争い」その二・その三(『佐賀新聞』一九七九年一〇月一二日、一九八一年九月一八日)。
(70) JACAR(アジア歴史資料センター)、Ref. C03030704200、陸軍省壹大日記M二五―二―三「議員総選挙に際し暴徒の為出兵請求の件」(防衛省防衛研究所)、JACAR: C03030706400、陸軍省壹大日記M二五―三―四「佐賀県へ憲兵派遣の件」(防衛省防衛研究所)。
(71) 佐賀県議会史編纂委員会編『佐賀県議会史』上巻(一九五八年)二六二〜二六五頁、杉谷昭『佐賀県の百年』(山川出版社、一九八六年)二一3。
(72) 季武嘉也・武田知己編前掲書八六〜八八頁。
(73) 今西一前掲書七九頁。
(74) 稲葉家文書C五七―三〇「一八九二年一月七日稲葉市郎右衛門宛稲葉宅蔵書簡」、同C五七―四〇「一八九二年一月一九日稲葉郡長宛谷田郡書記書簡」、同C五七―四一「一八九二年一月一九日稲葉郡長宛中野郡書記書簡」。
(75) 同右前掲C五七―九、同C五七―三四「一八九二年二月一〇日稲葉市郎右衛門宛稲葉宅蔵書簡」、同C五七―三六「一八九二年二月七日稲葉市郎右衛門宛稲葉宅蔵書簡」、同C五七―三八「一八九二年一月二五日稲葉郡長宛谷田郡書記書簡」、同C五七―五六「一八九二年一月三一日稲葉市郎右衛門宛粟飯原鼎書簡」(前掲『久美浜町史』資料編、近代三三番史料)。

(76)　同右前掲C五七―三二、同前掲C五七―四〇、同前掲C五七―五六。
(77)　同右C五七―五四「一八九二年一月二七日稲葉郡長宛北垣国道書簡」。木村栄吉は旧宮津藩士。天橋義塾生を経て同塾幹事兼教員。立憲政党加盟。府立宮津中学校・京都中学校で教員を務めた後、一八八六年京都府属。第二回総選挙直後の一八九二年四月非職となり、京都市水利事務所理事に転じる（中嶋利雄編集代表『資料天橋義塾』下巻、宮津市教育委員会・宮津市文化財保護委員会、一九七九年、六〜七頁）。
(78)　同右C五七―五八「一八九二年二月五日稲葉市郎右衛門宛粟飯原鼎与謝郡長書簡」。
(79)　同右C五七―四八「一八九二年二月四日稲葉宛木村栄吉書簡」、同C五七―五〇「一八九二年一月三一日稲葉市郎右衛門宛木村栄吉書簡」（前掲『久美浜町史』資料編、近代三二番史料）。
(80)　同右C五七―五三「一八九二年二月一三日稲葉市郎右衛門宛中島啓助郡書記書簡」。
(81)　大久保達正監修『松方正義関係文書』第七巻（巌南堂、一九八六年）一一二・三一「一八九二年一月二二日松方正義宛九鬼隆一書簡」。上野弥一郎は二月二〇日に京都市麩屋町俵屋に招かれ、九鬼隆一と会見している（上野家文書八五六八「二月一九日上野弥一郎宛雨森菊太郎書簡」）。以後、両者の間には個人的親交が結ばれた。
(82)　稲葉家文書C五七―二九「一八九二年一月二日稲葉市郎右衛門宛稲葉宅蔵書簡」に同封されている一八九一年一二月二八日稲葉宅蔵宛森田重武書簡において、自由党員の森田は、「〇大臣部署ヲ定メテ各地ニ遊説スルコト、畿内・東海道ハ松方ノ受持、〇北垣知事ハ解散ノアル前夜廿四日ノ夜田中・松野・浜岡ト四人ニテ九鬼隆一氏ノ宅ニテ晩餐ヲ名トシテ今後ノ運動ヲ議シタリ」、「九鬼氏ハ京都・兵庫・滋賀地方ニ向テ充分ノ運動スル考ノ由、同人モ今度ハ内閣へ入ルトノ説アリ」と記している。佐々木隆前掲論文は、九鬼による選挙工作の始点を一八九二年一月一七日に九鬼が大垣を経て京都に到着した時点に求めている。しかし、森田書簡によると、九鬼は衆議院解散前夜には京都にいて、北垣京都府知事及び公民会幹部と内談しており、事実上の選挙工作を開始していたとみてよい。この辺の事情と松方正義首相との関係は今のところ判然としない。
(83)　佐々木隆前掲論文。
(84)　稲葉家文書C五七―五九「一八九二年二月一三日稲葉中郡長宛粟飯原与謝郡長書簡」。
(85)　衆議院・参議院編前掲書二四頁。
(86)　高久嶺之介「京都府知事最末期の北垣国道」（同志社大学人文科学研究所『社会科学』七四、二〇〇五年）。

(87) 佐々木隆前掲書第四章第四節三・五。
(88) 酒田正敏『近代日本における対外硬運動の研究』(東京大学出版会、一九七八年)三九~四〇頁、小宮一夫前掲書三(二)二。
(89) 小宮一夫同右書九三頁。
(90) 大石一男前掲書第五章第二節(三)・第七章第一節(一)。
(91) 酒田正敏前掲書三五~三六頁、小宮一夫前掲書三(三)一。
(92) 酒田正敏同右書三四頁、小宮一夫同右書一〇二頁。
(93) 佐々木隆前掲書第五章第三節、伊藤之雄前掲書一一一~一一三頁。
(94) 大日方純夫前掲書第I部第三章二2、村瀬信一前掲書一四九~一五二頁。
(95) 村瀬信一「明治二六年九月の自由党九州遊説」(『日本歴史』六四五、二〇〇二年)。
(96) 佐賀県議会史編纂委員会編前掲書二六七~二六八頁、伊万里市史編さん委員会編『伊万里市史』近世・近代編(伊万里市、二〇〇七年)七五七~七五八頁。
(97) 明治史料研究連絡会『自由党員名簿』(一九五五年)、江村栄一『自由民権革命の研究』(法政大学出版局、一九八四年)第五章一(一)、山田央子前掲書三六~三八頁。
(98) 『自由党々報』第四九号(一八九三年一一月二五日)二四頁、伊藤之雄前掲書三二頁。
(99) 『立憲改進党々報』第二九号(一八九四年五月二一日発行)四〇頁。集会及政社法改正後の立憲改進党の党勢拡大については大日方純夫前掲書第III部第四章二参照。
(100) 『立憲改進党々報』第二九号四〇頁。
(101) 高橋秀直『日清戦争開戦過程の研究』(神戸商科大学経済研究所、一九九二年)六九~七一頁。
(102) 伊藤博文公編『秘書類纂 帝国議会資料』下(一九三五年)七〇頁。
(103) 居石正和『府県制成立過程の研究』(法律文化社、二〇一〇年)第二章、本書序章一。
(104) 有泉貞夫前掲書第四章第一節、拙稿「濃尾震災後の災害土木費国庫補助問題」(『日本史研究』四一二、一九九六年)。
(105) 阿部恒久前掲書第二章六。
(106) 有泉貞夫前掲書第四章第二節二・三。

(107)　大石一男前掲書第七章第一節(三)。
(108)　小宮一夫前掲書五(一)二。
(109)　酒田正敏前掲書五二〜五五頁、小宮一夫前掲書五(二)二・(三)、五百旗頭薫前掲書二〇一〜二〇四頁。
(110)　小宮一夫「党首なき政党の模索」(鳥海靖・三谷博・西川誠・矢野信幸編『日本立憲政治の形成と変質』吉川弘文館、二〇〇五年)一。
(111)　『自由党々報』第五九号(一八九四年四月二五日)二九〜三〇頁。
(112)　紀伊郡吉祥院村。府会議員を経て、第三・四回総選挙で当選。三大事件建白運動に参加し、のち自由党入党。以来憲政党・立憲政友会・政友倶楽部・中正会に所属。
(113)　大日方純夫前掲書一〇四頁。
(114)　五百旗頭薫前掲書第三章第一節。
(115)　『進歩党党報』第壱号(一八九七年五月一日)二一頁。
(116)　有泉貞夫前掲書、阿部恒久前掲書。
(117)　重松正史「日清戦後の地方政治―大水害と復興過程―」(『日本史研究』三一四、一九八八年)、本書第二部第二章。

第二章　丹後における神鞭派の形成と京都府政界

はじめに

神鞭知常は、大日本協会の常務員として、国民同盟会の憲政本党側交渉委員として、また対露同志会の組織者として、対外硬派の中心人物の一人と目されてきた政治家である。鳥谷部春汀は、対外硬派を日本におけるジンゴイズムと規定した上で、「神鞭知常氏は少なくとも之れを代表するもの、一人なり」と評した(1)。その一方で、「彼れは、必ずしも偏狭なる敵愾政策を有する政治家にあらず。然れども決して変通自在なる外交家にあらず、又た醇粋なる平和論者にあらざるが故に、動もすれば敵慨(ママ)政策を有する政治家なる如くに認識せられ」たとも述べている(2)。後者にみられる若干の留保とも呼ぶべき評価の背景には、以下の諸点があった。

第一は、神鞭の官界での経歴である。神鞭の場合、一八七三年八月、横浜税関次長であった星亨の依頼で翻訳に従事したのがきっかけで、大蔵省租税寮一一等出仕に任官したのが官界への第一歩であった。星と神鞭は、のちに政治的立場を異にするにもかかわらず、深い繋がりで結ばれていた。翌年八月、星に伴って大蔵省本省に乗り込むが、同年一一月に同郷の先輩河瀬秀治の引きで内務省勧業寮に移ってからは終始河瀬と行を共にした。一八七八年、河瀬について大蔵省に転任し、以後八七年一二月非職となるまで同省に勤めた。最後の官歴は大蔵省主税局次長である(3)。神鞭はジンゴイストと呼ぶにはあまりに財政通であった。

第二は、非職後の神鞭の実業界入りである。小名木川綿布会社社長に就いたのを振り出しに、村田一郎・田代四郎・一井保・富田鉄之助・河瀬秀治らに神鞭を加えて「水力組」と綽名された人々により、一八八九年には富士製紙株式会社が設立され（社長河瀬秀治）、さらに同じグループの手で九六年に富士紡績株式会社が創立された（社長富田鉄之助）。富田は、神鞭の「前半生を実業時代とし、後半生を政治時代と見て良かろう」としているが、神鞭は実業界に身を置く経済人でもあった。

第三に、神鞭は国家経済会の中心メンバーであった。国家経済会は一八九〇年一〇月、「日本主義勃興の機運に伴ひ、当時の経済情勢から保護主義の必要を認むる人人によって組織せられた経済研究の団体である」。神鞭は、リーダー格の富田鉄之助をして「君（神鞭―筆者）の死に至るまで殆んど親戚同様に交際した」と言わしめたほどの間柄であると同時に、一八九二年七月一〇日の第三三回例会で大島貞益が幹事を退いてからは代行を務め、文字通り国家経済会の柱石として働いている。同会の主張は、保護主義・関税自主権回復重視から内地雑居尚早論へと繋がっていくところに特徴がある。それに加えて、保護すべき対象が勃興しつつあった機械制大工業のみでなく、棉花・糖など農業と密接に結び付いた在来産業までを含んでいた点に留意しておきたい。

第四は、国家経済会に田中源太郎・雨森菊太郎・石原半右衛門・朝尾春直といった、京都財界・京都公民会系の主要人物が加わっていることである。特に田中源太郎は、一八九二年一二月一八日の同会臨時会で神鞭らとともに日本銀行課税法律案調査委員に選任され、その結果を報告した演説を行っている。京都財界主流の田中源太郎らと神鞭は極めて近い立場にあり、共通の活動を行っていたのである。両者の深い関係は地租増徴問題で立場を異にする一八九八年まで続く。

第五は、「神鞭君、陸実君、高橋健三君、此三君は殆んど同身一体、誼兄弟も異らざる関係であった」と言われる、陸羯南・高橋健三との政治的同志関係である。高橋健三は一八九八年に早逝したが、陸羯南の徹底した日清戦後経営批判、対露協調論＝北守南進論と神鞭の主張は基本的に同じ枠組である。これに、日清戦後経営を「国力を超える軍備の充実よりも、まず『富国』の方が先決だと考え」て批判した富田鉄之助を加えた三名は、同様の考えに立ち一つの政治グループを形成していたのである。[16][17][18]

従来対外硬派の研究は、当然ではあるが対外硬運動の分析に力が注がれ、経済論・選挙区での支持基盤などの解明を通じて、彼らの思想と行動の総体を捉えようとする姿勢は弱かった。対外硬派にもそれぞれの経済論があったのである。右の点を踏まえて、本章では第一に、対外硬派の領袖となる神鞭知常が「裏日本」化が進み始めた丹後地域でどのように地域振興を図り支持基盤を形成していったのか、彼の主張との関係を跡付けながら明らかにする。第二に、日清戦後に淀川治水問題を手掛かりとして地方名望家を党員に組織化し影響力を増していく自由党に対し、進歩党・神鞭派がどう対処し、資本主義の成立に伴い地域社会において一段と重要性を増す公共事業が、地方政治のなかでどのように位置付けられていくのか検討する。[19][20]

一　地価修正運動と総選挙

本節では、丹後国を範囲とする京都府第六区の第一回から第四回に至る総選挙の経緯を検討する。神鞭知常の選挙区での活動を通じ、支持基盤の培養法を探ってみたい。

小室信夫と神鞭知常両者の争いとなった第一回総選挙については、すでに今西一の行き届いた分析により、①小室信夫擁立の背後には新井毫らによる良民党設立構想があった、②小室と神鞭の票差（表12）は、小室を支持した竹[21][22]

野・熊野両郡及び中郡の一部と、神鞭に結束した与謝・加佐両郡及び中郡の一部との選挙人数の差である、③与謝郡を中心とした神鞭派の形成には、神鞭が大蔵省主税局次長時代、「丹後の一三年間にわたる地価修正運動に、最後の段階で力を貸した」(23)ことが大きく与って力があった、以上の点が明らかにされている（前章参照）。

第3回（1894. 3. 1）			第4回（1894. 9. 1）		
安田益太郎	自由党	912	安田益太郎	自由党	1041
小松喜平治		604	小松喜平治		159
田宮勇	自由党	1247	喜多川孝経	大手倶楽部	975
西川義延		368	田宮勇	自由党	811
大崎官次郎		101			
田中源太郎	政務調査会	1243	河原林義雄	自由党	1401
河原林義雄	自由党	1033	石原半右衛門	大手倶楽部	1192
山口俊一	自由党	1018	羽室嘉右衛門	自由党	636
羽室嘉右衛門		694	山口俊一		179
			田中源太郎		166
神鞭知常	政務調査会	956	神鞭知常		855
石川三良介	自由党	61	石川三良介	自由党	87
上野弥一郎		25			

36号（1901年12月），『議会制度七十年史』政党会派などにより作成．

神鞭派の形成に決定的役割を果たした丹後の地価修正運動は、帝国議会開設後も粘り強く続けられた。第一議会へ向けた請願運動が始まったのは一八九〇年一二月である。二度の特別地価修正によっても、旧豊岡県域の地価が近隣の他府県に比べなお割高であることは、「我カ国会議員神鞭知常君ニハ事実能ゝ御承知ナレハ、其辺ハ得手モノト充分論究シ、満足之結果ヲ与ヘラルヘキト確信」しているが、「助勢」のため請願書を持って丹後人民惣代を東上させようとしたのである(24)。明けて一月二二・二三日、「地価修正請願ニ付丹後有志会」がもたれ、宮津で開かれた二月の二度目の丹後五郡会議では、木船衛門（加佐郡）・石橋又兵衛（中郡）の二人を東上させることに決した。その後「特別地価地租修正請願書」(25)を各村々に配布し、各村八名（小村は四名）の署名を求めている。この会議を丹後会

表12　京都府郡部衆議院総選挙選挙区別得票数（1）

選挙区	第1回（1890.7.1）			第2回（1892.2.15）		
第3区(定数1) 愛宕・葛野・乙訓・紀伊	松野新九郎 正木安左衛門 寺内計之助	大成会 自由党 自由党	866 468 126	正木安左衛門 松野新九郎 小松喜平治 寺内計之助	自由党 中央交渉部 自由党	551 547 206 197
第4区(定数1) 宇治・久世・相楽・綴喜	伊東熊夫 西川義延 田宮勇	自由倶楽部	883 550 252	西川義延 田宮勇 伊東熊夫	独立倶楽部 自由党	672 586 445
第5区(定数2) 南桑田・北桑田・船井・何鹿・天田	田中源太郎 石原半右衛門 芦田鹿之助 河原林義雄	大成会 大成会 自由党 自由党	1189 1068 778 747	田中源太郎 石原半右衛門 河原林義雄 羽室嘉右衛門 山口俊一	無所属 無所属 自由党 自由党	1332 1043 624 480 242
第6区(定数1) 加佐・与謝・中・竹野・熊野	神鞭知常 小室信夫 平野吉左衛門 石川三良介	無所属	669 435 99 84	神鞭知常 石川三良介	無所属 自由党	878 301

注．京都府立総合資料館編『京都府百年の資料』1政治行政編（1972年），『近畿評論』第

と称し、運動の母体となった。署名を集める過程で、一部に議会閉会直前（三月七日閉会）の委員上京を不要とする意見も出たが、署名運動は順調に進んだ模様で、二月二二日には各郡からの署名が揃った。上京委員の石橋が病気を理由に東上を断りやや混乱したが、議会閉会直前の三月五日に請願書を呈出している[26]。

一八九一年六月一〇・一一日両日にわたり宮津町で開かれた丹後全国委員会は、京都府丹後国地価修正組合規定を採択し、地価修正を目指す全国組織である二府二〇県同盟への加盟と、その運動との連携を定めた[27]。丹後の地価修正運動は新たな段階を迎えた。さて、丹後国地価修正組合結成直後の七月五日付で、東京に出ていた石川三良介から丹後五郡地価修正請願委員宛に書簡が届けられた。そこには、「東上委員後任者選定迄ノ処ハ、東京ヨリノ報知ハ拙者へ向ケ発スル筈ニ仕置候条、依テ拙者ヨリ国許へ報知ハ何レへ差向ケ可然哉、予メ御申越置被下度候」と記されていた[28]。第二議会へ向けて次の上京委員が決まるまで、石川三良介が

東京での連絡役を務めたのである。石川は、第一回総選挙に保守中正派に与し名乗りをあげたものの、八四票で惨敗を喫した人物である（前章参照）。第二回総選挙へも意欲を持っており、地価修正運動への積極的関与は支持基盤の拡張を目論む政治的行動であった。

第一議会の際、請願運動の開始が遅れ時機を失した経験に鑑み、丹後国地価修正組合は第二議会へ向け一〇月二九・三〇日丹後会を開いた。出席者は、木船衛門（加佐郡）、楠田佐兵衛・宮崎佐平治（与謝郡）、永島米治・谷口仁平（竹野郡）である。会議は以下の決議を行った。

一第三回東上委員東京滞在日数凡廿日之見積リ、一日金弐円トシテ則チ金四拾円当、往復旅費日当トシテ金拾五円

但シ該件ニ付西京滞在ノ節ハ一日金壱円宛支給スベシ

一第三回東上費ヲ凡六拾円ト見積リ、各郡負担仮徴集左ニ

金拾六円　加佐郡

同拾六円　与謝郡

同拾円　竹野郡

同拾円　中郡

同八円　熊野郡

一該徴集金ハ来ル十一月十日限リ与謝郡加悦町石川利三郎方へ送金ノ事

但シ加佐郡ノ分ハ西京為替ノコト

一東京事務所経費及運動費ハ、東上委員永島米治氏京着ノ上通知ヲ待テ送金スルモノトス(29)

東上委員として永島米治を決めたが、各郡に割り付けた費用の送金先が石川三良介の父親である石川利三郎方であることに注目しておきたい。こうして永島米治の手により同年一一月、「地価修正請願書」[30]が貴衆両院に呈出された。一二月八・九日、田中彦右衛門（中郡）、楠田佐兵衛・宮崎佐平治（与謝郡）、高田久兵衛（加佐郡）、谷口仁平（竹野郡）の出席で再び開かれた丹後会では、地価修正問題が議会で決着するまで永島米治を在京させることとし、各種費用の割付けを行った。[31]ところが直後の一二月二五日、松方正義内閣によって衆議院が解散され、選挙干渉で著名な第二回総選挙へと突入する。

前章で述べたように、京都府第六区は神鞭知常と石川三良介の争いとなった。石川派は第一回総選挙で小室信夫支持に動いた勢力の一部を取り込み、自らを「民党」と位置付け、神鞭派を「吏党」として排斥する戦術をとった。[32]また石川は、自らの地価修正運動への献身と熱意を訴え、帝国議会開設以後の神鞭の運動に対する態度を徹底的に批判した。解散翌日に開かれた地価修正同盟評議員会にも、石川は永島米治とともに京都府丹後国東上委員として出席している。同日決議された地価修正同盟規約には、「一同盟府県内ニ於テ衆議院議員選挙ニ際シテハ地価修正熱心ノ代議士ヲ選出スヘキ運動ヲ為シ誓ツテ此ノ目的ヲ達スヘキ事」との一項が入っていた。[33]神鞭は、二度の特別地価修正により旧丹後国の地価の不平等性は基本的に解消されたと考え、政治活動の中心を国家経済会での論議を踏まえた海関税法案の実現に移していた。第二議会では、安部井磐根提出の海関税法案に、保護貿易論と農工並進論の立場から賛成の論陣を張り、[34]第三回総選挙後の第三議会には、自らほか三名とともに海関税法案を提出している。[35]

選挙戦はかなり激しいものであったが、一部に加佐郡の上野弥一郎擁立論のあった同郡の公民会派が、勝算の乏しさと近畿地方の選挙工作に入った九鬼隆一の働きかけの影響でまとまって神鞭支持に動き、帰趨が決した。結果は、神鞭知常八七八票、石川三良介三〇一票であった[36]（表12）。石川は小室信夫の票をまとめきれず敗退した。

第二回総選挙後も丹後の地価修正運動は続き、一八九二年一一月二五日開会の第四議会に向けても請願運動が行われている。[37]この時の運動は、兵庫県に編入された旧豊岡県域との共同を特徴とする。同年一一月七日から八日にかけて豊岡町で行われた会議で設立された地価修正請願但馬同盟が、「旧豊岡県下ニ三団体有之、各ゝ孤立ノ姿ニ相成居候ニ付テハ、此際充分ノ協議ヲ遂ケ一様ノ方針ヲ定メ運動スルニ在ラサレハ、好結果ヲ奏スル能ハス」との考えから、丹後・丹波地域に共闘を呼びかけたのである。[38]一八九三年一月一二・一三の両日豊岡町で開かれた会合には、丹後から山本三四郎（熊野郡）、石川三良介（与謝郡）、行待六郎兵衛（竹野郡）が出席し、地価修正旧豊岡県十六郡同盟規約を定めている。[39]丹後から出席した三人は会合後協議して、一月二一日に宮津町で丹後会を開き、各郡から二名ずつ出席することを申し合わせ帰郷した。[40]ところが、一八九二年一二月七日に衆議院を通過していた田畑地価修正法案が、翌年一月一六日貴族院において否決されたために、一月二一日の丹後会には加佐・熊野両郡からの出席者がなく、地価修正旧豊岡県十六郡同盟は実質的に機能することなく消滅したのであった。

二　宮津港の特別輸出港指定と神鞭

第二回総選挙後、地価修正運動にかわって丹後における主要な地域振興策となったのは、宮津港特別輸出港指定運動及びそれと密接に結び付いた鉄道敷設運動である。神鞭は、自らの保護主義による国内産業の育成論に見合ったものとして、これらの運動を時には支援し時には主導しながら、選挙区での地盤拡張に努めていく。本節ではその具体相を検討する。

まず、宮津港特別輸出港指定運動を取り上げる。丹後の海運業[41]は近世後期に全盛期を迎え、小室信夫の生家山家屋などの廻船業者を輩出し殷賑を極めたが、明治中期に入って鉄道をはじめとした近代交通体系が整備されるに伴い、衰退の色が明らかとなった。そこで、一八九二年八月に「宮津商港・鉄道期成同盟会」を結成し、黒田宇兵衛宮津町長・福田嘉左衛門・白相棟助を幹事として特別輸出港指定運動を開始した(42)。幹事の内白相は、同年末に国家経済会に入会しており、神鞭直系の人物である(43)。

特別輸出港の法的根拠となる一八八九年七月三一日公布の特別輸出港規則は、次のようなものであった。

第一条　帝国臣民米、麦、麦粉、石炭、硫黄ノ五品ヲ海外ニ輸出スル為メ左ノ諸港ヲ特別輸出港トス

一　伊勢国四日市（以下港名略）

第二条　前条輸出事業ニ使用スル為メ外国船ヲ雇入ントスルトキハ大蔵大臣ヘ出願シ外国船雇入免状ヲ受クヘシ

第三条　特別輸出港ニ於テ船舶ノ出入及輸出品ノ船積ニ関スル事項ハ総テ外国貿易ノ手続ニ依ルヘシ

（第四〜七条略）(44)

第一条の港名に宮津を加え、外国貿易を可能にすることが運動の目的であった。輸出先に想定されていたのは、「目下世界各国ノ耳目ヲ惹ク露国浦塩斯徳港トハ、一葦帯水ヲ隔テ三十時間ヲ出テスシテ彼岸ヘ航行シ得ヘキ最近ノ位置ニアリ」とあるように、第一にロシアであった。輸出品としては、但馬・丹波・丹後の「三丹地方タル全国比類ナキ産牛地」であるため第一に牛、第二には、「西ベリア鉄道ノ為メ建築財ヲ多ク要スル」ことに着目して石材が考えられていた(45)。

ところが、特別輸出港指定運動が始まった直後の一〇月、宮津港と競争関係にある舞鶴港を抱える加佐郡委員から異論が出され、「宮津商港・鉄道期成同盟会」は、丹後全郡で組織する鉄道期成丹後部同盟会と、加佐郡を除く与謝・中・竹野・熊野各郡で組織する鉄道及商港期成四郡部同盟会に分裂した(46)。以後宮津港特別輸出港指定運動は、前

記四郡の運動となる。

一一月、第四議会へ向け「宮津港ヲ特別輸出港ト定メラレンコトヲ望ム請願書」を作成し、翌月には宮城宗七と白相棟助が、一〇六二名の署名を得た「請願書」と石材生牛調査書・図面などを携帯して東上した。(47) 請願書は、第一に、「三府其他ノ大都会亦文明ノ利器夙ニ輸入シ開化ノ徳沢已ニ普及セリ、之レニ反シテ北方一帯ノ地ハ、陸ニ未タ山陰諸国ヲ貫通スルノ鉄道ナク、海ニ一ノ新潟ナル貿易港アルモ、出入ノ船舶寥々晨星ノ如」しと、「裏日本」化しつつある日本海側の現状を訴える。そして第二に、近時シベリア鉄道が起工され、ウラジオストック港の海水堰止工事が始まったのは、「北海ノ良港ヲ探究シテ他日通商貿易ノ準備ヲナス」絶好の機会であると強調し、最後に、宮津・舞鶴・小浜・敦賀・船川・七尾及び長門の油谷・瀬戸崎を列挙して、宮津がウラジオストックを念頭においた貿易港として最適である、とする構成をとっていた。これら諸港を取り上げて宮津の優位を主張したのは海軍の認識が影響していた。海軍水路部長肝付兼行は、東京経済学協会員を前にして行った演説「西伯利亜鉄道ト日本ノ港湾」(48)で、「浦潮港ノ他日東洋ノ大商港ナランニハ、之ニ対シテ我国ニ大商港ヲ開テ彼我ノ間ニ直通ノ航路ヲ立ツルコト、是対外商略ニ於テ最モ至大至要ノ問題ナルヘシ」と述べ、その候補地として前記八港の名を挙げたのである。肝付はそれにとどまらず、陸岸の環繞・水深及び底質・陸揚げの便・内地の運輸・設市の余地・燈台の有無・暗礁浅洲の害・軍港要港の拘束の八点にわたって、八港にそれぞれ点数をつけた。その総合点で宮津は敦賀に次いで第二位であった。

東上した二名から請願書を受け取った神鞭知常は、一八九三年二月二四日、柴四朗ら二四名の賛成者を得て、「宮津港ニ浦潮斯徳港貿易ニ関スル船舶ノ出入及貨物ノ積卸ヲ許スノ法律案」を第四議会に提出した。(49) 法案の理由書においても請願書と同様、太平洋側の発展に比し、「北海ハ其裏面ニ当リ航舟常ニ疎ナルカ為メ、其馴致スル所物産多カラス」と状況を把握する。その上で、シベリア鉄道が起工された今こそウラジオストックとの貿易を許し一貿易港を指定することは急務で、「該地方人民ノ希望ノミナラス、実ニ帝国ノ要務ニ外ナラザルヲ信ス」と述べ、国家的位置付けを行っている。(50) 法案は両院を通過し、三月一四日政府は宮津港を特別輸出港に指定した。(51)

ところで、宮津港にとってネックであったのは、「此所ニシテ鉄道ノ通スルアランニハ実ニ得易カラサルノ良港ナリ、然ルニ惜ムラクハ其地険岨ニシテ鉄道ノ敷設ニ甚タ容易ナラサルカ如シ」(52) と述べられているように、京阪神地方との運輸の便が十分でない点であった。特別輸出港指定運動の組織体が鉄道及商港期成四郡部同盟会であったように、指定が成ったあと鉄道敷設運動が本格化した。その経過は以下の通りである。

一明治二十六年五月京都府技師島田道生氏ヲ聘シ宮津福知山間鉄道線路ヲ踏測シ初メテ測量設計ニ着手ス

一同年七月本町ヲ代表シ町会議員前尾庄助氏東上、神鞭代議士ニヨリ其筋ヘ之レカ敷設ヲ懇願セリ

一明治二十七年二月町長黒田宇兵衛三上藤兵衛宮城宗七三井長右衛門今林仲蔵福田嘉左衛門白相棟助ノ数氏ノ発起ニヨリ鉄道期成同盟会ヲ組織シ鉄道ノ敷設ノ貫徹ヲ謀リ、当時本町ニ於ケル有力者ヲ以テ委員トシ之レガ遂行ヲ期ス

一明治二十八年八月鉄道敷設請願書ヲ東京佐久間丑雄氏(53)ヲ経テ松本鉄道庁長官ニ進達ス

当初宮津—福知山間の鉄道敷設を目指したのは、具体化しつつあった阪鶴鉄道(54)と福知山で接続しようとしたためと思われる。ところが、私設による京都—舞鶴間の鉄道敷設を目的に、一八九三年七月一四日京都鉄道株式会社が発起されるに及び、(55) 阪鶴鉄道との間に激しい競争が生じた。両者の角逐は第六議会で決着をみ、舞鶴までの路線は京都鉄道が獲得し、阪鶴鉄道には一八九四年七月三日、福知山までの布設仮免状が下付された。京都鉄道には舞鶴から宮津に至る支線敷設計画があったため、結局神鞭の主導で一八九六年一月に発足した丹後鉄道株式会社は、宮津—城崎間の鉄道敷設を目指すこととなった。(56) 資本金は一五〇万円で、当初宮津町を含む与謝郡六〇〇〇株、中郡一五〇〇株、

竹野・熊野両郡で一五〇〇株、東京一〇〇〇株というように、郡を単位に株式を割って募集する措置がとられ、中郡は滝野平左衛門（府会議員）・野木禹之助（前府会議員）・伊佐清七、竹野・熊野両郡は稲葉市郎右衛門（衆議院議員）が株式割付の周旋を担当するよう求められている。(57) また、神鞭の持株も協議の結果、与謝郡三二五株、中郡一三〇株、竹野郡二五株、熊野郡二〇株と分割して引き受けることにした。(58) 丹後鉄道株式会社の設立には地域ぐるみの振興策として公益が付与され、地方名望家に出資を求めていったのである。

表13に発起人の一覧を示した。そのメンバーをみると、第一に当時貴族院議員に勅選されていた小室信夫(59)のほかに、政敵ではあるが神鞭にとって官界への扉を開いてくれた恩人である星亨が加わっていること、第二に、京都市の縮緬商・呉服商が参加していることが注目される。丹後鉄道株式会社は、宮津港の運輸の便を図る貿易振興策であると同時に、京都への縮緬輸送路として期待されていたのである。神鞭は多忙で自ら経営に乗り出せず、大蔵省時代の同僚で国家経済会でも同志であった寺師宗徳が創立委員長に就いている。(60)

もう一つ、宮津の特別輸出港指定成功後、神鞭知常が関わった丹後での活動に、日露韓貿易株式会社の設立がある。貿易会社の経営は、国力の充実を通して海外への経済的発展を構想する神鞭にとって、鉄道敷設運動以上に積極的に推進すべきものであった。日露韓貿易株式会社は、宮津の特別輸出港指定直後の一八九三年六月一六日、「神鞭知常三井長右エ門今林仲蔵等ノ諸氏発起シテ、当地（宮津—筆者）ニ外国貿易株式会社ヲ組織シ、資本金ヲ弐拾万円トシ(61)」て出発した会社である。外国貿易が可能となった宮津港を舞台に、ロシア・韓国と貿易を行おうとしたのであった。当初の役員は、社長神鞭知常、副社長

業種
多額納税者
縮緬製造
縮緬生糸買次商
縮緬生糸買次商
縮緬生糸買次商
多額納税者

録」第二版（渋谷
「京都市商工業者
年）により作成.

表13　丹後鉄道発起人名一覧

発起人名	居住地	業種	発起人名	居住地
神鞭知常	東京市		宮城宗七	宮津町
河瀬秀治	東京府荏原郡		三上藤兵衛	〃
小室信夫	東京市		佐久間丑雄	〃
星　亨	〃		土井市兵衛	舞鶴町
寺師宗徳	〃		寺田惣右衛門	峰山町
田代四郎	〃		石田与兵衛	〃
本荘宗義	〃		伊佐清七	〃
蜂須賀茂韶	〃		田中伊兵衛	〃
高田久七	京都市	縮緬羽二重製造, 綿糸紡績販売	後藤為七	〃
山田定兵衛	〃	呉服仕入商	森野儀右衛門	〃
宮本儀助	〃	友仙玉・糊卸売, 呉服卸商	沖理三郎	中郡丹波村
藤川源兵衛	〃	絹糸縮緬染呉服商	足達又八郎	竹野郡島津村
高谷宗兵衛	〃		野村市五郎	竹野郡浅茂川村
吉田利助	〃	丹後縮緬兼生糸商	吉岡仁左衛門	〃
内藤徳兵衛	〃	染呉服卸	永島米治	竹野郡徳光村
吉村太助	〃	染呉服卸商兼友仙縮緬商	稲葉市郎右衛門	熊野郡久美浜村
中村忠兵衛	〃	丹後縮緬商	奥田新之丞	熊野郡上佐濃村
伊佐喜七	〃	生糸商	片岡平八郎	兵庫県城崎郡
中村栄助	〃	鶏卵鰹節商	鯰江伝左衛門	〃
今林仲蔵	宮津町	米穀買次商	青田朝太郎	〃
黒田宇兵衛	〃	清酒醸造	内藤利八	兵庫県神東郡

注.『丹後鉄道株式会社発起人持株名簿』(上野家文書), 1898年12月「日本全国商工人名
隆一編『都道府県別資産家地主総覧［京都編2］』日本図書センター, 1991年), 1901年調
資産録」(渋谷隆一編『都道府県別資産家地主総覧［京都編1］』日本図書センター, 1991

今林仲蔵（宮津）、取締役中村忠兵衛（京都）・三井長右衛門（宮津）・安田仙右衛門（与謝郡岩滝）、監査役今安直蔵（舞鶴）・伊佐喜七（京都）・安田太四郎（大和）という顔触れであった(62)。五〇株以上の所有株主（表14）と一八九五年四月三〇日現在の株主構成（表15）を掲げたが、宮津から一九二人、丹後から三一一人と幅広く株主を組織しているのに加え、丹後鉄道株式会社と同様京都市の縮緬商・呉服商の資本を吸収して成り立っていた。また、与謝郡府中村大字国分の住民二〇人が共同出資して二株購入している事例がみられ、共有株により地域社会そのものが出資者となる方法がとられていた(63)。丹後鉄道株式会社と同じく、地域ぐるみの地域振興策と位置付けられたのである。

表14　日露韓貿易株式会社50株以上所有株主一覧

株主名	地域	株数	業種	所得税(円)	営業税(円)
今林仲蔵	宮津	100	米穀買次商	24.320	17.804
小室信夫	東京	〃			
神鞭知常	〃	〃			
河瀬秀治	〃	〃			
沖利三郎	丹後	〃	白縮緬卸商(京都に店あり)	4.000	45.860
今田佐平治	宮津	80	醬油製造	41.850	36.412
内藤政治郎	京都	70	*西陣織物業	*3.0	*7.0
田中甚三郎	宮津	〃	醬油製造	23.685	39.186
宮城宗七	〃	60			
黒田宇兵衛	〃	55	清酒醸造	8.920	24.106
三上藤兵衛	〃	〃			
三井長右衛門	〃	〃	薬種紙類商	9.680	18.090
岡本武左衛門	〃	50			
増田善兵衛	京都	〃			
安田太七	〃	〃	染呉服卸商	32.910	133.740
西堀清兵衛	〃	〃	染呉服卸商兼縮緬製造	33.314	220.948
村川伝兵衛	〃	〃	*白粉製造・貸金	*19.0	*47.0
中村忠兵衛	〃	〃	丹後縮緬商	93.840	—
井山政之助	〃	〃	*生糸仲買	*16.0	50.0
長島直七	〃	〃			
伊佐喜七	〃	〃	生糸商	18.286	123.920
吉田利三郎	〃	〃			
吉田利助	〃	〃	丹後縮緬兼生糸商	99.586	201.046
高田久七	〃	〃	縮緬羽二重製造・綿糸紡績販売	30.120	185.925
西川幸兵衛	〃	〃	*織物卸	*37.0	*145.0
安田太四郎	奈良	〃			
柴田源七	滋賀	〃			
安田仙右衛門	丹後	〃			
田中源太郎	丹波				

注1．株主名・地域・株数は，日露韓貿易株式会社「第二回第三回考課状」（三上家文書）により作成．

注2．業種・所得税・営業税は，1898年12月「日本全国商工人名録」第2版（渋谷隆一編『都道府県別資産家地主総覧［京都編2］』日本図書センター，1991年）による．なお，*は，1901年調「京都市商工業者資産録」（渋谷隆一編『都道府県別資産家地主総覧［京都編1］』日本図書センター，1991年）による．

同社は一八九三年一〇月六日に開業式を行い営業を開始した(64)。

第二回総選挙後の神鞭知常の選挙区における活動をまとめると、①初期議会で争点となった地租軽減・地価修正問題は、丹後では第二回総選挙を最後に主要な争点ではなくなった、②地価修正運動に代わって登場した、宮津港特別輸出港指定・鉄道敷設・貿易会社設立運動の背後には、資本主義の不均等発展の下で「裏日本」化しつつある地域の人々の焦燥感があった(65)、③丹後の人々にとって、一八九一年五月のシベリア鉄道着工は、こうした現状を打破する絶好の機会と捉えられた(66)、④これらの新たな運動は、未だ港湾整備のシステムが完備していないなかで(67)、国庫補助・地方税補助を求めるのではなく、特別輸出港指定という制度利用と、丹後鉄道・日露韓貿易という株式会社設立による地域の発展を策したもので、いわば地方名望家による自立的発展が目指されていた、⑤丹後鉄道株式会社と日露韓貿易株式会社は地域ぐるみの振興策という公益を付与されており、株式募集もそうした位置付けの下に進められていた、という特徴を指摘できる。神鞭は時には仲介役として、時には主導者としてこれらに関わることで、改めて自らの支持基盤を構築していった。ただし、こうした地域ぐるみの地域振興策は加佐郡を十分に組み込めず、従来からやや疎遠であった同郡との距離は広がっていく。

表15　日露韓貿易株式会社地域別株主・株数

	株主数	株数
宮津	192	1,270
丹後	311	696
丹波	28	274
京都	27	1,038
東京	6	550
大阪	1	10
奈良	1	50
滋賀	4	110
岡山	1	2
計	571	4,000

注．日露韓貿易株式会社「第二回第三回考課状」（三上家文書）により作成．

一八九三年一二月、対外硬派の現行条約励行建議案に対抗して、第二次伊藤博文内閣は二度停会を重ねた末、衆議院を解散した(68)。京都府第六区は、「奥三郡之景況ハ実ニ神鞭氏之独占地トモ可称歟」と述べられているごとく、神鞭の圧倒的優勢であり、全くといってよいほど選挙運動をしないまま圧勝した（表12）。この一八九四年三月一日投票の第三回総選挙は、立憲改進党・立憲革新党・国民協会側が多数を占め、選挙後の五月一二日に召集された第六議会はまたもや解散となった。ところが七月末、重選されると思われた神鞭が候補辞退の意志を表明したのである。一八九三年一〇月一日の大日本協会発足の際に常務員に選ばれた神鞭辞退の報は、対外硬派に動揺を与えた。例えば新潟国権党の大竹貫一は、「対外硬派ハ党派ノ連合ヨリ成リ、此間無所属ノ神鞭氏如キハ其中心トナリ各党ノ結合ヲ維持スルニ力アリ、今ヤ議員ヲ止ムルトスレハ硬派ノ勢力ニ関係スル少カラス」と石原半右衛門に申し送り、神鞭への工作を依頼している。神鞭の同志的存在であった『大阪朝日新聞』編集長高橋健三も、石原を大阪に呼び同様の依頼を行っている。九月一日投票の第四回総選挙では、固辞し続ける神鞭を選び（表12）、与謝・加佐両郡から就任勧告委員三人が東上し説得に当たったが失敗した。この間の事情については、神鞭は「第四回総選挙の際、小名木川綿布会社事業経営の為め自ら当選を辞し」たとされている。(69)(70)(71)(72)(73)

一〇月一〇日の補欠選挙には、石川三良介（与謝郡）と稲葉市郎右衛門（熊野郡）が名乗りを上げるとみられたが、九月一四日に神鞭の当選が失効するや、旧公民会派は加佐郡の上野弥一郎擁立へ向け一斉に動き出した。田中源太郎は、①加佐郡を基本とし与謝・竹野半郡、中郡の一部を取り込めば勝算はある、②吉田三右衛門・山口俊一（天田郡）に丹後への出張を依頼した、③帰京したら西村治兵衛・内貴甚三郎とも諮り、中・竹野郡の縮緬業者に依頼状を発し、与謝郡へは日露韓貿易株式会社取締役である中村忠兵衛から依頼状を送る、④「相当ノ参謀人ヲ其選挙区中ニテ得ル事」が重要である、と戦術を立て上野へ申し送った。『日出新聞』編集長雨森菊太郎も、「新聞モ可成御利益ニ相成候様記シ候積」と約した。京都倉庫会社頭取堀五良兵衛からも、「縮緬商人ヲ利用仕候様之御事有之候ハヽ、御申越被下候ハヽ、少シ位イハ御間ニ合候事モ有之候」と伝えてきている。加佐郡からは、木船衛門・高田久兵衛が与謝・熊野両郡、岩田誼太郎・平野吉左衛門が中郡を巡回し選挙運動に着手した。(74)(75)(76)(77)(78)(79)

結局一〇月三日、与謝郡有志により稲葉・上野間の仲裁が行われたが、その内容は、稲葉を候補とし、熊野郡は将(80)

来において加佐郡の希望に提携するというものであった。[81] 上野自身は、稲葉・上野・石川の鼎立となって石川が漁夫の利を得てはいけないので、「京都政友諸氏ヨリ強テ勧告ヲ受クルニモ拘ハラス、今度ハ稲葉ニ限ル事ニ委員ト協議纏リ候」と、自らの選択について述べている。[82] 一〇月一〇日の投票結果は、稲葉市郎右衛門九四〇票、石川三良介六五票で、稲葉の完勝であった。旧公民会派は当初稲葉に対して、「熊郡ハ自由党之占領地ニ有之候ハヽ、無論同党ニ加入又ハ加入セストモ同提携者ニ可有之」[83] とか、上野が稲葉に譲ったために、「此際自由党拡張之媒ト不相成様致度者ト存候」[84] と懸念を持っていたが、当選後の稲葉は神鞭の政治的代理人として活動していく。[85]

三　土木協会の成立

一八九六年三月一日、立憲改進党・立憲革新党・中国進歩党・大手倶楽部などが合同して、進歩党が誕生した。九月には松隈内閣が成立し、神鞭知常は法制局長官に就任する。[86] 一一月一日、進歩党は同内閣との提携を決議した。本節では、日清戦後の神鞭知常の支持基盤を考える前提として京都府会の動向を検討する。[87] すでに一八九四年一月一四日、自由党京都・山城両支部が合同し京都支部を新たに発足させていたが、[88] 進歩党も九六年四月一六日、尾崎行雄・楠本正隆・鳩山和夫らの遊説員を迎え、京都市内祇園館で進歩党政談演説会を開催し、支部設置に動き出した。[89] しかし事は容易に運ばず、七月一日からの臨時府会を迎えた。翌日の進歩党の集会では改めて、①未だ公然と加盟していない人々は一斉に入党する、②支部設置の前段階として京都市内に通信所を設ける、③近日同志懇親会を開くことを打ち合わせた。[90] しかし、六日の宴会では、「同志集会所幷に公共問題に関する通信部設置の事等を協議」[91] したと報じられており、組織方針に変化が生じている。

その要因の第一は府会論議である。この府会の争点は、一〇年間で三六万九〇〇〇円に上る淀川改良工事費の負担問題であった。京都府が提出した原案は、経費の一〇分の一を直接の利益を受ける町村の特別負担とし、九分は府下全域に地租に応じて分賦するというものであった。これに対し七月六日の府会では、まず山口俊一（天田郡）が、「僅カ一割位ヲ負担ヲサセテソレデ義務ヲ尽シタモノデアルト云フコトニ此場合慣例ヲ作ルト云フコトハ、私共大イニ研究ヲ尽サムナラヌコト、思ヒマス」(92)と述べ、原案反対を表明した。次いで犬石藤七（船井郡）から、特別負担の割合を一〇分の三まで引き上げるよう求める修正案が提出され、丹波・丹後選出の府会議員は相次いで賛意を示した。他方奥繁三郎（綴喜郡）は、「河川法ニ於テ沿岸特別ノ負担ト云フノハ、番外ノ説明シタ通リ是ハ一ノ例外法デアル、当リ前正面的是ハ一般ニ均一ニ負担スルト云フコトガ法律ノ正面的ノ解釈デアル」(93)と、原案維持を強く主張した。その後、淀川改良工事推進派の人々は一斉に退場し、同日の府会郡部会は流会となった。「治水派」と「両丹派」(94)との確執が明らかとなったのである。「治水派」の中心となり淀川改修工事実現のために奔走していたのが、奥をはじめとする自由党であった。

元来、政費節減・民力休養を主張していた自由党が、淀川改修など治水問題で積極論に転じたのは一八九三年であった。(95)治水期成同盟会を母体とする淀川改修運動は、日清戦後の第九議会（一八九五年一二月二五日召集）へ向け活発化し、折からの伊藤博文内閣と自由党との提携を利用して、その実現を約束させるのに成功した。内務省が河川行政の中央集権化のために目論んだ河川法とのセットであったとはいえ、(96)政党を経由した淀川改修という地方公共事業への国庫補助獲得は、自由党の地方組織化に多大な影響を与える。すでに第九議会で淀川改修が論議されていた最中から、「淀川沿岸の有力者数百名が相ついで自由党に入党し」ていた。(97)京都府ではさらに、第九議会閉会後の一八九六年四月五日に開かれた久世・紀伊・乙訓・綴喜・相楽・葛野各郡水利委員の集会で、自由党の安田益太郎代議士が第九議会での自由党の活動を報告するなど、[98]山城地域への浸透が図られ、同年七月の臨時府会後には、新たに七〇〇名前後の党員を得るのに成功したのである。[99]逆に、丹波・丹後の「両丹派」においては非自由派の傾向が強まる結果となった。

二つ目は、依然として政党加盟への逡巡が幅広く存在し、進歩党への組織化が十分進展しなかったことである。例えば、綴喜・相楽二郡の非自由派は、「一の社交倶楽部を組織して其団体より一町村毎に一名づゝの代表者を定め籍を進歩党に掲げしむることと」していたし、丹後各郡の府会議員と京都市内六盛・北西両会の有志の場合は、「公然同党に加盟せざるも其主義を賛し運動を共にするの意向」[100]と報じられていた。

以後進歩党員を中心とする非自由派は、一方で進歩党京都通信所の設立を目指すとともに、「公共問題に関する通信部」を設ける方向で動いていく。前者は八月初めに設置の運びとなり、[101]後者はその後土木協会へと結実する。土木協会名の初見は、七月二二日の上野弥一郎宛進歩党通信部書簡であるが、八月三〇日から九月七日にかけて京都府下を襲った暴風雨による大被害の復旧策を協議するなかで、より具体化されていく。一〇月六日、進歩党代議士石原半右衛門・喜多川孝経[102]ら三〇余名の参加で開かれた集会は、以下の五項目を決議した。

第一　水害善後策は党派の異同を問はず一団となりて計画すべき事なれば、府下の有志一団となり当日の来会者発起となりて土木協会を設立する事

第二　土木協会の設立に付ては各団体各党派に交渉を試み、其賛成を得て発起会を開く事とし、其委員に西川義延、石原半右衛門、井上与一郎、[103]山口俊一、古川七三、喜多川孝経、上野弥一郎の諸氏を撰定したり、但し上野氏は不参に付追て其諸否を確かむる事

第三　交渉の結果各団体の発起委員定まる時は、更らに日を期し成立会議を開く事

第四　当日来会員は申合せ、石原代議士を有志総代として府下水害急施工事費の国庫補助を請ふ為、府知事の後援として其筋に対し運動する事

第五　（略）[104]

土木協会は、進歩党員を発起者として創立が目論まれたが、「府下の土木工事を党派問題と為すの弊を矯め、地方問題として公平に処理する方法を講」[105]じようという趣旨を掲げた団体であった。従って自由党京都支部へも参加を交渉したが、一〇月二三日に拒否する旨の回答がなされた。[106]地方公共事業と政党の関係について、自由党は党勢拡張に位置付けて捉え、土木事業実現の鍵を握る府会の郡部常置委員についても、一八九四年三月の改選以降、一時期を除きほぼ継続して多数を制し続けていた。[107]これに対し土木協会は、地方公共事業を党派間の政争の埒外に置こうとし、自由党と厳しく対立する。なかでも神鞭派は、政党は国政レベルの問題で争うべきであり、地方問題で立場を左右されるべきでないとの考えを強めていく。また土木協会は、資本主義化の進展により「裏日本」化しつつある地域を主体とする会派でもあった。[108]

一二月一一日、府下一八郡中、愛宕・葛野・久世・綴喜・南桑田・船井・天田・加佐・与謝・中・竹野・熊野の一二郡から、一四〇余名を集めて土木協会発会式が挙行された。丹後の神鞭派、石原半右衛門（船井郡）・井上与一郎（葛野郡）・山口俊一（天田郡）を中心とする進歩党、京都財界＝茶話会派に太いパイプを持つ加佐・南桑田郡を中心とする旧公民会派の、連合体の誕生である。当日までの入会者は二五〇〇余名に達したが、[109]これは翌年の四月時点の府下進歩党員数四九四名の約五倍である。[110]進歩党の看板を掲げず、土木事業などの公共事業の公平な取扱いを正面に据えた非自由派の組織化は、一先ず大きな成功を収めた。恐らく石原半右衛門・井上与一郎・上野弥一郎によって作成されたと思われる[111]京都府土木協会規約案は、次のように規定している。

第一条　本会は京都府土木協会と称し、府下全管の公共土木事業の発達を計り、之れが完成を期するを以て目的
とす
第二条　本会々員は府下在住の有志者を以て組織す、但入会せん（と欠）する者は幹事の認諾を経、退会せんとする者は
幹事へ申出べし

表16　京都府下郡別府会議員名一覧

	1896年2月18日半数改選		1898年2月15日半数改選	
郡名	府会議員名	会派	府会議員名	会派
葛野	井上与一郎	非自由党	日下部大助	進歩党
	大八木良民	非自由党		
乙訓	多貝虎太郎	自由党	川崎安之助	自由党
愛宕	松室重愛	中立派	藤木林種	准自由党
紀伊	奥田清兵衛	自由党	田中祐四郎	自由党
			築山三郎兵衛	自由党
宇治	中村敏夫	自由党	山本佐兵衛	自由党
久世	服部芳太郎	自由党	井上豹太郎	自由党
綴喜	宮本弥次郎	自由党	浮田長三郎	自由党
			伊東誠太郎	自由党
相楽	吉岡武平治	自由党	吉田藤左衛門	自由党
	西村直三郎	自由党		
南桑田	関　枢	非自由党	田中数之助	土木協会
	斎藤弥兵衛	非自由党		
北桑田	野尻岩次郎	自由党	梶谷覚二郎	自由党
船井	犬石藤七	非自由党	明田吉五郎	自由党
			薗田弘三	無所属
何鹿	羽室嘉右衛門	自由党	猪間一夫	自由党
	片岡健之助	自由党		
天田	塩見清三郎	非自由党	山口俊一	進歩党
			衣川孫右衛門	進歩党
加佐	上野修吉	非自由党	上野弥一郎	土木協会
	木船衛門	非自由党		
与謝	宮崎六左衛門	非自由党	江原徳右衛門	無所属
			砂野米蔵	無所属
中	滝野平左衛門	非自由党	滝野平兵衛	土木協会
竹野	永島米治	非自由党	坪倉重和	土木協会
熊野	山本三四郎	非自由党	奥田新之丞	土木協会

注1.『日出新聞』1896年2月20日，同1898年2月17日により作成.

注2. 京都府は，1899年7月1日改正府県制が施行されるまで府県制は施行されておらず，府会議員は2年ごとの半数改選であった.

注3. 1898年の進歩党所属府会議員は土木協会にも属している. 無所属の内，砂野米蔵・江原徳右衛門（与謝郡）は，憲政本党成立直後入党している.

第三条　本会の事業を左の諸項に分つ
第一　国費地方費及び地方費補助に属する事業に対して利害得失を研究し之れが実行を謀ること
第二　前項の事項に対して府庁へ陳情する事
第三　天災地変の為め非常の土木費を要する事ある時は之れが救済方法に尽力すること
（第四〜九条略）[112]

発会式当日選出された幹事は、井上与一郎（葛野郡）・喜多川孝経（綴喜郡）・西川義延（綴喜郡）・石原半右衛門（船井郡）・山口俊一（天田郡）・上野弥一郎（加佐郡）・稲葉市郎右衛門（熊野郡）の七名であった。[113]

表16に一八九六年二月と九八年二月の府会議員半数改選の結果を示したが、後者の選挙後における各会派所属の議員数は、自由党二一・準自由党二・進歩党七・土木協会一三・無所属三という構成である。[114]進歩党員は土木協会にも属していて、無所属の内与謝郡の両名は土木協会に近く、自由党・土木協会はまさに拮抗していたのである。

四　丹後倶楽部の設立とその機能

京都府下で土木協会創立の動きが進むのと並行して、この企てに加わっていた丹後選出府会議員らは、「公共的事件ニ就キ同一ノ針路ヲ取ル」[115]ための組織として、丹後倶楽部を発足させる。結成の模様を丹後倶楽部通信所「報告第壱号」[116]は次のように報じた。

報告第壱号
本月廿六日宮津町荒木別荘ニ於テ丹後倶楽部発起会ヲ開ク、出席者拾参名ニシテ本倶楽部約束ヲ議定シ、尋テ各郡委員ハ便宜上現任府会議員タル人ヲ以テ之ニ充ツルコトニ決シ、委員ニ於テ専務委員ヲ選挙シタルニ稲葉市郎右衛門当撰ス、而シテ本倶楽部ニ於テ左ノ決議ヲ為シタリ

一政党ニハ当分加盟セサル事

又当日委員ニ於テ評決シタル事項ハ左ノ通

一部員ハ可成其人ヲ択ムヘシ、只多数ヲ募ルヲ主トセサル事

一定期会場ハ可成前会ニ於テ定メ置ク事

一廿九年十月ノ定期会ハ宮津町ニ於テ開ク事

一部員ハ本年九月廿日マテニ募リ各郡委員ヨリ専務委員ニ報告スル事

右報告候也

明治廿九年八月

丹後倶楽部通信所

すでに臨時府会のため京都に集まった府会議員に対して、進歩党加盟の働きかけが行われていたが、前述したように丹後選出府会議員は「公然同党に加盟せざるも其主義を賛し運動を共にする」態度であった。それが丹後倶楽部発会式で確認されたのである。その理由としては、第一に、丹後が「従来自由党の足を踏み入るゝこと能はざる地区」[117]であったことが指摘できる。第二に、八月一日付の発会通知は、代議士稲葉市郎右衛門（熊野郡）、神鞭系の寺田惣右衛門（中郡）・佐久間丑雄（与謝郡）、旧公民会派の上野弥一郎（加佐郡）・永島米治（竹野郡）の連名で送付されている。[118]つまり、進歩党に近い立場にありながらついに入党しなかった神鞭の政治行動と、[119]依然として政党への参加をためらう加佐郡を中心とした旧公民会派の人々の思惑が一致したことが考えられる。

以後丹後倶楽部は、次の三つの機能を果たしていく。第一は、「上野弥一郎君ハ府下土木ニ関シ注意ヲ要スル件ヲ

述へ、且各郡目下ノ施工ニ関シ幷ニ次年度ニ係ル希望等ニ就キ、部員ノ談話ヲ促セリ」、「春日和助君ハ地方税補助工事申請ニ対スル指令ノ遷延シ、施工上迷惑尠カラサル景況ヲ述へ、之レカ改善ヲ希望セリ」(120)とあるように、希望する地方税補助工事の集約・府庁への要請・府会での実現・施工中の土木工区監督署との折衝と、地方税補助土木工事の予算化から工事施工に至るまでの全過程を取り扱い調整する機能である。

第二は、宮津港商港化に向けて運動団体を設けるよう宮津町有志者に勧告し、さらに利害の対立する舞鶴町との交渉を行おうとするなど(121)、帝国議会への請願を必要とする問題を検討し、地域内部の利害調整を行う機能である。

第三は、第一・第二の機能を通じて地域利害をめぐる対立を倶楽部内部に封印した上で、衆議院議員の予選を行う機能である。一八九八年三月一五日の第五回総選挙が丹後倶楽部発足後最初の総選挙であったが、同年三月五日の臨時談会において次のように予選を実施している。

衆議院議員候補者決定ノ件ニ付、奥田新之丞君永島米治君寺田総(惣)右衛門君稲葉市郎右衛門君等、神鞭知常君ヲ推選スルノ発言ヲ為シ、田中忠右エ門君ハ加佐郡ノ意向如何ヲ聞キタキ旨ヲ述フ、宮崎六左エ門君ハ本件ニ関シ頃日加佐郡ニ打合ノ為メ出張シタル一人ナリトテ、加佐郡有志者モ会合協議ノ上神鞭知常君ヲ推スノ決定シタル旨確答アリタル事ヲ述ヘタリ、茲ニ於テ満場一致神鞭知常君ヲ第六撰挙区衆議院議員ノ候補者ニ決定セリ(122)

第五回総選挙は、対立候補も全く出ず神鞭が八二三票を得て当選した（表17）。神鞭は丹後倶楽部という予選組織を通じ、政界復帰の意志を表明したのみで一切の運動を要せずして返り咲いたのである。

しかし、第五回総選挙後の第一二特別議会に第三次伊藤博文内閣が提出した地租増徴案が衆議院で否決され、六月一〇日またもや解散総選挙となった。六月二二日、自由・進歩両党は合同し憲政党を結成、二五日伊藤内閣は総辞職した。こうして六月三〇日、初の政党内閣である第一次大隈重信内閣が成立するが、憲政党に入党した神鞭は大隈内

表17　京都府郡部衆議院総選挙選挙区別得票数（2）

選挙区	第5回（1898年3月15日）			第6回（1898年8月10日）		
第3区(定数1)	江崎権兵衛	自由党	1,305	小松喜平治	憲政本党	1,257
				江崎権兵衛	憲政党	41
第4区(定数1)	奥繁三郎	自由党	1,358	喜多川孝経	憲政本党	726
	喜多川孝経	進歩党	268	奥繁三郎	憲政党	600
第5区(定数2)	石原半右衛門	進歩党	1,140	石原半右衛門	憲政本党	1,946
	山口俊一	進歩党	1,129	野尻岩次郎	憲政党	1,900
	野尻岩次郎	自由党	1,000	山口俊一	憲政本党	87
	羽室嘉右衛門	自由党	975	羽室嘉右衛門	憲政党	40
第6区(定数1)	神鞭知常	准進歩党	823	神鞭知常	憲政本党	670
				上野弥一郎	准憲政本党	264

注1. 京都府立総合資料館編『京都府百年の資料』1政治行政編（1972年）により作成.
注2. 第6回総選挙の所属党派は，憲政党分裂直後の所属党派名を記した.

閣の下で二度目の法制局長官に就任した。七月一七日、第五回総選挙の時と同じく丹後倶楽部は候補者予選を行ったが、その模様は次のように報じられている。

報告第六号
明治三十一年七月十七日宮津町風月楼ニ於テ臨時談会ヲ開ク、出席者二十名、其談話評定ノ概要左ノ如シ
廿九年八月本倶楽部ニテ決議セシ「政党ニハ当分加盟セザル事」トノ件ハ、目下存廃ヲ決スルノ要アリトシ、先ツ談話ヲ開キシニ、幾種ノ議論アリタル末、曩ノ決議ハ取消スコトト決セリ
次ニ本年八月総選挙衆議院議員候補者撰定ノ協議ニ移ル、会員中自己ノ参考ノ為、前代議士神鞭知常氏ノ意思ヲ質シタルニ、其回電ハ再撰企望ノ意ナリシ旨ヲ会場ノ参考ニ提出セリ、専務委員ハ他ニ異説ナキニ依リ、先ツ神鞭氏ニ対シ可否ノ投票ヲ試ンコトヲ諮リシニ、神鞭氏ニ対スル大勢ハ已ニ明ナリ、投票ヲ要セズ、本件ノ協議ヲ了ルベシトノ説ニ決セリ
（以下略）(123)

憲政党への神鞭入党を踏まえて、「政党加盟見合せ」の決議を廃した上で、投票をしないまま神鞭を候補に予選したのである。

ところが、神鞭の法制局長官への就官は、選挙区において、「神鞭氏ハ官海之有福者ニなられ候ニ付、其（総選挙の―筆者）候補者を求めさるべからざる議と相成候」[124]、「神鞭氏法制局長官トナリ大ニ地方人民ノ属望ヲ薄カラシムル」[125]といった反応を引き起こし、長い間「土着人」の擁立を追求してきた加佐郡で、再び上野弥一郎を推す動きを生じさせた。かねてからの宮津と舞鶴の利害対立を背景として、加佐郡に「神鞭君ノ撰挙区民へ対スル疎遠ノ義」[126]を問題とする空気が存在したのである。

加佐郡は初めて本格的な選挙戦に乗り出し、敢えて神鞭への対抗策をとるが、第六回総選挙では他郡を取り込むまでに至らなかった。その要因としては第一に、神鞭が第二回総選挙後から続けてきた地域ぐるみの地域振興策の壁である。峰山町の寺田惣右衛門は、自らが「少壮ヨリ上野氏之薫陶ヲ受ケ情ニ於テハ父兄モ等シ」いにもかかわらず、上野推薦を断った理由として、「已ニ四郡（与謝・中・竹野・熊野―筆者）ハ鉄道事業等ニ於テ神鞭氏之力ヲ得ツヽ、在ルコト多ニナルニ、目今俄ニ反対スルガ如キコトハ不徳義ト事業上ナスヲ得サルコト」を挙げている[127]。加佐郡の動きを察知した神鞭はこの点を踏まえ、丹後鉄道株式会社社長寺師宗徳を通じて加佐郡の重立に向け神鞭再選を強く要請するとともに、寺師本人を来丹させている[128]。第二は、丹後倶楽部という名望家予選組織の壁である。公共事件での地域対立を調整し封印するために丹後五郡が一致して組織した団体の決定を無視すれば、そこに加わっている名望家層に様々な反発を呼び起こす。例えば中郡の滝野平兵衛は選挙後、丹後倶楽部で神鞭再選と決まったにもかかわらず、神鞭の後釜に擬せられている上野が運動を起こしたことは「丹後ノ意向ヲ攪乱」するとして警告を発している[129]。

八月一〇日の投票結果は、神鞭知常六七〇票、上野弥一郎二六四票で神鞭の勝利であった（表17）。第六回総選挙における府下郡部の当選者は、野尻岩次郎を除いた四人が憲政党分裂後憲政本党に所属する、神鞭系と称してよい人々である。民党合同は京都府では自由党に厳しく神鞭には有利に作用した。

おわりに

本章で明らかにしたことを以下にまとめておきたい。

第一は、二度の特別地価修正を政治的資産として第一回総選挙で小室信夫を破った神鞭は、帝国議会開設後一転して地価修正に消極的となり、民力休養論とは一線を画したことである。

第二は、地価修正に代わって神鞭が国政において主張したのは、海関税法案の実現・内地雑居尚早論であったが、選挙区では第二回総選挙後、宮津港特別輸出港指定・鉄道敷設・貿易会社設立の運動を支援し、時には主導していったことである。鉄道会社や貿易会社の設立には、丹後及び京都市の縮緬関係者が多数参加しており、その背景には、資本主義化の進展により「裏日本」化しつつあった丹後地域の焦慮と、シベリア鉄道起工を状況転換の機として利用したいという強い期待があった。また、丹後鉄道株式会社と日露韓貿易株式会社の設立は地域ぐるみの地域振興策として公益を付与され、丹後地域の地方名望家は株式への投資を促された。この結果、両社の設立を主導した神鞭知常は、加佐郡では十分でなかったものの、丹後地域に強固な支持基盤を形成することになったのである。

第三は、伊藤博文内閣と自由党の提携を利用して、淀川改修工事への国庫補助獲得を機に、山城地域へ自由党勢力が浸透するにつれて、丹波・丹後地域は非自由派の傾向を強めたことである。非自由派は府政界で自由党に対抗するために、進歩党、丹後の神鞭派、京都財界＝茶話会派に太いパイプを持つ旧公民会派が連合を組み、土木協会を結成する。土木協会の名称は、府下の土木事業を党勢拡張に位置付けて捉える自由党の主張と行動を嫌い、党派間の政争の埒外に置いて公平に処理するとの趣旨を掲げたことに由来する。府会における自由党と土木協会の勢力は拮抗していた。いずれが府会多数派を得て、京都府土木行政に強い影響力を行使する常置委員を握るのか、熾烈な争いを繰り広げたのである。

第四は、京都府での土木協会創立へ向けた動きに合わせて、丹後選出府会議員を中心に丹後倶楽部が発足したことである。丹後倶楽部は土木協会のミニチュアであり、地方税補助土木事業の予算化から竣工に至るまでを仕切り、地域利害対立を倶楽部内部に封印する調整機関であった。他方で丹後倶楽部は、発足時に当分政党に加盟しない旨を申し合わせた上で、衆議院議員の予選組織としての機能をも果たす。神鞭知常は丹後倶楽部の予選により、第五・六回総選挙においてほとんど選挙運動をせずして再選されたのである。

しかし、憲政党の成立とその分裂は、自由党と土木協会の対峙する京都府政界の構図と、土木協会の丹後版として有効に機能していた丹後倶楽部の存立基盤を、一気に突き崩していく（次章参照）。

注

（1）橋本五雄編『謝海言行録』（秀英舎、一九〇九年、一九八八年に大空社より復刊）二八八頁。
（2）同右書二九一頁。
（3）神鞭知常の経歴は同右書所収の「神鞭先生伝」による。
（4）小名木川綿布会社設立の経緯及び同社と神鞭知常との関係については、同右書中の「二七村田一郎氏談」、末永國紀「小名木川綿布会社への投資」（丁吟史研究会編『変革期の商人資本―近江商人丁吟の研究―』吉川弘文館、一九八四年）に詳しい。
（5）吉野俊彦『忘れられた元日銀総裁―富田鉄之助伝―』（東洋経済新報社、一九七四年）。「水力組」成立の経緯と神鞭知常の位置については、筒井正夫『巨大企業と地域社会―富士紡績会社と静岡県小山町―』（日本経済評論社、二〇一六年）第一章に詳しい。
（6）橋本五雄編前掲書一四〇頁。
（7）西田長寿『大島貞益』（実業之日本社、一九四五年）四三頁。神鞭以外に発起人に名を連ねたのは、富田鉄之助・大島貞益・谷干城・野沢雞一・陸実・寺師宗徳・佐々友房・柴四朗らである。

(8) 橋本五雄編前掲書一三九頁。
(9) 『国家経済会報告』第一八回(一八九二年八月)九九頁。
(10) 神鞭知常・富田鉄之助・大島貞益らが特に重視したのは棉花保護である。神鞭は一八九三年一二月一九日に国家経済会・大日本農会などによって設立された棉作奨励会の会幹に就任している(『国家経済会報告』第二九・三〇回、一八九三年一二月・九四年二月、西田長寿前掲書五二~五三頁)。
(11) 下京区。府会議員を経て、第五・六・八回総選挙で当選。京都市政にも関与した。京都公民会幹事。日出新聞社調査課長・主幹・副社長・社長を歴任。
(12) 『国家経済会報告』第二〇・二一回(一八九二年一一月・一八九三年二月)。
(13) 同右第二二回。
(14) 橋本五雄編前掲書中の「二三松方正義侯談」では、神鞭は第二次松方内閣の法制局長官を辞めた後、一年ほど松方へ顔を見せなかったが、その後「田中源太郎を頼んで色々言って寄越したことがある」と述べられている(一五七頁)。
(15) 同右書中の「四一大竹貫一氏外六氏談」二三七頁。これに類した記述は、同書中の「三四報知新聞記」にもみえる。
(16) 酒田正敏『近代日本における対外硬運動の研究』(東京大学出版会、一九七八年)九二~九八頁、小山文雄『陸羯南――「国民」の創出――』(みすず書房、一九九〇年)一六九・一八五~一九〇頁参照。
(17) 吉野俊彦前掲書一九五頁。
(18) 一八九八年の地租増徴案否決から解散総選挙となる直前の六月八日陸羯南宛神鞭知常書簡には、以下のように認められている。
拝啓、高橋兄熱況掛念之至ニ御座候、昨日議院之模様ハ新紙ニて御知悉被下候事と奉存候、明後日ハ必す十二八九八増租案否決、随テ解散ニ可有之、就て一日も早く彼ノ対外同志政綱取極申度、富田氏ニも相談之末、彼文ニて十分ニ候間、明後十日議会退出掛ニ委員会相開候事ニいたし度候間、左様御了知被下度候(以下略)(西田長寿・植手通有・坂井雄吉編『陸羯南全集』第一〇巻、みすず書房、一九八五年、一二七頁)。
(19) 代表的なものに、酒田正敏前掲書、坂井雄吉「近衛篤麿と明治三十年代の対外硬派――『近衛篤麿日記』によせて――」(『国家学会雑誌』八三―三・四、一九七〇年)がある。なお日露戦後の対外硬派については、宮地正人『日露戦後政治史の研究――帝国主義形成期の都市と農村――』(東京大学出版会、一九七三年)第三章で検討が加えられている。

(20) 対外硬派の経済論を扱ったものとして、米谷尚子「現行条約励行をめぐる国民協会の実業派と国権派―初期議会の対外硬派に関する一考察―」(『史学雑誌』八六―七、一九七七年)がある。同論文は、国民協会内の「実業派」と「国権派」を析出し、両者の力関係の変化から国民協会の党としての対外硬運動への参加を解こうとした。しかし、酒田正敏も言うように、国民協会内「国権派」にも経済論があり(『史学雑誌』八七―五、一九七八年、一七〇頁)、両派の経済論の異同を明らかにする必要がある。

(21) 今西一『近代日本成立期の民衆運動』(柏書房、一九九一年)第三章。

(22) 小室自身がこの構想を了解していたのかについては不明である。

(23) 今西一前掲書一一五頁。

(24) 同右書七八~七九頁。

(25) 京都府立京都学・歴彩館蔵行待家文書二三四「特別地価修正請願書草案他一件綴」中に、同請願書の草案がある。

(26) 二月の二度目の丹後五郡会議以降の経過については、行待家文書前掲二三四による。

(27) 今西一前掲書八四頁。

(28) 行待家文書前掲二三四所収。

(29) 同右。

(30) 同右所収。京都府立丹後郷土資料館蔵永島家文書にも同じ請願書がある。

(31) 行待家文書前掲二三四による。

(32) 『日出新聞』一八九二年二月二一日によれば、石川派は勝利の暁には「民党大懇親会」を開催する予定であった。

(33) 行待家文書前掲二三四所収。

(34) 『帝国議会衆議院議事速記録』三第二回議会、一六八頁。

(35) 『帝国議会衆議院議事速記録』四第三回議会、一九七頁。同案第八条には戻税規定が盛り込まれていたが、その理由について神鞭は次のように述べている。

全体此工業ノ原料トナリマスモノハ若シ国情ガ許シマスルナレバ、固ヨリ輸入税ハ課シタクナイコトデゴザイマスルコトハ発案者皆希望シテ居ルデゴザイマスル、併ナガラ此輸入ノ原料―工業ノ原料品トナリマスルモノハ、多ク農産物ニ係リマスル、其農産物ヤ日本デ産出シマスルニハ悲イカナ各位先日来御骨折ニナッテ居リマスル通地租ガ高ウゴザイマスデ、若シ之ヲ工業発達一方ニ力ヲ用ヰマシテ税ヲ課セヌ様ニ致シマシタナラバ、内地農業者ノ大ナル妨ケニナル恐レガゴザリマスル故ニ已ムヲ得マセヌ、輸入シマスル工業ノ原料物ニ課税シテアル訳デゴザイマスル（同前書二〇三頁）。神鞭らの産業保護論は農工並進論という特徴があり、一八九八年末に神鞭が非増租論に与していく伏線ともなる。従って神鞭らは、自ら綿糸紡績業の経営を行っているにもかかわらず、綿糸輸出税廃止には賛成したが、綿花輸入税廃止には綿花製品戻税法案を対置した（『国家経済会報告』第二五・四〇回、一八九二年六月・九五年四月）。

(36) 『日出新聞』一八九二年二月二一日。同記事は、石川派は当初六八〇票を見込んでいたが、丹後五郡の内、与謝・熊野両郡は神鞭六分石川四分、中・竹野両郡は神鞭八分石川二分、公民会派が神鞭支持に動いた加佐郡は全郡神鞭に回り、石川は敗北したと伝えている。

(37) 以下第四議会へ向けた運動は、行待家文書二三五「地価修正ニ付一件綴」による。

(38) 豊岡県は、一八七六年八月二一日、丹後全国と丹波国天田郡が京都府に、その他が兵庫県へ移管となった。豊岡県での地租改正については、今西一前掲書第一篇第一章、『豊岡市史』下巻（一九八七年）第一編第四章第一節参照。また、第一議会の際の但馬国での地価修正運動については、『豊岡市史』下巻一七八頁で簡単に触れられている。

(39) 竹野郡溝谷村。一八八二年府会議員当選。京都公民会員、立憲政友会所属。

(40) 行待家文書前掲二三五所収。以下に全文を掲げる。

地価修正旧豊岡県十六郡同盟規約

第壱条　地価修正按実施ニ対スル準備ヲ以テ目的トス

第弐条　同盟各郡ハ委員二名若シクハ三名ヲ置ク

但シ一名ノ通信員ヲ置クコト

第三条　同盟十六郡ニ理由書調査委員七名ヲ置キ通信及出納委員一名ヲ互撰スルコト

但シ但馬三人丹後弐人丹波弐人トシ各国限リ撰定ス

第四条　通信員ハ臨時各郡委員会ヲ開ク事ヲ得

第五条　理由書調査法ハ便宜上一定ノ方針ヲ以テ各国限リ之ヲ為ス事

第六条　経費ハ全体ノ通信費及雑費ハ共通経済トシ其以外ハ各郡限リトス

(41) 丹後の海運業については、真下八雄「丹後の回船業」(中嶋利雄・原田久美子編『丹後に生きる—京都の人びと—』三省堂、一九八七年)参照。
(42) 宮津市蔵『商港に関する書類』。
(43) 『国家経済会報告』第二二回(一八九三年二月)。白梠は、天橋義塾社員・立憲政党員でもあった(中嶋利雄編集代表『資料天橋義塾』下巻、宮津市教育委員会・宮津市文化財保護委員会、一九七九年、五七頁)。
(44) 『法令全書』第二三巻ノ一。
(45) 一八九二年九月「宮津港ヲ特別輸出港トスルノ議」(前掲『商港に関する書類』所収)。
(46) 『日出新聞』一八九二年一〇月二八日。石黒涵一郎『舞鶴鉄道及港湾』(一八九二年一一月、上野家文書一八三三九)は、「因伯人士中ハ境港ヲ朝鮮貿易場ト為サント唱フル者アリ、宮津人士中ニハ同港ヲ特別輸出港ト為ントスル者アリ、舞鶴人士ニ至テハ舞鶴港ノ為メニ何等ノ目的ヲ以テ運動シツヽアルカ」と、危機感を煽っている。同書はまた、「西比利亜鉄道布設ノ成ルアラバ、欧州ノ各首府ヨリ魯都ヲ経テ浦塩斯徳港ニ達」すると、期待を述べている。
(47) 前掲『商港に関する書類』。
(48) 「宮津港法案幷参考書」(宮津市蔵『宮津商港及鉄道速成一件宮津福知山間鉄道急設請願』所収)。
(49) 『帝国議会衆議院議事速記録』六第四回議会下、一〇一六頁。法律案は以下の通り。

明治二十六年四月一日ヨリ京都府丹後国宮津港ニ於テ露領浦潮斯徳及朝鮮国貿易ニ関スル帝国臣民所有ノ船舶ノ出入及貨物ノ積卸ヲ許ス

但該貿易ニ関スル手続ハ明治十六年十二月布告第四十号ニ依ルヘシ

(50) 前掲『宮津商港及鉄道速成一件宮津福知山間鉄道急設請願』所収。
(51) 『法令全書』第二六巻ノ一、法律第一三号。
(52) 前掲の肝付兼行の演説の一節。
(53) 佐久間丑雄は、神鞭知常の下で『国家経済会報告』第二二回(一八九三年二月)から第三五回(一八九四年八月)まで、編集兼発行人を務め、後には神鞭らと共に『丹後新報』を発刊した、神鞭直系の人物である。
(54) 住友吉左衛門ほか五六名から黒田清隆逓信大臣に「阪鶴鉄道株式会社設立及鉄道布設願」が出されたのは、やや遅れて一八九三年八月五日である。

(55) 京都鉄道株式会社については、老川慶喜『明治期地方鉄道史研究』(日本経済評論社、一九八三年)第Ⅰ章による。なお、京鶴線が一八九二年の鉄道敷設法で第一期予定線となったため、官設と考えていた加佐郡では私設会社の発足に驚き、秋田道貫・上野修吉ほか二五〇名連署による「京鶴鉄道ノ儀ニ付願」を一八九三年九月一三日に黒田清隆逓信大臣へ提出した(上野家文書)。以後鉄道敷設運動についても、加佐郡と与謝・中・竹野・熊野四郡はズレをみせていく。

(56)『日出新聞』一八九六年一月二三日。

(57) 京都府京丹後市蔵稲葉家文書B四〇―二九五「[一八九六年五月二四日稲葉市郎右衛門宛寺師宗徳書簡]」、久美浜町史編纂委員会編『久美浜町史』資料編(二〇〇四年)近代四〇番資料。その後の株式割付については、稲葉家文書B四〇―二〇五「四郡割ニ係ル鉄道費」参照。

(58) 稲葉家文書B四〇―四二一「決議書類」、久美浜町史編纂委員会編同右書、近代四二番史料。

(59) 小室信夫は一八九一年貴族院勅選議員となっている。

(60) 上野家文書一八九六年一一月上野弥一郎宛丹後鉄道株式会社創立委員長寺師宗徳「丹後鉄道株式会社創業総会開催通知」。橋本五雄編前掲書中の「四〇寺師宗徳氏談」が、この間の事情に触れている。

(61)「外国貿易ニ関スル歴史」(前掲『宮津商港及鉄道速成一件宮津福知山間鉄道急設請願』)。

(62) 京都府立丹後郷土資料館蔵三上家文書D一c経営(海運)四〇八「第二回第三回考課状」。

(63) 宮津市史編さん委員会編『宮津市史』史料編第四巻(宮津市役所、二〇〇一年)四六〇番史料、同『宮津市史』通史編下巻(宮津市役所、二〇〇四年)八〇五～八〇六頁。

(64) 永島家文書D―六―五二九「日露韓貿易株式会社書類綴」中の、一八九三年九月二五日永島勝治宛日露韓貿易株式会社通知。

(65) 阿部恒久「裏日本の形成についての覚書」(『史観』九五、一九七七年)は、人口動態の検討から「裏日本」の形成始期を一八八七年前後にみている。また、「裏日本と国民自由党」の節を立て、「裏日本」の形成とナショナリズム政党の関係を指摘しており示唆に富む。「裏日本」化及び国民自由党については、『新潟県史』通史編七近代二(一九八八年)七～九・四六～四八頁参照。「裏日本」化全般に関しては、阿部恒久『「裏日本」はいかにつくられたか』(日本経済評論社、一九九七年)参照。

(66) 米谷尚子前掲論文は、大岡育造ら国民協会内「実業派」も、「ロシアのアジア進出の現われともいえるシベリア鉄道の完成さえ、西欧との距離が近くなるという意味で日本の貿易にとってプラスであ」ると認識していたことを指摘している（八三頁）。新潟国権党の鵜飼郁次郎も、一八九二年一月二二日の会合で、「浦塩斯徳ノ直航」問題を取り上げている（阿部恒久『近代日本地方政党史論―「裏日本」化の中の新潟県政党運動―』芙蓉書房出版、一九九六年、一〇七頁）。新潟国権党の動向については、前掲『新潟県史』通史編七近代二、四八～五四頁参照。国民協会内「実業派」・新潟国権党・神鞭知常と、いずれも対外硬派である点が興味深い。ただ、国民協会内「実業派」を神鞭ら国家経済会グループと比べると、「富の多寡」で国の実力が決まると考える点では共通しているが、原料は安価な海外から輸入すべきであるとの主張は、農工並進論から輸入下戻税方式を説く神鞭らと対立する。

(67)　港湾政策の展開にも触れながら港湾整備と政党による地域基盤の育成の関係を論じたものに、内海孝「政党による地域利害の掌握過程―寺泊築港問題を中心に―」（鹿野政直・由井正臣編『近代日本の統合と抵抗』二、日本評論社、一九八二年）がある。

(68)　上野家文書「一八九四年一月三〇日上野弥一郎宛寺田惣右衛門書簡」。

(69)　酒田正敏前掲書四八～四九頁。

(70)　上野家文書「一八九四年八月一八日上野弥一郎宛石原半右衛門書簡」。なお、大竹貫一ら新潟国権派は、日清戦後の進歩党結成に際し同党に合流していく。

(71)　同右。

(72)　上野家文書「一八九四年九月一八日上野弥一郎宛木船衛門書簡」。

(73)　橋本五雄編前掲書二六頁。上野家文書「一八九四年八月二二日上野弥一郎宛寺田惣右衛門書簡」では、峰山町を来訪した神鞭の代弁者某の話として、神鞭辞退の内情を、小名木川綿布会社の大株主であった富田鉄之助との関係であるとし、神鞭が代議士に当選し同社の社長を辞めると、同社の「債主タル日本銀行モ手ヲ引キ、為メニ富田氏ニハ非常之災害ヲ招キ候様ニテ、同氏ハ富田氏ヲ以テ先輩之兄トシ」と、上野に申し送っている。小名木川綿布会社の経営不振については、末永國紀前掲論文参照。

(74)　京都公民会は第二回総選挙後の一八九二年三月一六日に解散した。その後市部の同会元幹部たちは平安茶話会を結成し京都市政を事実上支配した。その会務を担当したのが大沢善助と堀五良兵衛である（『大沢善助翁』一九二九年、四五頁）。

(75)　上野家文書「一八九四年九月二九日上野弥一郎宛田中源太郎書簡」。

(76)　上野家文書「一八九四年一〇月二日上野弥一郎宛雨森菊太郎書簡」。

(77)　上京区。一八九二年から府会議員に四選。京都公民会常議員。市政にも関与し、大沢善助と並んで茶話会派の政治的代表者であった。京都倉庫会社の頭取を務めるなど各種会社に関与した。上野弥一郎は京都倉庫会社取締役であり、堀の同僚であった。

(78) 上野家文書「一八九四年一〇月四日上野弥一郎宛堀五良兵衛書簡」。

(79) 熊野郡の奥田新之丞と面談した木船衛門は、奥田から「実ハ前撰挙ノ節ヨリ折々稲葉ヲ押スヘシト他ヨリ促サレ居候へとも、神鞭氏ヲ強勧ル御模様ニ付差控居候、此度ハ有志之者与竹中郡取調先見込モ有之候ニ付、弥去ル廿九日夜当人ニモ決心致サセ、既ニ三十日歟一日ニハ現職（熊野郡長—筆者）ヲ辞シ候筈、依テ此度限リ是非熊へ譲リ呉候」と、逆に頼み込まれている（上野家文書「一八九四年一〇月二日上野修吉・今安直蔵・村上平左衛門宛木船衛門書簡」）。

(80) 上野家文書「一八九四年一〇月一四日上野弥一郎宛木船衛門書簡」。

(81) 上野家文書「一八九四年一〇月五日上野弥一郎宛岩田誼太郎書簡」。

(82) 上野家文書「一八九四年月日未詳上野弥一郎書簡草稿」。

(83) 上野家文書「一八九四年一〇月三日上野弥一郎宛石原半右衛門書簡」。

(84) 上野家文書四八二一「一八九四年一〇月五日上野弥一郎宛雨森菊太郎書簡」。

(85) 例えば、一八九四年一二月二二日開会した第八議会に、稲葉は国家経済会の活動の一環として、「棉作改良ニ関スル建議」「棉作製品戻税法案」を提出している（『国家経済会報告』第四〇回、一八九五年四月）。

(86) 神鞭知常と共に畏友高橋健三も内閣書記官長として第二次松方内閣に加わったが、その間の事情は、例えば朝日新聞社史編修室編修『上野理一伝』（朝日新聞社、一九五九年）の「第二十四『二十六世紀』事件」に詳しい。

(87) この時期の京都府会の動向に触れたものとして、本山幸彦「京都府会の時代区分」、小山常実「京都府会の制度的背景と議員選出基盤」（いずれも本山幸彦編『京都府会と教育政策』日本図書センター、一九九〇年）がある。

(88) 『日出新聞』一八九四年一月一六日。京都府における初期議会期の民党については、高久嶺之介「明治憲法体制と地方民党運動」（『日本史研究』一六三、一九七六年）がある。

(89) 『日出新聞』一八九六年四月一六・一七日。なお同演説会の発起人には、竹村藤兵衛・喜多川孝経・石原半右衛門・稲葉市郎右衛門の四代議士以外に旧公民会派が多数加わっている（『日出新聞』一八九六年四月一五日）。

(90) 同右一八九六年七月四日。

(91) 同右一八九六年七月八日。

(92)『明治二十九年七月京都府臨時府会速記録』。
(93)同右。
(94)『日出新聞』一八九六年七月七日。
(95)淀川改修問題については、『摂津市史』（一九七七年）第六章第四節「治水と利水」による。
(96)自由党を通じた淀川改修の実現と河川法との関係及びその意義については、有泉貞夫が適確な分析を加えている（同『明治政治史の基礎過程―地方政治状況史論―』吉川弘文館、一九八〇年、第四章第一節）。
(97)前掲『摂津市史』七二二頁。
(98)『日出新聞』一八九六年四月七日。
(99)同右一八九六年八月七日。
(100)同右一八九六年七月九日。
(101)同右一八九六年八月四日。進歩党京都支部となったのは、一八九七年一二月である（同右同年一一月一三日、一二月八・一一日）。同年一二月九日に開いた支部総会では、幹事井上与一郎・日下部大助・田口次一ほかの役員を選出したが、丹後からは一名も入っていない。最後まで丹後派は進歩党には入党しなかったのである。
(102)綴喜郡田辺村。一八八六年府会議員。自由民権運動に参加し立憲政党に加盟。第四・六回総選挙で当選。当初大手倶楽部に所属したが、進歩党発足と共に入党し、京都支部常議員。
(103)葛野郡嵯峨村。一八八八年から府会議員に五選。第九回総選挙で衆議院議員となる。進歩党京都支部幹事・常議員。のち憲政本党所属。
(104)『日出新聞』一八九六年一〇月八日。
(105)同右一八九六年一〇月二五日。
(106)同右。
(107)京都府編『京都府会志』（一八九七年）七九～八一頁、同『京都府会志』（一九一三年）五二～五七頁。ただし、一八九六年三月の改選時のみ、非自由派が多数を握った。
(108)類似の例として、新潟国権党の大竹貫一は日清戦後、地方公共事業の実現のために、自由党・進歩党の地元でのリーダーに中立化を求めたと指摘されている(阿部恒久「明治中期における地方政社の変質の論理と社会的背景—越佐同盟会を例として—」『歴史学研究』四三五、一九七六年、三五頁)。
(109) 『日出新聞』一八九六年一二月一三日。
(110) 『進歩党党報』第一号(一八九七年五月)。
(111) 上野家文書「一八九六年一〇月一二日上野弥一郎宛井上与一郎書簡」「一八九六年一〇月一五日上野弥一郎宛井上与一郎書簡」では、石原半右衛門と井上与一郎が規約草案の要旨を起草し上野に送付、その後協議を行っていることが知られる。
(112) 『日出新聞』一八九六年一一月二〇日。
(113) 同右一八九六年一二月一三日。
(114) 同右一八九八年二月一七日。
(115) 上野家文書三〇九九八「丹後倶楽部約束」草案。
(116) 上野家文書八二五〇「(丹後倶楽部第一号)」。
(117) 『日出新聞』一八九六年四月二二日。
(118) 上野家文書八二四九「(書簡)」。
(119) 橋本五雄編前掲書三八〜三九頁。
(120) 三上家文書C—五—二三〇「報告第四号」(一八九七年一〇月)。
(121) 同右。
(122) 三上家文書C—五—二三一「報告第五号」(一八九八年三月)。上野家文書「一八九八年一月三一日上野弥一郎宛木船衛門書簡」でも、「河守近傍五ケ村ヲ余リノ外ハ神鞭氏ヲ挙ルノ決心」、「神印承諾致呉候ハ、同人ニ限ルト言如キ人気ニ相見ヘ」ると、従来選挙のたびに独自の動きをみせていた加佐郡の状況を分析し、一月二五日に与謝郡から舞鶴を訪れた宮崎六左衛門・河野与右衛門と加佐郡の町村長との会合で、神鞭に大勢が決したことを報じている。
(123) 三上家文書C—五—二三二「報告第六号」(一八九八年七月)。
(124) 上野家文書八二五八「一八九八年八月上野弥一郎宛野村市五郎書簡」。
(125) 上野家文書八二六四「一八九八年八月七日上野弥一郎宛荒木信治郎書簡」。

(126)　上野家文書八二五七「一八九八年八月六日上野弥一郎宛池田梶五郎書簡」。
(127)　上野家文書八二六七「一八九八年八月八日上野弥一郎宛寺田惣右衛門書簡」。
(128)　上野家文書八二五九「一八九八年八月五日上野弥一郎・上野修吉・木船衛門・土井英之亮宛寺師宗徳書簡」。
(129)　上野家文書八二七一「一八九八年八月一五日上野弥一郎宛滝野平兵衛書簡」。

(補注)　本章に関わる論稿として、中川未来『明治日本の国粋主義思想とアジア』(吉川弘文館、二〇一六年)第一部第一章がある。本章と関わる範囲でその内容をまとめると、①稲垣満次郎は『東方策第一編』(一八九一年)・『西比利亜鉄道論』(一八九一年)・『東方策結論草案上』(一八九二年)などの著作で、シベリア鉄道を軍事的脅威としてでなく商機の拡大と捉え、ロシアとの協調を重視する主張を展開し、陸羯南にも影響を与えた、②宮津の特別輸出港指定運動にも影響を与えた海軍水路部長肝付兼行の演説や報告書は、稲垣の議論の影響を受けた田口卯吉が東京経済学協会を通じて鉄道調査委員会を設け、同会の諮問に応じて実施・作成されたものである、③稲垣の「東方論」は、宮津をはじめとした日本海側諸港に、ウラジオストック貿易を念頭においた特別輸出港指定による地域振興という構想を広げることになった、④稲垣は、こうした特別輸出港指定を目指す地域間競争については、国民的統一を阻むものと批判の対象としていた、ということになろう。いずれも本論文によって気付かされた論点であり、本章の内容がより広い思想的・地域的広がりのなかに位置付けられるようになった。ただ、特別輸出港指定・鉄道敷設・貿易会社設立運動が、宮津を含む丹後で地域ぐるみの地域振興策として進められた結果、一時的にせよ政党の浸透を防ぎ、稲垣の望んだ国民的統一とはいかなかったものの、地域内の「一致」(舞鶴を中心とする加佐郡には留保が必要)をもたらした点にも留意しておきたい。

また、中川未来は前掲書第三章において、神鞭知常と同志的関係にあった高橋健三の国粋主義と対外論を取り上げ、陸羯南との異同に目配りしながら論じており、参考になる。

さらに、宮津港の特別輸出港指定をきっかけとして、特に日本海側諸港を中心に盛り上がった特別輸出港指定運動の展開と、それをコントロールしようとする大蔵省・軍部の対応を整理して提示した、稲吉晃『海港の政治史―明治から戦後へ―』(名古屋大学出版会、二〇一四年)第二章三も、本章の内容に直接関わる貴重な成果である。

第三章　京都府における政党化の進展

はじめに

一八九九年九月に行われた改正府県制の下での最初の府県会議員選挙は、政党が地域社会へ浸透する画期となった。同時に有泉貞夫以来、星亨率いる憲政党が第二次山県有朋内閣与党の地位を利用し地方利益の実現を掲げて党勢拡張を図り、地租増徴反対を争点に戦った憲政本党を圧倒してこの選挙で勝利を収めた結果、地方政界での優位を固めていくと理解されてきた(1)。

ところが、この府県会議員選挙で憲政党が勝利した府県に関する事例研究は、意外なほど少ない。有泉貞夫が対象とした山梨県の場合は、そもそも憲政本党が県会選挙で多数を占めており、分析の中心は旧自由党出身の加藤平四郎知事と憲政党による地方利益を使った憲政本党切り崩しに置かれていた(2)。進歩党優勢であった新潟県を扱った阿部恒久の研究では、この府県会議員選挙を独自に取り上げておらず、また自由派は立憲政友会の創設後も党勢拡張が思うように進まず、新潟県政界での劣勢を覆すには至らなかった(3)。手島仁による群馬県会の研究では、立憲政友会の成立に伴い政治勢力の再編と政党化が進むものの、知事との対立や教科書疑獄事件、桂太郎内閣への伊藤博文総裁の妥協といった要因が重なって、政友会支部は解散に至るという(4)。野田秋生により明らかにされた大分県の事例では、この県会議員選挙で多数を占めたのは、国民協会系と実業派によって組織された元田肇らを中心とする豊国同志倶楽部で

あり、立憲政友会の大分県支部創設後に同倶楽部が分裂すると進歩派が多数派を形成するのである。(5)

近年のものとしては久野洋による岡山県の研究がある。それによると、一八九九年九月の県会議員選挙の結果、自由派・進歩派（犬養派）の伯仲状態となったものの、改選直後の臨時県会において僅差で進歩派が議長以下の役員を掌握し、県政界で多数派となった進歩派は中央での増税批判とは異なりいったん積極主義を受け入れる。(6)このように、岡山県の場合も憲政党＝立憲政友会が覇権を握ったわけではない。

結局通説に見合った事例としては、和歌山県を取り上げた伊藤之雄の研究が挙げられるに過ぎないのである。確かに同県では、一八九九年九月の県会議員選挙で憲政党が勝利し、県内で対立してきた自由党系と旧陸奥派が合流し、和歌山市内の商工業者・弁護士らをも包摂しつつ立憲政友会支部が成立する。しかし、軍備拡張と日清戦後恐慌による財源難のために政友会も積極政策ではなく行財政整理を掲げざるを得ず、和歌山県支部は総選挙や県会議員選挙で推薦候補を決められず自由競争に委ねざるを得ないほど統制力が弱かった。(7)星亨の指導下で生み出された地方政界での憲政党＝立憲政友会優位の実態は、その程度のものと位置付けられているのである。

本章ではこうした研究状況を踏まえ、一八九九年九月の府県会議員選挙を画期に憲政党＝立憲政友会が地方政界を制覇した京都府を分析対象とすることで、十分な事例研究のないままイメージとして語られてきた通説的理解の内実を検証する。その際、第一に、前章での検討を前提に、対外硬派の領袖である神鞭知常が主導して、丹後鉄道株式会社と日露韓貿易株式会社を主軸に据え丹後の地方名望家ぐるみで進められた地域振興策の帰趨に留意する。第二に、当該期の京都府会で焦点となった中学校増設問題を通して、地方利益が政界の変動要因として持った意義と重みに着目する。第三に、和歌山県や岐阜県、岡山県で、県庁所在地（市部）における商工業者や弁護士らとの連携の有無が地方政界での多数派形成に大きな意味を持つとされていることに鑑み、(8)京都財界と党派との関係の変化も視野に入れて検討する。さらに第四に、一八九九年九月の府会議員選挙により京都政界を掌握した憲政党＝立憲政友会が、国政レベルでも圧倒的優位を確立する第七回総選挙を取り上げる。

一　憲政党分裂後の憲政本党基盤の動揺

第一次大隈重信内閣は、憲政党内の旧自由党系と旧進歩党系の確執、桂太郎ら山県有朋系の策謀によって、一八九八年一〇月三一日、わずか四ヵ月の短命で倒れた。憲政党は、旧自由党系の憲政党と旧進歩党系の憲政本党に分裂する。中央の動向と同じく京都府内でも、新憲政党京都支部が一一月三日[9]に、憲政本党京都支部が一一月二〇日[10]に、それぞれ発会式を挙行し分裂した。本節では、憲政党分裂後の京都府政界の激変のなかで、神鞭＝憲政本党系勢力が一気に後退し、憲政党＝立憲政友会が府政界制覇を果たしていく経過を検討する。

憲政党分裂時、京都府郡部選出の代議士五名の内、神鞭知常・石原半右衛門・喜多川孝経・小松喜平治[11]の四名は憲政本党に属した。特に神鞭は分裂直後、陸軍大演習陪観の途次来京し、府会出席のため居合わせた丹後選出府会議員を非増租論をもって憲政本党に勧誘した[12]。これは大きな成功を収め、上野弥一郎を除く全員が同党に入党した。一一月二〇日に開かれた憲政本党京都支部発会式では、幹事に神鞭直系の砂野米蔵[13]（与謝郡）が入ったほか、上野修吉・木船衛門（加佐郡）、砂野・江原徳右衛門・宮崎六左衛門（与謝郡）、永島米治・坪倉重和（竹野郡）、滝野平兵衛・春日和助（中郡）、岡田久左衛門・山本三四郎（熊野郡）が評議員に名を連ねている[14]。上野弥一郎も一二月一四日開催の非地租増徴請願委員会で座長を務めており[15]、この時点では憲政本党系の位置にあった。

神鞭は憲政党が分裂した直後の一八九八年一一月六日、丹後における神鞭＝憲政本党系の機関紙として『丹後新報』を創刊した。[16]その論調の特色の第一は、徹底した日清戦後経営批判・軍縮論である。日清戦後の財政急膨張の要因を、「惟ふに軍備拡張の膨張に出るを以て主とす、故に其節制方法ハ又正ニ軍備を減縮するの外途なかるへし」と、過大な軍拡に求め、進んで軍備縮小を要求する。「目今の軍備拡張は徒ニ外形の虚張を誇るニ止まり、内は国力を疲らし外は外邦の嫉悪を招くに至る」ほどのものであり、現在の一二師団は六師団に削減することも可能である。その結果生じる余力は、「鉄道航船等の如き生産的の経費ニ充て」るべきである、[17]というのが『丹後新報』の主張であった。次のようにもいう。「戦後経営の事業も中途ニして挫折し、民間の生産事業も萎靡し、我財政の信用を中外ニ失墜し」た。松方正義大蔵大臣のとるべき財政政策は、「戦勝の余勢軍備拡張の完成の為め、常程を越へて無謀の計画を立て一国の民血を絞りてなりとも浮誇の威武を衒ふが如き浅薄なもの」であってはならない。[18]

特色の第二は地租増徴批判である。主たる反対理由は、①地租増徴は必ずや小作人に転嫁され小作経営を圧迫する、②国家が危急に瀕した時の財源にとっておくべきである、というものであった。[19]

第三は、憲政党の鉄道国有論批判である。特にその財源を問題とし、「軍備を節限し国力ニ相応せる程度ニ縮小し、之に充つるの金額を移して全国各鉄道の全通を計画し務めて交通機関の完成を期するの方針」[20]を、対案として提起した。

第四は、「此港（宮津港―筆者）にして商港たるに至らば、独り内地各港の航運を便ニするニ止まらす、露韓両国の貿易ハ勿論、西比利亜鉄道全通の暁欧人も亦主として此港ニ頼らさるへからす」[21]と、シベリア鉄道開通に期待を寄せ、宮津港の整備を強く主張したことである。

これらはいずれも神鞭の主張に沿ったものであった。『丹後新報』によれば、一八九九年三月三一日、神鞭は姫路での演説で次のように述べている。国家財政膨張による国民の負担増は、「仮令重しとするも、其費途ニして生産的のものならば畢竟国民の利益を増加するなれども、今日のものハ然らずして不生産的な」ものである。「日清戦争ニ際しても怜悧なる貯蓄法ハ即ち平日ニ在りて国民の財嚢を肥すの一時ニあり、有用なる多数の壮丁を無益に拘束し置きて、是をして生産的事業に従ふこと能はしむ（ざら欠）るが如きハ」愚である。「特ニ軍備拡張ハ是れが為めニ猜疑を隣邦ニ促かすの憂」がある。結論として、「軍備拡張の背景ニハ種々の勢力あるが故に先づ此勢力ニ打ち勝つを要す」と、政治勢力化しつつある軍部への対抗を強調して終わっている(22)。

一八九九年九月二五日投票の府会議員選挙に向けたキャンペーンとして、七月二三・三〇日、『丹後新報』は神鞭署名の論説「伊藤公の演説ニ感す」を掲げた。ここで神鞭は改めて、「三億償金一も生産的事業に使用せらるゝことなく、只漫ニ戦後の経営を説て軍備をのみ拡張したり」と日清戦後経営を批判し、イギリスの威海衛、ドイツの膠州湾租借を「袖手傍観」した政府の外交策を攻撃した。さらに過大な軍備のために、「国民の膏血を悉く吸収し、他の生産事業を発達せしむる能はざるの有様」となっていると、軍拡が国内産業の発展を阻害している点を鋭く衝いた。投票日直前の九月一〇・一七日に、今度は寺師宗徳署名の論説「世界に於ける日本の位置」を掲載した。寺師もまた次のように述べる。

> 地球上未だ民口のみ多くして実力薄弱ニ兵備独り過大なる国ハ、日本を除きて他に求む可からず、嗟乎幹根を削断して枝葉を装ひ腹を割て腕を鎧ふもの果して発達す可きか、今日ニ於て我国事の急するも甚だ多しと雖も国民産業の振起奮興より急なるハなし、農に工に商に将た漁林に各人其職とする所に忠実にして改善の路に進まば、国力の充実期して待つ可し、只之れが進路ニ当て大障碍たるものハ過重なる悪税と不生産的血税なり

神鞭＝憲政本党は、国内産業の発展・国力の充実にとって障害となる、日清戦後経営の過大な軍備拡大と増税を批判し争点化することで、府会選挙に臨んだのである。

表18　1899年9月京都府会議員選挙郡別当選者名一覧

郡区名	当選者名	所属会派	当選者名	所属会派
上　京	小牧仁兵衛	同志会	富田半兵衛	同志会
	山下好直	茶話会	大沢善助	茶話会
	堀五良兵衛	茶話会		
下　京	大原粂吉	憲政党	高山甚助	鴨友会
	柴田弥兵衛	京市倶楽部	西川吉兵衛	京市倶楽部
	児島定七	京市倶楽部	堤弥兵衛	公友会
	松盛徳三郎	公友会		
葛　野	井上与一郎	憲政本党		
乙　訓	川崎安之助	憲政党		
愛　宕	藤木林種	憲政党		
紀　伊	田中祐四郎	憲政党	千歳市兵衛	憲政党
宇　治	山本佐兵衛	憲政党		
久　世	井上豹太郎	憲政党		
綴　喜	浮田長三郎	憲政党		
相　楽	西村直三郎	憲政党		
南桑田	村上捨次郎	中立		
北桑田	勝山仲四郎	憲政党		
船　井	木戸豊吉	憲政党	犬石藤七	憲政本党
何　鹿	片岡健之助	憲政党		
天　田	山口俊一	憲政党	塩見清三郎	憲政党
加　佐	上野弥一郎	中立	上野修吉	憲政本党
与　謝	宮崎六左衛門	憲政党	砂野米蔵	憲政本党
中	滝野平兵衛	憲政党		
竹　野	坪倉重和	中立		
熊　野	奥田新之丞	中立		

注.『丹後新報』1899年10月1日により作成.

選挙の結果は表18に示した。郡部定数二三名の内、憲政党一三名・憲政本党六名・中立四名、市部一二名は、神鞭＝憲政本党に近い同志会・京市倶楽部五名、憲政党に近い茶話会・鴨友会・交友会六名、憲政党一名という内訳となり、憲政党の京都府会での優位が確立した。改正府県制に基づき新たに組織された参事会についても、郡部参事会員は憲政党が四名を独占した。(23)

選挙後の一一月、まず憲政本党所属の与謝郡会議員、宮崎六左衛門・江原徳右衛門・杉山荘太郎・三上房吉が脱党したのを皮切りに[24]、翌月には、上野弥一郎をはじめ丹後から大量の憲政党入党者が生まれるに至った[25]。憲政党への入党は、南桑田・船井・天田といった、旧自由党の勢力が弱かった丹波の諸郡にも及び、この動きを受けて憲政党は同月、以下の通り支部常議員の補充を行った[26]。

南桑田郡――田中数之助[27]・中川小十郎[28]・中川敬造
船井郡――水口俊助
天田郡――芦田鹿之助
加佐郡――上野弥一郎・上野修吉・木船衛門・土井英之亮
与謝郡――宮崎六左衛門・上家祐吉・杉山荘太郎・江原徳右衛門
竹野郡――坪倉重和・足達虎蔵・永島米治

こうして、一八九九年九月の改正府県制下最初の府会選挙を通じて、京都府における政党の力関係は激変し、憲政党の圧倒的優位となったのである。

二　憲政党による京都府政界制覇の要因

本節では、一八九九年九月の府会議員選挙により、憲政党が京都府政界で圧倒的優位に立った背景について、さらに検討を加えてみたい。

第一に挙げられるのは、神鞭が進めてきた、宮津商港育成・鉄道敷設・貿易会社の経営という地域振興策の挫折である。まず、神鞭自らが社長として経営にあたった日露韓貿易株式会社の実況を、やや長いが以下に引用する。

（一八九三年―筆者）十一月八日ニ初航海スベキヲ定メ、先ツ大豆石材食牛蜜柑麵類等ヲ塔載《ママ》シ該日当港ヲ出船セリ

然ルニ当港ヲ去ル四百弐拾哩迄（当港ト浦汐港トノ距離ハ四百八十哩ナリ）進行シタルニ、大風吹荒レ三角形ノ怒涛天ヲ衝カン許リノ勢、従テ船体ハ終始舳ハ高ク艫ハ低ク斜メナリニ進行シツヽアリタルモ、益激風激浪ノ為メ船長ハ是ヨリ先ニ進行スルヲ得ズ、且又此激風ハ一週間後ニアラサレバ平穏ナラサル旨ヲ報告シタルヲ以テ、不得止帰津スヘキ事ト定メ、風ノマニマニ帰途ニ着キ《ママ》タリ、漸クニシテ風収リタル頃ハ、隠岐ノ島ヲ見得ル辺ニ浮浪シタリシト

翌廿七年ニ至リ、協議ノ上露領ニ於ケル商況視察ヲ為スヘク企図シ、中村忠兵衛、今林直吉、伊藤伊吉等ノ諸氏ハ巡視ノ途ニ上リタルモ、時恰モ日清戦争開始前ニシテ、露国ニ対スル関係上一時中止ノ已ムヲ得サルニ至レリ

廿八年ニ至リ、露国已ニ然リ、因テ朝鮮ニ於ケル商況ヲ視察スヘク協定シ、視察員トシテ三井長右衛門、伊藤伊吉、小室静造出発セリ、而シテ該地ニ到着后千余円ヲ投シ或ル売家アリタルヲ買収シ雑貨店ヲ開ケリ、蓋シ雑貨ヲ以テ大豆ヲ買収スルノ企図ナリシモ、当時コレラ病流行シ居留地内外ノ交通遮断セラレ、次テ王妃事件、断髪令等ノ事由アリテ振ハズ、企図全ク水泡ニ帰シタリ、只商況ヲ視察シ得ラレタルノミ、後俯眠ノ姿ニシテ三十年該会社ヲ京都ニ移シタリ

三十一年ニ至リ、大ニ資本ヲ投シ再ヒ朝鮮ニ於テ大豆ヲ買収セントシタルニ、該地飢饉ノ故ヲ以テ輸出ヲ禁シタル為メ、是又其目的ヲ遂ケサリシ

其以来ハ右ノ如ク失敗ニ失敗ヲ重ネタル為メ多クノ負債ヲ生シ、解散杜セサレ亦起ニ難キノ境遇ニ立至リ、只固

定資本即土地家屋等ヲ余スノミ[29]

日露韓貿易株式会社は、全くの誤算続きで、日清戦後に至るも営業らしい営業のできないままに経過していたのであった。結局神鞭は一八九七年に社長を辞任し、河瀬秀治が後任として再建に当たることになった[30]。

鉄道敷設計画も難航を極め、一八九九年五月、折からの経済不況のために丹後鉄道株式会社は解散に追い込まれた[31]。しかも京都―舞鶴間の鉄道敷設権を獲得し、さらに宮津までの延伸を計画していた京都鉄道株式会社の経営が不振に陥り、園部以北の敷設の見通しが立たなくなったのである[32]。こうした状況を憂えた宮津町の宮福鉄道期成同盟会惣代宮城宗七・今林喜七・倉内市蔵、商港準備会惣代黒田宇兵衛・三上政吉・石井与治右衛門の六人は、同年四月、阪鶴鉄道の福知山から宮津への延長を同社の南清社長に働きかけた[33]。大阪財界をバックにした阪鶴鉄道株式会社による大阪―福知山間の鉄道敷設は順調に進み、七月には開通した。同社は宮津町の地方名望家からの要望や京都鉄道株式会社の経営不振を受けて、一二月一一日に「阪鶴鉄道福知山駅ヨリ舞鶴、宮津ニ達スル線路ノ儀ニ付上申書」を政府に提出し、福知山―舞鶴間と福知山―宮津間の鉄道敷設免状の下付を求めて運動したが、すでに京都鉄道株式会社に敷設権が与えられている現状を覆せず認められなかった[34]。宮津商港育成のためには不可欠であった貿易会社・鉄道敷設がともに頓挫し、京都市内の縮緬関係資本も含めた、いわば地元資本での地域振興策の展望が失われつつあるなかで、一八九九年九月の府会議員選挙は行われたのである[35]。

第二は、宮津商港育成など神鞭が選挙区で行った活動の背景をなしていた、国際情勢認識の挫折である。神鞭は、日清戦後の外交論・経済論を述べたなかで、まず日清戦後の「外交の関係一列国を敵視すへからす、又一列国を依頼すへからす」とする[36]。特に対露関係については、「唯だ、益々其の交際を善好にし、彼我国民の発達を謀り、犯すべからざるを犯さず。窺ふべからざるを窺はず、有無交易の途に由りて相互の幸福を増進するを要すのみ」と、対露協調論を展開する。シベリア鉄道についても、「工事竣るの日必ずや郵便条約等の必要起り、適々以て両国の和親を厚ふすべきの媒と為らんのみ」と位置付け、「露領東亜の一部は天産物の種類に限りありて、雑貨の如き之れを製出し得ず、然れば我国民は需用の諸品を彼に供給する最便の地に在るが故に、宜しく彼の為めに供給の途を開通すべし」と、対露貿易の発展に期待をかけていた(37)。その具体化が日露韓貿易株式会社であった。神鞭はさらに、軍拡費用の半分ないしは三分の一を海陸交通の発達・普及に充てるべきだとし(38)、とりわけ外国航路の確保に努めるべきことを述べたなかで、「北海道並に日本海面の我要港と、浦塩、釜山、元山等に巡航すべき」船舶の製造・通航を促すよう主張した(39)。神鞭の対外観・選挙区での活動・軍拡批判は分かちがたく結びついていたといってよい。

結論として神鞭は、「露西亜に対しては速に陰険なる懸念を去り、毫も嫌疑心を挟むべからず(40)」と、三国干渉後高まる臥薪嘗胆論に反対する。右のように、神鞭の対外観は、陸羯南の周知の日露協調論と非常に近かった。しかし、陸についてすでに言われているように、一八九七年末から九八年にかけての列強による中国分割の進行のため、対露協調論はその現実的基盤を喪失していったのである(41)。

第三は、憲政党が、膨張する府財政を活用した地方利益供与による組織化を積極的に進めたことである。

本期京都府々会議員選挙ニ於て憲政本党の敗を取るや、星亨の一派ハ多数の勢力を利用して巧に地方問題を標榜し、鋭意党員の引入策を講ずと、思ふに丹後人諸氏の如き地方問題ニ苦しめられ、稍もすれば其心を動かさゝることなきか(42)

これが府会選挙後の丹後の状況であった。「地方問題」の内容は、郡部中学校増設問題と土木問題であるが、とりわけ一八九八年から九九年にかけて府会内で争われたのは、前者であった。京都府においても、日清戦後になると中学校の京都市への偏在を打破し(43)、郡部中学校増設を求める声が強まっていた(44)。そこに起きたのが、第三中学校を天田郡福知山町に置こうとする丹波派と、与謝郡宮津町を要求する丹後派の争いである。

両者が最初に激突したのは、憲政党と憲政本党に分裂した直後の一八九八年一一月一五日に開会した府会であった。京都府が提出した「尋常中学校費中更正案」は、第三中学校設立（定員六〇〇名）を提案していたが、その位置は明示していなかった。神鞭により憲政本党へと組織された丹後選出府会議員は、市部における憲政本党系会派＝同志会と歩調を合わせ、宮津誘致を目指す戦略をとったが、このことは逆に、当初宮津説に好意的であった市部の反同志会派＝茶話会・鴨友会派を憲政党の推す福知山説に追いやることとなった。(45)この結果、両者の争いは府会全体を二分する対立に発展した。府会での論議は、やや数で優る福知山派の提出した「郡部ニ於ル尋常中学校位置ノ義ニ付建議」をめぐって行われたが、丹後派も丹後との商取引上建議への賛成に躊躇する市部議員の切り崩しを図る。これに対し形勢不利とみた丹波派が退場で応ずるなど、(46)府会は混乱した。結局両派の対立は決着せず、府会は中学校位置について知事に一任する旨の上申書を出して終わったのである。(47)

しかし、政治的には福知山説に加担した憲政党の大きな得点であった。府会開会直前、一貫して非自由派の拠点であった天田郡の府会議員塩見清三郎と衣川孫右衛門が、財政整理緊急の時、非地租増徴同盟会を組織したのを非として、憲政本党脱党届を出した。(48)さらに年末には、山口俊一ら同郡の憲政本党員が大挙して脱党し、憲政党へと鞍替えしたのである。(49)こうして、郡部中学校位置をめぐる丹波派・丹後派の対立は、土木協会派と自由派の拮抗状態が続いていた府会の力関係を崩すこととなった。それとともに、山口俊一らは周辺の知友にも憲政本党脱党に同調するよう勧め、「実業家トシテ本党ニアレハ随分差閊之廉モ不少候」と述べており、(50)非増租論が資本家化しつつある憲政本党所属の名望家の一部に反発を招いていることがみてとれる。

翌年六月の臨時府会に京都府は、「郡部中学校増設ノ件諮問案」を提出し、第三・第四中学校を二年間で建てる方針を示した。福知山・宮津両説を容れ、対立の克服を図ったのである。ところが、負担増を嫌った市部の茶話会・鴨友会・京市倶楽部と、既定方針通りまず一校を福知山に建てることを主張する丹波派が反対し、答申はまとまらなかった。[51]

一八九九年一一月二七日、府会選挙での憲政党勝利を受けて開会した府会に、京都府は第三中学校を福知山とし、さらに第四中学校を宮津に増設する案を提出した。しかし、憲政党所属議員の強硬な反対によって、参事会次いで府会で第四中学校設置案は否決された。[52]丹後派の完敗である。宮崎六左衛門・江原徳右衛門ら神鞭の出身郡である与謝郡の郡会議員が憲政本党を脱党した際の理由は、「公共事業上考慮する処あり」というものであった。[53]『丹後新報』はこれに対し、「一中学問題位ニ其主義を変ずるもの、当郡会議員中ニ現はれたりとすれば、吾人は政治其物に対して大ニ歎ぜずんばあらず」、「白旗を掲げて反対党の軍門ニ降伏する、吾人ハ大に憤慨に堪へざるなり」と強く反発したが、[54]憲政党へと向かう流れは押しとどめがたかった。

憲政党加盟の動きは、実は一八九九年末の府会開会以前から始まっていた。第四に、その点を解く鍵として旧公民会派の動向がある。丹後における旧公民会派のリーダー上野弥一郎は、一八九九年一一月一一日、府会選挙後の政治行動を協議するため田中源太郎と面会している。上野は、「公民会解散ニ際精神上之結合を約し、爾来政党已外ニ立ち今日ニ至る迄之歴史を述へ、殆と十年一日ノ如く相提携して来りたる近時ノ模様を窺ふ」として、田中に「南桑田を始メ船井郡ノ如きは、貴下之系統を引たるもの続々憲政党ニ入るを聞く、予等同派ニ在もの甚ゝ不審故定めて貴下之内示せらるゝ処なるへし」と問うた。田中の答えは次のようであった。

予ハ今ニして政治上之意見ハ別ニ変りたる事なきも、当府下ニ於てハ現時の形勢に照し事情之許さゝる処ありて利害得失を顧みれハ、此際憲政ニ入党せしむるの已を得さる場合と思惟せり、依て君等も宜敷決心するの時機な

るへし、此機を失ふ可からず云と[55]

神鞭との関係の深かった田中の発言の背景には、非増租論をとった神鞭と京都財界の対立による、両者の疎隔という事情がある。[56]

田中との会談で上野は憲政党入党の意志を固めた。上野によれば、丹後は従来、元公民会派と先輩たる神鞭らの意向が合致し、等しく政党の外に立って同一歩調をとってきたのだが、神鞭自身が以前と異なり政党に加盟しただけでなく、自由派が進歩派に比し穏当視されてきた今日、中立の位置を保っていては公共事業に損失を招くというのである。[57] そこで上野は、府会開会前日の一一月二六日に開かれた臨時丹後倶楽部総会で、木船衛門（加佐郡）、坪倉重和・永島米治・永島勝治（竹野郡）と連名で、「臨時丹后倶楽部ノ催会ヲ要求セシ理由書」を配布し、政党からの局外中立により公共事業の実現を図ってきた丹後倶楽部の解散を要求した。そこでは以下のように述べられている。

（前略）客年京都府会ニ於ケル事業ニ対し、我丹後国ノ如キハ実ニ名状ス可カラサル虐待ニ立チタルハ覆フ可カラサル事実ナリ、是政党ヲ附植セシ結果ニ外ナラス、加之現今及将来ニ在テモ丹后倶楽部ノ効用ハ殆ント退却シ有名無実ノ状態ニ陥レリ、殊ニ復タ本年京都府会ノ事業上ニ於テハ、動モスレハ丹后倶楽部ヲ固執スルモノ、如キハ更ニ非常ノ害ヲ招キ利ヲ収ムルモノナキニ至ラン乎、試ニ其一例ヲ挙レハ、則チ中学校増設問題ノ如キ地方勧業及土木事業ノ如キ、是等ハ最モ一大影響ヲ及ホシ毫モ丹后倶楽部ノ効力ヲ有スルコトナキ（中略）故ニ我々部員ハ協議ヲ遂ケ、更ニ後来復タ必要ノ時機ヲ期シ、一ト先茲ニ解散ノ挙ヲ公ケニスルハ丹后国ニ対シ最モ得策ト認メ（後略）[58]

上野らの思惑通り、同日丹後倶楽部は解散となり[59]、旧公民会派を中心としたグループは大挙して憲政党へと入党していく。神鞭への支持を安定的に調達していた予選組織は、ここにその命脈を断たれた。[60]

憲政党京都支部は、結成後一年にして京都府内での政治的覇権を握った。丹後派の取り込みにもほぼ成功した一八九九年一二月一五日の憲政党京都支部常議員会では、「従来府費経済等に関する府会の諸問題は府会議員の協議を以て之れが意見を定めしも、自今先づ党議を定めて議場に立つことにせんとの事を諮りしに、異議なく之れを可決」(61)した。そのための機関として、左の規程を持つ代議会を設置した。

代議会規程

第一条　府県会に関する問題に付き党議を一定し我党議員は一致の行動を為す事

第二条　本会の組織は左の如くす

一府会議員

二前府会議員、但し一郡区一名に限る

三代議士及前代議士

四支部幹事

五常議員若干名、但し其人員は京都市在住の中より三名と前府会議員なき郡より一名づゝ

第三条　前条第二項の前府会議員は其郡区内前府会議員中にて協議の上一名出席し得るものとす

第四条　第二条第五項の常議員は常議員会にて撰挙するものとす

第五条　会員中より理事三名を置き本会に関する諸般の事務を管掌す(62)

府財政を通じた公共事業の実現は、こうして憲政党支部代議会の手に握られることとなった。

三　上野弥一郎の政治的上昇

一九〇〇年九月一五日、伊藤博文を総裁として立憲政友会が結成された。それに伴い憲政党京都支部は一一月一八日、政友会京都支部に衣替えした。役員は幹事と評議員が置かれた。発会式当日幹事に当選したのは、堀田康人・羽室亀太郎（上京区）、中野忠八・堤弥兵衛（下京区）、田中祐四郎[63]（紀伊郡）、奥繁三郎（綴喜郡）、河原林義雄（北桑田郡）、中川小十郎（船井郡）、山口俊一（天田郡）、上野弥一郎（加佐郡）の一〇名である。[64]本節では、政友会を背景に上野弥一郎が神鞭知常を凌ぐ政治的勢力を築いていく経過について検討する。

政友会京都支部発会式翌日、評議員会は左の五点を取り決めた。

一、当支部経費支出総額を一千三百九十円（一ケ年）とし、代議士、府参事会員、府会議員、評議員、郡会議員より醵出する事

一、政務調査会を開く事

一、帝国議会開会中東上委員二名を出す事

一、支部員中に於て毎月一回談話会を開く事

一、地方経済協議の為めに代議会を開く事[65]

憲政党以来の府財政による公共事業の調整機関として、政友会においても代議会が置かれたのである。一一月二八日の評議員会ではさらに、

一、地方問題に関し審議する為め代議会を設置する事

一、代議会は、帝国議会議員、府会議員、支部幹事を以て組織する事

と、その構成員が明示された(66)。

京都府財政の推移を表19に掲げたが、当初予算レベルでは、一八九八・一九〇〇年と二度の飛躍を経て膨張していった。土木費・教育費を中心に府財政は大きく拡大し、それに伴って府財政を通じた公共事業の実現の可能性が高まったのである。

1901	1902	1903	1904	1905
324,920	348,221	363,781	346,107	366,208
738,103	621,533	519,767	323,066	215,605
214,726	201,986	243,776	237,545	220,644
50,744	63,969	54,650	70,819	73,801
62,769	91,570	92,422	78,264	61,522
98,912	213,583	190,289	224,013	123,145
835	1,252	1,051	1,353	1,676
70,119	14,298	13,693	102,154	63,875
44,296	51,060	38,343	37,049	32,584
1,605,424	1,607,472	1,517,772	1,420,370	1,159,060

頁によった.

丹後における旧公民会派の指導者として憲政党への大量入党を先導し、神鞭知常の政治的対抗者へとのしあがっていったのは、加佐郡の上野弥一郎である。表20は上野の経歴であるが、府・郡・村の様々な名誉職を務めあげ、京都府会の重鎮としての地位を築くことで府財政への発言力を高めていった経緯がみてとれる。また、上野は単に公民会以来京都財界を握る茶話会派と政治的に繋がっていただけでなく、京都倉庫株式会社や宇治川水力電気株式会社という茶話会系企業の取締役・発起人・創立委員・会計主任として、加佐郡在住でありながら茶話会派の一員でもあった。前章で明らかにしたように、上野は何回か総選挙出馬の動きをみせ、特に第六回総選挙では本格的に神鞭に対抗して運動を展開したが、加佐一郡から支持を広げられず惨敗している。その上野が、一郡を超えて勢力を扶植し神鞭に対等の戦いを挑めるようになったのは、府会での発言力を利用した公共事業の実現によ

表19　日清戦後の京都府当初予算の変遷（単位：円）

費目＼年度	1895	1896	1897	1898	1899	1900
警察費	192,930	200,855	215,416	271,515	275,486	296,219
土木費	191,013	257,820	235,019	434,181	390,182	565,517
教育費	54,437	103,936	79,602	216,248	257,522	343,535
勧業費	14,349	15,452	18,857	21,703	35,187	45,054
衛生費	13,623	15,849	17,220	35,761	41,029	60,434
役所費	42,317	40,715	47,348	57,969	68,411	86,848
救育費	390	450	450	450	450	547
監獄費	111,610	105,709	110,137	128,223	128,768	130,812
府債費						19,810
その他	26,113	24,626	38,063	87,389	50,557	35,651
歳出計	646,782	765,412	762,112	1,253,439	1,247,592	1,584,427

注1．京都府立総合資料館編『京都府統計史料集—百年の統計—』1（1969年）により作成．
注2．費目の分類は，有泉貞夫『明治政治史の基礎過程』（吉川弘文館，1980年）398〜399

って、憲政党＝立憲政友会への組織化に成功したからであった。

その典型的事例として、以下では竹野郡浅茂川村浅茂川港修築問題を取り上げてみたい。浅茂川村は近世以来丹後縮緬の代表的産地の一つである。その港は幕末、山中家という有数の廻船業者を生むほどの殷賑を極めたこともあったが、交通体系の再編の結果明治中期にはその面影は消えている。そこで浅茂川港修築を目指す運動が始まるのだが、本格化したのは一八九七年である。同年一〇月一八日、浅茂川村長の野村市五郎が上野に宛てた書簡には、「港湾改修之件ニ付テハ、雨中激浪之中ヲ御厭ひなく実地御見分被成下、難有奉万謝候」(67)とあり、上野本人が実地調査を行っていることが知られる。同年中には、上野の周旋によって来訪した飯塚工学士らにより設計書が作成され(68)、翌年二月に浅茂川村に渡された(69)。すでに一八九四年には、工費の二分の一を府費から補助する工事に指定されてはいた。しかし設計書作成の結果、浅茂川港修築には巨額の費用を必要とすることが判明した。そこで一八九八年一一月一八日、府費補助比率を高めるよう求め、竹野郡全一六村長連署による「浅茂川港湾工費地方税負担ノ部へ御編入並ニ附属航路御更正願」(70)を内海忠勝知事へ提出した。これは陽の目をみていない。

1891	｜		京都府農会長	京都府尋常中学校商議員
1892	｜　常置委員		京都府農会議長，京鶴鉄道期成同盟会委員	地方衛生会委員
1893	↓			大日本教育会会員
1894	府会議員		京都蚕糸織物取引所理事，京都倉庫(株)取締役	
1895	｜	岡田中村村会議員	京都府農会議長，大日本水産会京都支会幹事，宇治川水力電気(株)発起人・同創立委員	
1896	｜　常置委員	｜	宇治川水力電気(株)会計主任	日本赤十字社京都支部商議員
1897	↓	｜	大日本水産会京都支会幹事，京都倉庫(株)取締役	
1898	府会議員，郡部会議長，府会議長	↓	京都倉庫(株)取締役	京都府教育会常議員・幹事
1899	府会議員，参事会員	岡田中村村会議員，加佐郡会議員		京都府教育会幹事
1900	｜	｜　｜	京都府農会幹事	
1901	↓　参事会員	↓　↓		京都感化保護院理事

注．京都府立京都学・歴彩館蔵上野家文書により作成．

一八九九年一一月開会の通常府会へ向け、府参事会への運動が重要とみた浅茂川村は、竹野郡選出府会議員坪倉重和を通じて上野に対し、参事会で土木費の議論をする時機を知らせてほしい旨依頼している(71)。他方、浅茂川港修築問題を利用した、憲政党による勢力扶植も進められていた。一一月一一日付の書簡で、坪倉は上野に次のような情報をもたらしている。

追啓、昨日浅茂川ニテ奔走ノ件相談中、憲政党京都支部ヨリ吉岡弥右エ門（吉岡仁左エ門ノ弟ニテ目下郡会議員、先日之役員選挙ニ足達派ト提携セシ人）氏之処へ来リシ書面ヲ一見仕候、其大畧（貴郡ニ於ケル港湾事業ニ付テハ、我

表20　第7回総選挙までの上野弥一郎の経歴

年	府政	郡政・村政	実業関係	その他
1850	加佐郡西方寺村に生まれる			
1866		西方寺村庄屋役		
1870		川口中組大庄屋役		
1872		第14大区副区長		
1874		第14大区4小区戸長		
1876		加佐郡第4区副区長		
1877		学区副取締兼務		
1878		加佐郡第4区区長兼学区取締		
1879		加佐郡第二組戸長兼学区取締		
1881		加佐郡大俣村外9ヵ村戸長		
1882	府会議員	部内学務委員兼務，共立学校下連合村会議員		
1883	｜	加佐郡連合町村会議員・同議長		
1884	｜	村会議員，西方寺村外9ヵ村連合村会議員		
1885	↓		京都府蚕糸業取締所創立委員	
1886	府会議員，常置委員予備員	加佐郡全村連合会議員	加佐郡蚕糸業組合議員・同議長	
1887	｜　常置委員		京都府蚕糸業取締所議員・同議長	
1888	｜　常置委員		京都府蚕糸業取締所常議員	
1889	↓		大日本蚕糸業中央部議員	日本赤十字社正社員，旅管徴兵参事員
1890	府会議員，常置委員		京都府連合農事会会長	旅管徴兵参事員

表 21　京都府における憲政党・立憲政友会の郡区別党員数の推移
（単位：人）

郡区名	1899. 10	1899. 1～12. 15 新入党者	1900. 9. 13	1901. 11. 23	1903. 11
上　京	51	27	50	63	122
下　京	71	33	82	108	
愛　宕	77	22	280	328	336
葛　野	144	155	323	300	304
乙　訓	165	9	174	165	173
紀　伊	334	31	359	359	357
宇　治	66	5	63	107	107
久　世	222	5	214	222	225
綴　喜	371	2	401	465	518
相　楽	288	21	305	326	328
船　井	343	53	424	570	583
南桑田	8	112	138	171	155
北桑田	47	15	46	117	120
何　鹿	26	13	26	31	34
天　田	65	24	85	96	94
加　佐	0	15	16	27	29
与　謝	8	20	55	68	71
竹　野	23	93	104	107	111
中	3	0	7	7	11
熊　野	2	0	2	52	49
計	2314	655	3154	3689	3727

注.『近畿評論』第 12 号（1899 年 12 月），第 21 号（1900 年 9 月），第 36 号（1901 年 12 月），第 59 号（1903 年 11 月）により作成.

党ニ於テ地方ノ為尽力致度ト存候ニ付、貴下ニ於テ御取調出来候上ハ御申込相成度候段云々）申来居候、同氏ハ曩キニ堀助等ノ勧告ニ依リ入党セシヤト想像致候[72]

初期議会以来、丹後には十分な基盤を築けなかった憲政党が、府財政を通じた地方利益供与によって激しく浸透を図ろうとしている様子がみてとれる。当時参事会員であった上野の実力によるのか、党勢拡張の思惑を込めた憲政党の支持によるのか判じがたいが、一九〇〇年度予算原案では総工費三〇〇〇〇円の三分の二＝二〇〇〇〇円補助であったのが、府会では三〇〇〇〇円補助と決議された[73]。宮津・舞鶴両港以外では、初めての港湾関連予算であった。府会閉会近く、上野・坪倉に連なる地方名望家が大挙して憲政党に入党したため、浅茂川港修築予算実現は、あげて上野の政治的資産となったのである。

以後一九〇一年度予算では三五〇〇円（原案三〇〇〇円）[74]、〇二年度予算では五六五〇円の補助[75]が府会で決議されている。とりわけ一九〇二年度の場合、当初諮問案中に修築費補助が入っていなかったにもかかわらず、上野の尽力で参事会において復活し、府費補助が盛り込まれるという経緯をたどっている[76]。こうして日露戦争中の一九〇五年五月三一日、浅茂川港修築工事は竣工した[77]。

右のごとく、浅茂川村は上野弥一郎＝憲政党・立憲政友会とのパイプを通じて、一村としてはまさに破格の補助を引き出すことに成功した。この結果同村の野村市五郎・浜岡作左衛門・高塚政之助・浜岡三郎兵衛ら村長・村会議員クラスの人々は上野に従って憲政党に入党し[78]、竹野郡における同党＝立憲政友会の強固な基盤となっていく。第七回総選挙に際して、浅茂川村有権者五四名中、自書できない二名、他行あるいは病気のため棄権した六名、字下岡の神鞭派二名を除き、四四名が上野に投票し、さらに鳥取・和田野・竹野・間人・木津・峰山といった周辺町村に運動員を派遣するなど、野村市五郎らは上野を全面的に支援した[79]。

こうして憲政党＝立憲政友会への組織化は進められていったが、その成果である党員数の変化を表21に示した。一八九九年九月の府会議員選挙直後の一〇月に二三〇〇名余であった憲政党京都支部の党員数は、一一月二七日に開会した通常府会前後に南桑田や加佐・与謝・竹野各郡を中心に一気に増加し、立憲政友会発足直前の一九〇〇年九月一五日には三一〇〇名を超えた。その後も入党者は増え続け、一九〇一年一一月三〇日開会の通常府会会期中に開かれた秋季総会の時点では、浸透の遅れていた熊野郡からも多くの入党者を迎え三七〇〇名近くに達し、以後ようやく横ばいとなる。

一八九九年九月の府会議員選挙後拡大し続ける憲政党＝立憲政友会に対し、神鞭＝憲政本党側は有効な対抗策を打ち出し得ていない。一九〇〇年上半期の同派の主張の特徴は次の二点である。第一に丹後に向けては、「明治二十年同二十二年二回の特別地価修正ハ誰の効なる、宮津の開港ハ何人の賜物なる、丹後ハ二回の地価修正のために年々五万有余円の民力を休養せられつゝあるニあらずや、一年の減租を以て一中学校位ハ設立し得るにあらずや[80]」と、神鞭の過去の実績を回顧しながら、減租＝民力休養の効果を強調した。

第二に、一九〇〇年四月以降の金融逼迫・輸入超過額の激増に際し[81]、改めて軍縮論を展開した。憲政本党京都支部は、一八九九年一〇月、機関新聞として『京都日日新聞』の発刊に踏み切ったが[82]、同紙は「国威国権の宣揚は血と鉄とにありと信じたる時代は既に過ぎ去りたり[83]」と、自らが軍事力を全面に押し出した「帝国主義」の反対者であることを鮮明にした[84]。そして、「財界の不振一に輸出入の不平均に在るが如しと雖も遠く由来を繹ぬれば、政府が財政計画を誤りたるに因るべく、其歳計の失敗は乃ち不急の軍備拡張に基けり、而して徒に軍備を拡張して国民の経済を殆からしめるものは、彼の一介の武弁たる山県宰相等の軍人政治家にあらずや[85]」と軍縮を主張し、具体的には陸軍の削減を提示した。また、軍拡は外国の猜疑心を招くとし、そうした軍拡に斟酌を加えるならば外資輸入・外債募集にも資すると、折からの経済不況への処方箋としても軍縮を位置付けた[86]。

こうした減租論・軍縮論を揺さぶったのが、一九〇〇年六月義和団運動の激化から勃発した北清事変である。憲政本党が第一五議会へ向け財政計画の調査に乗り出した点を減租論の放棄かと推測されたのに対し、神鞭派は、「我々の先年来地租増徴に反対し来りたる者ハ、地租の悪税たるを認むると同時に、平素ハ可成財政上の余力を養ひ置きて、一朝有事の日ニ備へんとの意に外ならず、然るに這回清国事変の襲来ハ実に内外の形勢を切迫せしめ、今日ハ其所謂有事の日に際せるニて経費の増加も亦巳むを得ざる所」(87)と、増租を認めたとも受け取れる認識を示した。東アジア情勢の緊迫化は、憲政本党の減租論を支える国際情勢認識に動揺を与えたのである。軍縮論も一九〇〇年下半期には『京都日日新聞』の紙面から姿を消す。(88)こうして一九〇一年二月四日、憲政本党代議士総会は政府の増税案を容認するに至る。京都府の同党所属代議士の内、神鞭を除く石原半右衛門・喜多川孝経・小松喜平治の三名は、増税反対の意見をもって脱党し、三四倶楽部に参加した。

憲政本党が減租論にかわって争点として選んだのは外交問題であった。北清事変を契機に一九〇〇年秋から本格化した「支那保全」・対露強硬策を主張する国民同盟会運動に積極的に関与し、党勢拡張を図ろうとしたのである。神鞭は、憲政本党側の交渉委員として同会発足以来運動に深く関わっていた。しかし国民同盟会運動も、一九〇一年六月の第一次桂太郎内閣成立以後は振わず、翌年四月二七日に解散した。(89)このように神鞭＝憲政本党にとって非常に厳しい状況のなかで、一九〇二年八月一〇日の第七回総選挙を迎えたのである。

立憲政友会本部が、一八九九年の衆議院議員選挙法改正により大選挙区制となって初めての第七回総選挙へ向けて動き出したのは、一九〇二年四月である。同月四日、候補者を選定するために選挙委員会を設けるよう各地方支部へ訓示を出したのである。(90)これを受けて同党京都支部は、五月四日に開かれた支部評議員会で選挙委員の詮衡委員一〇名を選んだ。(91)翌日の詮衡委員会では、選挙委員を市部二〇名、郡部九〇名とし、各郡への人数の割当を行っている。(92)選挙委員の詮衡は慎重を極め、各郡及び京都市から予選された人物を個別に審議し、五月一八日に決定した。(93)支部選挙委員会第一回総会は六月一日に行われ、会長を河原林義雄とし、左の「選挙委員設置に関する規定」を採択している。

（第一〜三項略）

一本会に常任委員十五名を置き緊急事務を処理せしむ

一本会は各郡市枢要の地に選挙事務所を設置す

一支部幹事代議士及候補者は本会に於て意見を述ぶるを得

実権を持つのは常任委員であり、同日一五名を選出した。(94)六月一五日に開かれた二度目の支部選挙委員会は、選挙法改正によって大選挙区制と市部独立選挙区制が採用されたことを受けて、まず市部候補者を奥野市次郎(95)とした。次いで、郡部候補者は五名立てることとし、得票区域を旧選挙区とするという地域割を定めた。その後候補者の選定に入り、旧第六区を上野弥一郎とした以外は、地域での予選が難航し保留となった。(96)結局七月に入り愛宕郡が支部選挙委員会に一任したため旧第三区は田中祐四郎(97)に、旧第四区は当初から有力視されていた奥繁三郎に決した。残る旧第五区＝丹波は、一人は羽室嘉右衛門(98)に決まっていたが、もう一人については山口俊一と井上釘之助(99)の間で抽籤が行われ、山口に落着した。(100)この決定方法を不服とした支部幹事並河栄慶（井上派）が異議を唱えたものの、七月二二日の支部常任委員会で投票により山口俊一を最終的に候補者に選出した。(101)こうして政友会京都支部は、郡部定数五の枠いっぱいの候補を立てて総選挙に臨むこととなった。これに対し憲政本党側は、府全体での組織立った選考はできず、神鞭知常（丹後）・石原半右衛門（丹波）・西川義延（山城）の三人が立った。

さて、旧第六区を舞台に争った上野弥一郎と神鞭知常の内、上野が有権者に配布した立候補挨拶状は次のような内容であった。

拝啓、向暑之候倍々御多祥奉慶賀候、陳ハ来ル八月十日執行セラルヘキ衆議院議員選挙ニ付、有志諸君ノ御推薦ニ依リ不肖弥一郎亦其候補者ニ加ヘラレ候、弥一郎儀去ル明治十五年始テ府会議員ニ当選シ、已来茲ニ二十年我最モ敬愛セル丹後五郡ノ有力ナル後援ヲ得テ、時ニ或ハ常置委員為リ参事会員ト為リ又府会議長ト為ルノ栄(下欠)ヲ荷ヒ、常ニ翼々以テ諸君方ノ希望ヲ空フセサランコトヲ是レ勉メタリシカ、今ヤ又衆議院議員ノ候補者タルノ栄ヲ与ヘラル、幸ニシテ諸君方ノ御賛襄ヲ得テ当選ノ運ニ立至リ候ハヽ、地方ノ為メ国家ノ為メ誠意正心以テ奉公ノ大義ヲ尽サン事ヲ期ス、希クハ弥一郎ノ微衷ヲ諒サレンコトヲ

右得貴意度如此御座候、敬具

明治三十五年七月

上野弥一郎[102]

他方神鞭は、四月に丹後各地を巡回して演説会を挙行[103]して以降は地元に戻らず、選挙運動らしき活動はほとんど行わなかった。のみならず、「当地有志者ヨリ神鞭氏運動致トカ申遣シタレハ、神鞭ヨリ、運動等ニテ代議士ニ当撰スルハ決シテ本意ニアラサル故止呉ト回答有之候由[104]」とあるごとく、運動員による活動を抑制しさえしたのである。

従って、立候補挨拶状を配布した形跡がないため、以下に丹後五郡有志者による推薦状を掲げる。

拝啓、益々御清栄奉賀候、陳ハ今回ノ衆議院議員総選挙ハ吾人国民ノ権利ヲ伸張スルノ時ニ有之、而シテ有権者諸君ノ国家ニ忠実ナル克ク公平無私国家ヲ念トスル真摯ナル国士ヲ撰出セラル、ハ吾々ノ信シテ疑ハザル処ニ候、従来京都府旧第六区即チ吾丹後ハ、他地方ノ如ク悪弊ニ浸染セシ政党ニ惑溺セズ醜声ヲ流サヽリシハ、是レ偏ニ諸君カ国家ニ忠実ナルノ証左ニシテ、明治憲政史上ニ於ケル美談トシ社会ニ誇ルニ足ルト存候、現時各地方ニ於ケル総選挙ノ状況ヲ視ルニ、醜声汚行憲政ヲ阻害シ為メニ国政ノ前途大ニ憂慮ニ堪ヘズ、吾地方ヲシテ斯ル憲政ノ運用ヲ誤リツ、アルノ社会ニ介在シ、独リ毅然誤ラサランコトヲ之レ勉メ世ノ模範トナリ美名ヲ後世ニ残サシムルハ諸君ノ忠実ナルニヨラザルヲ得ス、現代議士神鞭知常君ハ当世ニ於テ得易カラザルノ国士ニシテ、其経歴

ハ諸君カ夙ニ知ラル、処敢テ喋々多言ヲ要セス、氏ノ如キ気宇高邁識見卓越ナルノ士ヲ撰出シ国政ニ参与セシムルハ憲法政治ノ本旨ト存候、故ニ吾々ハ国家ノ為メ氏ノ再撰ヲ希望シ、京都府郡部衆議院議員候補者ニ推薦仕候、希クハ国家ニ忠実ナルノ諸君御賛成御尽力アランコトヲ切望ニ不堪候、頓首

明治三十五年七月

丹後五郡有志者[105]

上野弥一郎が、府会で積み重ねてきた閲歴と地方問題での実績を強調したのに対し、神鞭派は、神鞭が「当世ニ於テ得易カラザルノ国士」であるとの主張で対抗した。

選挙の結果は表22の通りである。政友会側は、愛宕郡で票が割れたほかは地域割が見事に成功し、五議席すべてを獲得した。これに対し憲政本党側は、総得票としては一議席を十分取れるのに票が分散して完敗を喫し、神鞭は初めて苦杯をなめた。府政界では少数派に転落した憲政本党が代議士では多数派（三四倶楽部を含む）を握っているというねじれた関係は、ここに清算された。

総選挙後の九月、態勢の立直しを迫られた憲政本党は、三四倶楽部に分裂したグループを含めた組織の確立を目指し、神鞭知常・石原半右衛門・西川義延らを発起人と

西川義延（憲政本党）	岡田泰三	井上釘之助	石原半右衛門（憲政本党）
1			152
		2	71
1			96
1			1
21			
57			
162			
121			
		244	413
		95	9
		163	359
		26	1
	11	435	30
		2	
	47		
	67		
	285		
	185		
364	595	967	1,130

表 22　第 7 回総選挙各候補者郡別得票数（定数 5）

	郡名	奥繁三郎（政友会）	羽室嘉右衛門（政友会）	田中祐四郎（政友会）	上野弥一郎（政友会）	山口俊一（政友会）	神鞭知常（憲政本党）
旧第三区	葛　野		3	505			10
	乙　訓			571			1
	愛　宕	1	114	153	70	9	112
	紀　伊	1		623			2
旧第四区	宇　治	284		9			2
	久　世	492					18
	綴　喜	806		1			3
	相　楽	920		28			
旧第五区	南桑田		458			4	1
	北桑田		327		1	6	2
	船　井		4		1	982	
	何　鹿	1	973		2	1	4
	天　田		1		2	772	3
旧第六区	加　佐				1,169	3	74
	与　謝		10		255		647
	中				64		436
	竹　野				129		170
	熊　野				98		172
	計	2,505	1,890	1,888	1,791	1,777	1,657

注.『日出新聞』1902 年 8 月 12・13 日により作成.

して、大政倶楽部の設立に乗り出した(106)。膨張を続ける府財政による府民の負担増が著しい点を捉え、争点化しようとしたのである。神鞭らは、「政友会側の候補者は其府会に於ける勢力を利用して選挙民を威喝し、現に奥繁三郎、上野弥一郎など云へる人々は公然一地方の土木に関する意見迄演説し、而して代議士候補者が地方の土木問題を云為する敢て差支なし、地方の土木問題に関する意見も一の政見なりなど公言して憚らざる有様(107)」と、地方利益の実現を強調して選挙を戦った上野らを攻撃した。一〇月五日には大政倶楽部の設置準備委員会が開かれ、委員長に神鞭を選出したあと同倶楽部規則を採択した。そこには、

　第三条　本部に於て討議を要する既目（概）左の如し

　一政弊を矯正する事

一冗費を省く事
一地方費の濫出を防ぎ地方事業の偏頗を禦く事
一幹事会又は会員より提出の事項(108)

と定められていた。政友会による「地方費の濫出」「地方事業の偏頗」に批判の矛先を向けたのである。

一方政友会京都支部も、すでに一九〇一年四月に恐慌が京都の経済界に甚大な打撃を与えた頃から、(109)地方財政の抑制へと動き始めていた。同年八月一三日の政務調査会・代議会では、府税軽減の件と臨時府会議案の審議を行うことを決め、政務調査会特別委員会では、土木費削減によって府税軽減を実現するよう提案すると伝えられている。(110)通常府会開会当日の一九〇二年一一月二五日に行われた政友会京都支部総会では、

一吾京都府下に於ける地方費（府税郡市町村税）は年々膨張の一方に傾けり、之れが為めに幾多の地方の事業進歩を促し得たりと雖も、更に民力の之れが負担に堪へ難き情状あるを洞見すれば、今に及んで切実に緩急を察し大に地方費緊粛の方針を取ること、寧ろ地方公益を増進するに適すべきを信ず、是の故に本会は時情の必要に応じ断然之れが緊粛節減を実行せんことを決議す(111)

との決議案を可決し、(112)明確に地方費の抑制に乗り出した。神鞭らの狙いは外れ、政友会との政策的差異は急速に縮小していくのである。しかも抑制方針の中で敢えて公共事業の実現を図ろうとする人々は、府会多数派の政友会をさらに頼らざるを得なくなっていく。

事態は国政でも同様であった。一九〇二年一月日英同盟が結ばれ、第一次桂太郎内閣は日露の対決を想定して第三期海軍拡張計画を策定する。海軍拡張を認めながら地租増徴継続に反対する政友会は、行財政整理による海軍拡張を主張するに至る。他方、長く非増租論を唱え続けながら党としては軍拡を否定し得なかった憲政本党も、行財政整理

による海軍拡張費の捻出論に傾斜していった。国政においても第一七議会を迎える頃には、政友会、憲政本党が揃って増租継続反対で第一次桂内閣と対決することとなった。[113]

神鞭自身は一九〇三年三月の第八回総選挙で返り咲きを果たすが、[114]京都府郡部での他の当選者はいずれも政友会員の奥繁三郎・田中数之助・田中祐四郎・上野弥一郎であり、府政界での力関係は政友会の圧倒的優位のまま変わらず日露戦争に至るのである。

おわりに

本章では、憲政党と憲政本党への分裂から一八九九年九月の府会議員選挙を経て立憲政友会成立に至る過程で、京都府における憲政党＝立憲政友会の覇権が成立し、一九〇二年の第七回総選挙によって国政レベルでも政友会の圧倒的優位となることを明らかにした。

こうした事態を生み出した要因の第一は、神鞭派により日露協調論→非増租・軍縮論→軍縮で浮いた資金による国内産業の育成、とりわけ海陸交通の発達・普及への投資・保護という主張の下に進められてきた、宮津港の特別輸出港指定・丹後鉄道株式会社の設立・日露韓貿易株式会社の経営という地域ぐるみの地域振興策が、日清戦後の相次ぐ経済恐慌と東アジア情勢の緊迫化のために、一八九九年から一九〇〇年頃に破綻したことである。丹後でも、全国的動向と符節を合わせるようにして名望家投資の限界が露呈したのである。

第二は、非増租論をとった憲政本党と疎隔した田中源太郎ら京都財界＝茶話会派の憲政党への接近である。国家経済会で共に活動するなど初期議会以来密接であった神鞭知常と田中源太郎ら京都財界との関係は終止符が打たれ、丹後における旧公民会派の中心人物で京都財界の一員でもあった加佐郡の上野弥一郎は、田中源太郎の示唆を受け入れる形で憲政党へ入党する。和歌山県・岐阜県・岡山県と同様に京都府でも、市部の商工業者や弁護士らとの連繫が憲政党による府政界での多数派形成に決定的な意味を持ったのである。

第三は、膨張を続ける府財政を通じた地方利益供与による、憲政党・立憲政友会への組織化の進行である。当面の焦点は中学校増設問題であり、第三中学校の設置場所として福知山を推す丹波派と宮津説を唱える丹後派の対立は、丹波・丹後に大きな勢力を有した土木協会の基盤を解体し、土木協会派と自由党の拮抗状態が続いていた府会のバランスが崩れ、自由党＝憲政党優位の状況が生み出された。主導権を掌握した憲政党は、府財政を通じた公共事業の配分を支部内に設けた代議会で決める仕組みを作り出し、それが立憲政友会京都支部へと引き継がれる。京都府会はこの代議会の決定を追認する場となった。日清戦争後、鉄道や電信、航路の拡張は主に国家財政の負担で行われたものの、河川、道路・橋梁、港湾・潮除、農業用水利、教育などの費用は主として地方財政が担っていた(115)。府県財政を通じた地方利益の行方が地方政界での争点となり、名望家投資の限界が露呈するにつれて、地域振興の成否を府県財政による公共事業の実現に結び付ける動きが強まっていくのである。

これらの要因が重なり、一八九八年の第一次大隈重信内閣の崩壊から九九年九月の府会議員選挙、一九〇〇年九月の立憲政友会結党を経て一九〇一年に至るまで、京都府の憲政党＝立憲政友会の党員数は継続的に増加していった。その結果、神鞭派の独壇場であった与謝・竹野・中・熊野四郡、進歩党系の勢力が強かった葛野・船井両郡、公民会の系譜を引く地方名望家が多かった南桑田・加佐両郡などにも憲政党＝立憲政友会の党員が増え（表21）、政友会の影響力は京都府全体に及ぶようになった。一九〇二年八月、任期満了に伴って行われた第七回総選挙において京都府の政友会は、郡部有権者の二割強を党員に組織して圧勝する。大選挙区制下では候補者の出身郡を押さえただけでは当選できない。京都府の政友会支部は和歌山県支部などとは異なり、候補者の選定と地域割に関与することで選挙における存在感を増し、地域社会での政党化の流れを促進したのである。

以後、一九〇三年三月の第八回総選挙でも京都府の政友会は、郡部五議席のうち四議席を確保した。一九〇四年三月の第九回総選挙では、候補者調整の失敗から奥繁三郎と河原林義雄の二議席に止まったものの、〇五年七月に芦田鹿之助が甲辰倶楽部から政友会に移り、同年六月に死去した神鞭知常の補欠選挙で上野弥一郎が、〇七年一一月に死去した井上与一郎の後任に西田作次郎が当選して、政友会が全五議席を独占した。京都府政界での政友会優位は、大正政変後に二段階を経て京都府政友会が分裂するまで続くのである。(116)

注

(1) 序章注(50)。

(2) 有泉貞夫『明治政治史の基礎過程—地方政治状況史論—』(吉川弘文館、一九八〇年)第四章第二節。

(3) 阿部恒久『近代日本地方政党史論—「裏日本」化の中の新潟県政党運動—』(芙蓉書房出版、一九九六年)第五・六章。

(4) 手島仁「群馬県における県会党派の発生と展開」(櫻井良樹編『地域政治と近代日本—関東各府県における歴史的展開—』日本経済評論社、一九九八年所収)。自由党が優勢な府県を対象に日清戦後の地方政治を扱った論稿として、重松正史「日清戦後の地方政治—大水害と復興過程—」(『日本史研究』三二四、一九八八年)があるが、一八九九年の県会議員選挙以後には分析が及んでいない。

(5) 野田秋生『大分県政党史の研究—自由民権と党派の軌跡—』(山口書店、一九九〇年)第二部第二節。

(6) 久野洋「地域政党鶴鳴会の成立—明治期地方政治史研究の一視角—」(『史学雑誌』一二五—七、二〇一六年)第一章。

(7) 伊藤之雄『立憲国家と日露戦争—外交と内政 一八九八〜一九〇五—』(木鐸社、二〇〇〇年)第二部第二章。一八九九年九月の県会議員選挙で憲政本党優位を覆して憲政党が勝利した佐賀県を検討した、西山由理花『松田正久と政党政治の発展—原敬・星亨との連携と競合—』(ミネルヴァ書房、二〇一七年)第Ⅱ部もある。ただし、佐賀県では大隈重信に繋がる武富時敏・江藤新作ら憲政本党勢力も侮れず、国政選挙を含め両者が互角の争いを続けている。また、東京の府会・市会も、一八九九年九月の選挙を画期に政友派が主導するようになるが、市部での衆議院議員の議席は過半数を大きく下回ったままであった（櫻井良樹『帝都東京の近代政治史―市政運営と地域政治―』日本経済評論社、二〇〇三年、第二章）。

(8) 和歌山県は伊藤之雄同右書第二部第二章、岐阜県は重松正史前掲論文、岡山県は久野洋「日露戦前の水道敷設と地方都市政治―岡山市上水道敷設問題をとおして―」（『日本歴史』八一〇、二〇一五年）参照。

(9) 『日出新聞』一八九八年一一月五日。

(10) 同右一八九八年一一月二一日。

(11) 葛野郡嵯峨村。一八九〇年府会議員当選。第六回総選挙で衆議院議員となる。進歩党京都支部常議員、のち憲政本党。

(12) 『日出新聞』一八九八年一一月五日。

(13) 与謝郡与謝村。一八九八・九九年と府会議員に重選。天橋義塾に学び立憲政党加盟。神鞭知常に師事し、帝国議会開設直後には神鞭に従って政務調査に従事。国家経済会員。憲政本党からのち立憲国民党。

(14) 『日出新聞』一八九八年一一月二一日。

(15) 同右一八九八年一二月一六日。

(16) 創刊者は、神鞭知常・佐久間丑雄・津原武・今林喜一の四名であり、週刊であった。

(17) 『丹後新報』一八九八年一二月四日。

(18) 同右一八九八年一二月一八日。

(19) 同右一八九八年一二月一一日。

(20) 同右一八九九年一月一五日。

(21) 同右一八九八年一一月二七日。同年一二月二五日でも、「我国貿易上日本海の必要あるニも拘はらず其用ひられざるや久し、而て其将さに大に為すあらんとするものは西伯利の鉄道あるニ由る」と述べている。

(22) 同右一八九九年四月九日。

(23) 京都府編『京都府会志』（一九一三年）五七頁。

(24) 『日出新聞』一八九九年一一月二八日。

(25) 同右一八九九年一二月八日。『近畿評論』第一二号（同年一二月）の「京都府下の新憲政党員」によれば、一八九九年一月から一二月一五日までの新入党者は、加佐郡一五名、与謝郡二〇名、竹野郡九三名に上っている。この内の大半は一一月から一二月の新入党者である（後掲表21参照）。
(26) 『日出新聞』一八九九年一二月一九日。
(27) 南桑田郡亀岡町。府会議員を経て、第八・一一回総選挙で衆議院議員となる。京都公民会、土木協会、憲政党からのち立憲政友会。田中源太郎の義兄で、垂水新太郎と共に源太郎の国家老的位置にあった（『田中源太郎翁伝』一九三四年、三三八〜三四一頁）。
(28) 南桑田郡馬路村。一八九四年西園寺公望文相秘書官から京都大学書記官となる。一九〇〇年京都法政学校を創設。一九一二年退官後、台湾銀行副頭取・頭取。一九二五年貴族院勅選議員。
(29) 「外国貿易ニ関スル歴史」（宮津市蔵『宮津商港及鉄道速成一件宮津福知山間鉄道急設請願』）。
(30) 京都府立丹後郷土資料館蔵永島家文書D—六—五二九「日露韓貿易株式会社書類綴」中の、一八九七年四月一五日「臨時株主総会開催通知」。
(31) 一八九八年上半期から恐慌状態に陥り、九九年上半期まで続いた（長岡新吉『明治恐慌史序説』東京大学出版会、一九七一年、一二二〜一二三頁）。
(32) 宮津市蔵『商港に関する書類』。上野家文書一八四三〇「〔臨時総会決議事項通知〕」、宮津市史編さん委員会編『宮津市史』史料編第四巻（宮津市役所、二〇〇一年）五〇四番史料として所収。
(33) 京都〜園部間の営業開始は一八九九年八月である。京都鉄道株式会社が経営不振に陥った状況については、老川慶喜『明治期地方鉄道史研究』（日本経済評論社、一九八三年）第Ⅰ章四参照。
(34) 『丹後新報』一八九九年四月一六日、前掲『宮津市史』史料編第四巻、五〇三番史料として所収。
(35) 宮津市史編さん委員会編『宮津市史』通史編下巻（宮津市役所、二〇〇四年）八一五頁（筆者執筆）。その後も、一九〇〇年七月、阪鶴鉄道株式会社は南清社長の名前で「福知山駅ヨリ舞鶴・宮津ニ達スル線路敷設ノ義ニ付緊急稟請書」を芳川顕正逓信大臣宛に出したものの、これも認められなかった。大阪商業会議所も同年一二月、同趣旨の「大阪舞鶴並ニ宮津線鉄道速成ニ関スル意見開申書」を伊藤博文首相宛に提出しており、政府の認可さえ下りていれば、日露戦争前に資本力に優る大阪財界によって丹後に鉄道敷設が実現した可能性が高い。

(36) 神鞭知常「戦後の経済(上)」(『日本人』第八号、一八九五年一〇月二〇日)。
(37) 神鞭知常「戦後の外交(中)」(同右第六号、一八九五年九月二四日)。
(38) 神鞭知常「戦後の経済(中)」(同右第一〇号、一八九五年一一月二〇日)。
(39) 神鞭知常「戦後の経済(下)」(同右第一一号、一八九五年一二月五日)。
(40) 神鞭知常前掲「戦後の外交(中)」。
(41) 陸羯南の対露協調論とその転回については、酒田正敏『近代日本における対外硬運動の研究』(東京大学出版会、一九七八年)九二～九八頁による。
(42) 『丹後新報』一八九九年一二月一〇日。
(43) 京都市にあった京都府尋常中学校に続いて、一九〇〇年には第二中学校が紀伊郡上鳥羽に開校した。
(44) 一八九三年から一九一二年に至る京都府会での中学校論議を跡付けたものに、伊藤和男「京都府会における中学校論議―明治後期―」(本山幸彦編『京都府会と教育政策』日本図書センター、一九九〇年所収)がある。
(45) 『日出新聞』一八九八年一二月六日。
(46) 同右一八九八年一二月八日。
(47) 同右一八九八年一二月一八日。
(48) 同右一八九八年一二月三日。
(49) 同右一八九八年一二月二四日。
(50) 上野家文書「一八九九年一月三〇日上野弥一郎宛犬石藤七書簡」。同書簡には、「過日山口俊一氏等ヨリ小生ニ局外中立セヨト段々被進、其語之内ニ貴台(上野―筆者)閣下等モ同方針ニ付、至急本党ヲ脱セヨトノ勧告ヲ受タ」とある。
(51) 『日出新聞』一八九九年六月二五・二七・二九・三〇日。
(52) 同右一八九九年一二月六・八・一四・一五日。
(53) 同右一八九九年一一月二八日。
(54) 『丹後新報』一八九九年一二月一〇日。神鞭直系の津原武は、与謝郡会から中学問題で上京した議員を評して、「我郡一二ノ輩ヨリ憲政党ニ対シ、此際中学問題ノ否決ヲ受クル方党勢拡張ニ便利ナリトノ意味ヲ以交渉致候者有之候由、実ニ売郡奴、獅子心中ノ虫」と記し、否決によって憲政党によらざれば地方利益の実現は叶わないと認識させ党勢拡張を図ろうとする態度を、強く非難している（上野家文書「一八九九年一二月八日上野弥一郎宛津原武書簡」）。

(55) 上野家文書八六四〇「一八九九年一一月一一日永島米治・坪倉重和宛上野弥一郎書簡草稿」。

(56) 『日本人』第八四号（一八九九年二月五日）は、非増租運動を進める憲政本党と新聞界の関係について、次のように述べている。

進歩派の機関以外に在りて嘗て大隈伯及び進歩派に対して非常に同情を寄せたる新紙にして全然反対の地に立ち、大隈伯及び憲政本党攻撃に鋭意なる者あり、旧改進党の機関新聞とも称ふべき者にして増租に対し賛否を異にし、為めに反対の地に立てるあり、其他の新聞紙にして今猶ほ憲政本党に同情を寄する者も曩時の進歩派に寄せしものに較ぶれば厚薄の度相距ること甚だ遠く、之を総ぶるに、都下の新聞紙、及び大阪、京都の力ある新聞紙が憲政本党に対するの態度往日に比すれば一変せり

浜岡光哲が社長を務め、田中源太郎・浜岡ら京都財界＝茶話会派の意向を反映する「京都の力ある新聞紙」＝『日出新聞』も、一八九八年一二月から増租論に立って憲政本党批判を展開するようになる。

(57) 本章注(55)。

(58) 上野家文書八六四一「臨時丹后倶楽部ノ催会ヲ要求セシ理由書」。

(59) 上野家文書八三二五「一八九九年一二月二日『報告第八号』」。

(60) 京都府でも有泉貞夫がいうように、一八九九年九月の府会議員選挙を画期に府会の全面的政党化が進んだのである（同前掲書二八五頁）。

(61) 『日出新聞』一八九九年一二月一七日。

(62) 同右一八九九年一二月一八日。

(63) 紀伊郡上鳥羽村。府会議員に八選した後、一九〇二・〇三・三〇・三二年の総選挙で四選。山城自由倶楽部設立に関与、自由党京都支部常議員。のち憲政党、立憲政友会、政友倶楽部、中正会、憲政会、立憲民政党に所属。

(64) 『日出新聞』一九〇〇年一一月一九日。

(65) 同右一九〇〇年一一月二一日。

(66) 同右一九〇〇年一一月三〇日。

(67) 上野家文書「一八九七年一〇月一八日上野弥一郎宛野村市五郎書簡」。

(68) 上野家文書「一八九七年一一月二五日・一二月九日上野弥一郎宛野村市五郎書簡」。
(69) 上野家文書「一八九八年二月二七日上野弥一郎宛野村市五郎書簡」。
(70) 上野家文書。
(71) 上野家文書「一八九九年一一月一一日上野弥一郎宛坪倉重和書簡」。
(72) 同右。
(73) 『明治三十三年京都府通常郡部会決議録』二五五頁。
(74) 『明治三十四年京都府通常郡部会決議録』一四九頁。
(75) 『明治三十五年京都府通常郡部会決議録』一八八頁。
(76) 上野家文書「一九〇一年一一月二三日上野弥一郎宛野村市五郎書簡」。
(77) 『京都府誌』下巻（一九一五年）。
(78) 『近畿評論』第一二号（一八九九年一二月）。
(79) 上野家文書「一九〇二年八月一三日上野弥一郎宛野村市五郎・浜岡三郎兵衛・橋本健爾書簡」。
(80) 『丹後新報』一九〇〇年二月一八日。
(81) 長岡新吉前掲書一三二～一三六頁。
(82) 東京大学明治新聞雑誌文庫蔵。同紙の発刊については、幹事らの専断であるとする批判があると報じられている（『日出新聞』一八九九年一〇月九日）。
(83) 『京都日日新聞』一九〇〇年三月七日。その例として同紙は、日清戦後の台湾経営の失敗を挙げている。
(84) 経済的利権の獲得とは区別して、軍事力による領土支配こそ「帝国主義」であるとし、それを時代遅れで否定すべきものとした陸羯南の所論に極めて近い。この点については、遠山茂樹「陸羯南の外政論―とくに日清戦争前後の時期を中心として―」（『横浜市立大学論叢』二四―二・三、一九七三年）二六～二九頁参照。
(85) 『京都日日新聞』一九〇〇年五月二三日。
(86) 同右一九〇〇年五月一七日。
(87) 『丹後新報』一九〇〇年九月九日。

(88)『京都日日新聞』は一九〇〇年五月末頃から、府会市部会・市参事会を事実上牛耳る茶話会系攻撃をエスカレートさせていく。当時京都市の二大工事とされた「道路拡張・下水改良」問題、円山公園ホテル建設問題、京都倉庫株式会社など茶話会系企業の経営問題など、攻撃の矛先は実に多岐にわたっている。

(89)国民同盟会運動については、酒田正敏前掲書第三章、坂井雄吉「近衛篤麿と明治三十年代の対外硬派―『近衛篤麿日記』によせて―」(『国家学会雑誌』八三―三・四、一九七〇年)によった。「支那保全」論については、坂野潤治「『東洋盟主論』と『脱亜入欧論』」(佐藤誠三郎、R・ディングマン編『近代日本の対外態度』東京大学出版会、一九七四年)五四～六二頁参照。

(90)『政友』第一九号(一九〇二年四月一〇日)。川人貞史『日本の政党政治 一八九〇―一九三七年―議会分析と選挙の数量分析―』(東京大学出版会、一九九二年)一五一～一五二頁。

(91)『日出新聞』一九〇二年五月六日。

(92)同右一九〇二年五月七日。

(93)同右一九〇二年五月一九日。

(94)同右一九〇二年六月二日。

(95)国会期成同盟に参加、一八八一年自由党入党。一八八七年府会議員に当選。一八八九年愛国公党加盟、九〇年から『自由新聞』に従事。九四年三重県第五区から出馬し尾崎行雄と争う。なお、松尾尊兊『普通選挙制度成立史の研究』(岩波書店、一九八九年)によれば、奥野は一九〇〇年に普通選挙期成同盟会に入会している(三六～三七頁)。

(96)『日出新聞』一九〇二年六月一六日。候補者の調整が難航した様子は、上山和雄による神奈川県の分析からも読み取れる(同『陣笠代議士の研究―日記にみる日本型政治家の源流―』日本経済評論社、一九八九年、八二～八四頁)。

(97)同右一九〇二年七月三日。

(98)何鹿郡中筋村。府会議員に三選後、第七回総選挙で衆議院議員となる。自由党から憲政党、立憲政友会。

(99)大阪毎日新聞記者。父親の井上善助は長年百三十銀行重役として福知山近辺に勢力があった。『日出新聞』一九〇二年五月一日の記事では、小松原英太郎・松本重太郎の手を経た「御用候補者」としている。

(100)『日出新聞』一九〇二年七月二〇日。

(101)同右一九〇二年七月二四日。七月二七日に開かれた支部幹事会は、その後も井上釘之助を推し運動を続けた幹事並河栄慶を除名処分とするよう本部に要請している。

(102)　上野家文書四八七一「衆議院議員選挙立候補挨拶状」。
(103)　『日出新聞』一九〇二年四月三〇日。
(104)　上野家文書四八八八「一九〇二年七月二一日上野弥一郎宛木船衛門書簡」。
(105)　上野家文書四八三三「神鞭知常推薦状」。
(106)　『日出新聞』一九〇二年九月一三日。
(107)　同右。
(108)　同右一九〇二年一〇月六日。
(109)　京都商工銀行にも取付け騒ぎが起き、浜岡光哲が社長を務める関西貿易会社は破産に追い込まれた。
(110)　『日出新聞』一九〇一年八月一〇日。
(111)　同右一九〇二年一一月二五日。
(112)　同右一九〇二年一一月二六日。
(113)　この間の経緯については、升味準之輔『日本政党史論』第二巻（東京大学出版会、一九六六年）第六章第二節、山本四郎『初期政友会の研究』（清文堂出版、一九七五年）第四章参照。
(114)　憲政本党京都支部は一九〇三年一月、第七回総選挙で政友会京都支部の候補者となれなかった井上釘之助派と結び、癸卯会なる組織を設立した（『日出新聞』一九〇三年一月二八日）。第八回総選挙では憲政本党は神鞭知常と井上釘之助に候補を絞り込み、何とか神鞭の一議席を獲得した。なお、癸卯会の中心人物として西原亀三の名前もみえる（『日出新聞』一九〇三年一月二八日）。第八回総選挙では前回と異なり、神鞭本人に加えて西原・神谷卓男など神鞭の薫陶を受けた人々が大挙して丹後に入って運動を展開した（橋本五雄編『謝海言行録』〈秀英舎、一九〇九年、一九八八年に大空社より復刊〉中の「五四神谷卓男氏記」）。なお、この選挙で敗れた井上釘之助は、原敬が社長に就任した大阪新報社の記者となる（拙稿「原敬社長時代の『大阪新報』―日露戦争期を中心に―」伊藤之雄編著『原敬と政党政治の確立』千倉書房、二〇一四年）。
(115)　大石嘉一郎『近代日本の地方自治』（東京大学出版会、一九九〇年）第三章、沢井実・谷本雅之『日本経済史―近世から現代まで―』（有斐閣、二〇一六年）二二七～二三〇頁参照。

（116） 日露戦後、大正政変を経て政友会による京都府政界の支配が崩壊する経緯については、拙稿「日露戦後地域政治史研究の視角―京都府域を事例に―」（『新しい歴史学のために』二六三、二〇〇七年）参照。

終章　日露戦後の地方名望家と地域社会

最後に日露戦後への展望について述べておきたい。

序章で述べたように、一九〇〇年の日清戦後恐慌を境に、企業勃興の中心を担った鉄道業や紡績業での企業合併が本格化し、銀行業でも行数が減り始め、会社の地方への分散は中央への集中へと転換する。名望家的投資の限界が露呈するのである。日露戦後も、電力業の発達により都市経済の基盤が確立するとともに、鉄道・銀行・紡績各産業分野を通じた企業合併と鉄道国有化により、地方企業の多くは中央に呑み込まれ、会社数・払込資本金額での東京・大阪への集中が急速に進展した(1)。

こうして名望家的投資の限界が明確となるにつれて、丹後における鉄道敷設運動も変容していった。日露戦後に日本海での軍事的緊張が緩み舞鶴鎮守府の地位が低下すると(2)、隣接する軍港の制約からままならなかった舞鶴港の整備が行われ、舞鶴港は宮津港と異なり開港場に認められなかったものの、一九一三年には入港船舶・取扱貨物ともに宮津港を上回った(3)。両港が競合関係に立つなかで、宮津港の地盤沈下は着実に進んでいく。

事態打開の鍵は商港育成と一体となった鉄道敷設にあると考えた与謝郡では、宮津―福知山間の鉄道敷設を求める請願運動が続けられた。まず、一九〇六年一二月一日、宮津―福知山間に電気鉄道を敷設しようと、山本浅太郎宮津町長らが大阪に出向き、大林組の創設者大林芳五郎らに会見して依頼を行った。翌年二月には、宮津実業協会の主唱で宮津電気鉄道株式会社の創設に着手し、大阪市電気局技師杉山工学士の設計で予算一七〇万円に上る発起願書を提出したが、恐慌の発生などの悪条件が重なり、計画は頓挫した。

その後与謝郡では、一九〇八年四月、郡内一致して鉄道敷設運動を進めるために丹後鉄道急設期成同盟会が組織され、津原武ら一〇名が委員に選出された。一九一〇年三月には中川雄斎らによる「宮津貿易港並宮津福知山間鉄道速成ノ請願」が、一一年一月と一二年一月にも同様の請願が貴衆両院に提出され、運動は執拗に続けられていく(4)。神鞭知常に代わりこの鉄道敷設運動と中央政界を繋いだのは、一九〇八年五月の総選挙で当選した竹野郡出身の政友会代議士岡田泰蔵であった。岡田は「日本海と宮津港」と題する小冊子を丹後地方の町村長や有権者に配布して、「宮津港の発展を推進して日本海の水運の利用を高め、京阪神への陸送を企図」した(5)。神鞭らが丹後や京都市の資本を動員した民設鉄道の敷設を目指したのに続き、日露戦後の与謝郡における鉄道敷設運動も当初大阪財界と結んだ民設鉄道を構想していたが、次第に政友会の岡田泰蔵を通じた官設鉄道の敷設に望みを託すようになる。このように、桂園時代の下、鉄道敷設運動が政友会への依存を強めていくにつれ旧神鞭派は解体していき、津原武をはじめとしてかつての政敵である政友会へ入党する者が相次いだ。

一方で、日露戦後にも企業勃興の動きがあり、一部の県を除いて地方での会社数と払込資本金額は停滞か微増となっており、中央との格差は歴然としてあるものの、地方資産家に担われた地方での経済活動は依然として継続している点も重要である(6)。

例えば、京都府丹後地域での電力業は、一九一〇年二月、宮城宗七（質屋業、宮津銀行取締役）・三上勘兵衛（元藩御用達商人、廻船業）・黒田宇兵衛（酒造業、元府会議員、宮津町長）・松本砂（医師、府医師会与謝郡支部長、後に府会議員）・津原武（弁護士、府会議員）・原弥生（弁護士）・砂田重政（弁護士、後に代議士）らが発起人となり、関西の電気王と称された愛媛県人才賀藤吉と諮って宮津電燈株式会社を創立したことに始まる。宮津町を代表する商人＝地方資産家と他地域出身でありながら宮津町で開業した弁護士が、電力業の知識を有する才賀と連携して起こした事業であり、地方資産家の起業意欲は衰えていない。(7)かつて有泉貞夫が的確に指摘したように、日露戦後の電力業の発展は、府県会議員クラスの地方名望家に事業機会を提供しただけでなく、発電所建設に伴う関係町村の同意調達や、知事の許認可を得る際に仲介者として動くことで、地域社会に勢力を扶植する可能性を広げたのである。(8)ただし、宮津電燈株式会社は周辺の電燈会社と合併を重ね、両丹電気株式会社と改称して規模を拡大したものの（本社宮津町、支社与謝郡加悦町と船井郡八木町）、才賀藤吉が岩下清周グループに属したことから、岩下の経営する北浜銀行が一九一四年八月に破綻すると、片岡直温派へ経営が譲渡されるに至る。このことが、一九一五年三月の第一二回総選挙において、立憲同志会幹部の片岡直温が高知県から京都府へ選挙区を移す要因の一つとなるのである。(9)

ところで、地域振興を目的とする地方名望家の行動は企業設立に限られたものではなく、農業にも及んでいた。一八九〇年代に入ると、各府県で農事改良を目的とする農会が設立され、郡・町村へと広がっていった。この時期の郡農会は有志農民＝地方名望家による会合であり、京都府では全国に先駆けて一八九一年に、北垣国道知事の呼びかけで郡農会の担い手である有志農民が京都府農会を組織している。(10)筒井正夫による静岡県下の「名士」三二七名の略歴を記した『嶽洋名士伝』（一八九一年刊）の検討結果からも、政治的立場にかかわらず、多くの地方名望家が農事改良団体の役員を務めていることが判明する。(11)

さらに、一八九九年には農会法、翌年には農会令が公布され、府県―郡―町村という縦に組織された系統農会が成立した。その会員資格は、区域内で耕地・牧場を所有する者及び農業を営む者と定められ、所有地の面積・地租の納入額により制限されていない。かつては明治期農政を「地主農政」と捉え農会法をその一環と解していたが、近年では直接生産者農民の農事改良を促す小農保護策とし、大地主＝地方資産家ではなく耕作地主の奮起を期待した点を重視するようになっている。[12] 稲作については、一九〇〇年前後になると、こうした政策だけでなく、実態としても地方名望家層の主導性はみられなくなり、耕作地主層に依拠した府県農事試験場に技術的主体は移るという。[13]

次に、蚕糸業についてみておきたい。長野県や群馬県などの主要産地に遅れをとっていたものの、明治中後期に急速にキャッチアップしていく京都府を事例とする加藤伸行の研究により、以下の諸点が明らかにされている。

第一に、一八八五年一月に農商務省から蚕糸業組合準則が出されたのを機に、京都府勧業課の勧奨により同年三月、福知山町に京都府蚕糸業取締所が設置され、その下に郡毎に蚕糸業組合が設立された。第二に、京都府の蚕糸業組合は府会議員クラスの地方名望家が幹部として積極的に組織運営を担ったことにより発展を遂げ、府会を通じて府庁からの補助金獲得も容易となった。第三に、一八九七年に制定された蚕種検査法施行に際し、蚕糸業組合を通じて蚕種業者を把握し、また蚕種検査法や一九〇五年制定の蚕病予防法施行において、組合が設立した伝習所・講習所で養成された人物が蚕種検査員や蚕病予防吏員を担った。つまり、この時期の京都府による勧業行政は、組合の技術力や組織力に依拠しながら進められた。第四に、日露戦後の蚕糸業における技術の高度化、具体的には遺伝学者外山亀太郎による一代交配技術の発表とその後の普及をきっかけに、一九〇九年度から蚕業講習所の技師・技手を府の官吏へと転属し、一二年からは京都府の蚕業主任技手を増員した。さらに、一九一一年に蚕糸業法が制定されたのを受けて京都府原蚕種製造所を開設するなど、京都府は直接的な勧業行政へと転換した。[14]

政府においても、一九一一年に国立原蚕種製造所を設立して、外山亀太郎の指導の下で一代交配技術に基づく原蚕種の配布を目指して試験を始めた。こうして、蚕糸業においては、地方名望家が技術的な主導性を有していた時代から、明治末年に「試験場技術の時代」へと移行していく。[15] 一九〇〇年前後に地方名望家が技術的主導性を失う稲作に続き、蚕糸業においても日露戦後に府県の勧業行政に席を譲り、地方名望家によって担われた蚕糸業組合は主役の座を降りるのである。

府県判任官の定員は、一八七六年一月の太政官第九号達により各府県の人口反別に応じて定められて以降、厳しく制限されていた。初期議会での民党による定員と俸給額の削減も加わって、府県庁の職員数は日露戦争に至るまで五〇〇〇人前後で推移した（表23）。府県庁機構は脆弱で、土木行政では府県常置委員会や府県参事会、農事改良では蚕糸業組合などを通じて地方名望家の手を借りずには行政課題に対処できなかった（第一部第四章）。この状況が日露戦後に変化して府県庁の職員数は大幅に増え、しかも府県制施行以降一貫して増加してきた技師・技手数がさらに増し、府県庁職員はテクノクラート集団としての性格を強めた。一方で、一八九九年の府県制改正前後から府県会議員の教育歴に変化が生じ、欧米起源の学問の修得へと変容し、地方名望家であるにもかかわらず農業を経験していない府県会議員が増え、府県参事会員が次第に実学的知識を失っていった（序章）。こうして、土木行政は府県土木区出張所が、農事改良は府県農事試験場が担えるようになり、府県庁はようやく地方名望家から自立していく(16)。

表23　府県官・雇，技師・技手数の推移（単位：人）

年	府県官・雇総数（A）	Aの内技師	Aの内技手
1892	5303	36	333
1894	5257	45	421
1896	4888	64	481
1898	4914	99	789
1900	5062	206	688
1902	5291	272	793
1904	5012	307	823
1906	5379	347	1015
1908	5843	409	1296
1910	7003	442	1353
1912	8727	524	1657

注1．各年の『大日本帝国内務省統計報告』により作成．
注2．北海道と警察関係の人員は除いている．

ただし、府県庁機構の拡大や知事・市町村長の権限強化は、政党の側も早くから望むところであった。第一次大隈重信内閣時の内務省に大挙して入った旧自由党員たちが作成に関わった府県制郡制改正案、市制町村制改正案には、知事や町村長の権限強化や市参事会による市政運営を市長独任制に変更する内容が盛り込まれていた（第一部第二・三章）。また、土木事業に積極的であった京都府では、土木事業の拡大に対応できず「渋滞」を引き起こす府庁の土木事務改革と吏員の専門化の必要性が、初期議会期から常に問題となり、京都府庁は府会から専門家の増員圧力を受け続けていた（第一部第四章）。さらに日露戦後になると、京都府の勧業行政に関わる職員も、地方名望家が主導する蚕糸業関連の同業組合から増員の要請を受けるようになっていた(17)。こうした事実を踏まえると、日露戦後における府県庁職員の増大により府県庁機構が地方名望家から自立を果たしていく事態は、確かに官僚化の進展を促し行政権の拡大をもたらすのであったが、政党にとっても長年の懸案の実現だったのである。

注

（1）　中村尚史『地方からの産業革命―日本における企業勃興の原動力―』（名古屋大学出版会、二〇一〇年）五九～六七頁。

（2）　日露戦後の日本海をめぐる環境変化と舞鶴港の開港問題の展開については、拙稿「日露戦後の舞鶴鎮守府と舞鶴港」（坂根嘉弘編『軍港都市史研究Ⅰ　舞鶴編』清文堂、二〇一〇年）による。また、芳井研一『環日本海地域社会の変容―「満蒙」・「間島」と「裏日本」―』（青木書店、二〇〇〇年）第一章第一節も参照。

（3）　京都府立総合資料館編『京都府統計史料集―百年の統計―』三（京都府、一九七一年）一三七頁。

（4）　宮津市史編さん委員会編『宮津市史』通史編下巻（宮津市役所、二〇〇四年）八一五～八一六頁（筆者執筆）。

（5）　岡田主一『両丹記』（中央大学出版部、一九八五年）一〇四頁。岡田泰蔵（一八六八年生）は、九一年東京法律学校を卒業後、駐米公使として赴任する星亨に従って渡米、エール大学及びカソリック大学に学び帰国後、神戸で弁護士を開業した。一九〇八年五月の総選挙では世代交代が進展し、京都府郡部では四人が初当選であった。この内、岩田信（一八六三年生）は、八七年司法省法学校卒業後、代言人・弁護士となった人物で、京都市会議員・府会議員を歴任、京都府弁護士会長に選任された府法曹界の中心でもあった。木村艮（一八六八年生）も、九六年東京帝国大学農科を卒業した後、京都府技師・府農会幹事を経て京都府農学校講師を務め、府下の農業界に多くの教え子を有していた。岡田泰蔵も含め三人はいずれも王政復古の前後に生まれた新進気鋭の世代であり、しかも維新後新たに整備された高等教育機関で専門教育を受けた経験を持つ点で共通している。

（6）　中村尚史前掲書六六頁。

（7）　橋南散史編『丹後人名銘鑑』上巻（丹後人名銘鑑編輯事務所、一九一七年）、宮津市史編さん委員会編『宮津市史』史料編第四巻（宮津市役所、二〇〇一年）二〇八頁、前掲『宮津市史』通史編下巻、六七九頁。

（8）有泉貞夫『明治政治史の基礎過程―地方政治状況史論―』（吉川弘文館、一九八〇年）三三四～三三六頁。

（9）拙稿「日露戦後地域政治史研究の視角―京都府域を事例に―」（『新しい歴史学のために』二六三、二〇〇七年）八～九頁。

（10）松田忍『系統農会と近代日本　一九〇〇～一九四三年』（勁草書房、二〇一二年）二七～二八頁。この時期の京都府における有志農民の農事改良運動に関しては、徳永光俊『日本農法史研究―畑と田の再結合のために―』（農山漁村文化協会、一九九七年）第四章補論がある。

（11）筒井正夫「農村の変貌と名望家」（『シリーズ日本近現代史二　資本主義と「自由主義」』岩波書店、一九九三年）。

（12）勝部真人『明治農政と技術革新』（吉川弘文館、二〇〇二年）第二編第一章、松田忍前掲書第一章。一九〇一年に公布された漁業法の制定過程とその性格・機能については、拙稿「日露戦後の地域秩序と組合法」（『日本史研究』三七九、一九九四年）参照。

（13）勝部真人同右書第二編第二章、西村卓『「老農時代」の技術と思想―近代日本農事改良史研究―』（ミネルヴァ書房、一九九七年）第二・三章。

（14）加藤伸行「明治中期～第一次世界大戦期京都府における蚕糸同業組合と府勧業行政」（『日本史研究』五七八、二〇一〇年）。

（15）一代交配技術の内容とその普及に関しては、清川雪彦『日本の経済発展と技術普及』（東洋経済新報社、一九九五年）第三章による。

（16）拙著『日本近代の歴史三　日清・日露戦争と帝国日本』（吉川弘文館、二〇一六年）二〇七頁。

（17）加藤伸行前掲論文五一頁。特に、同論文表3により、日露戦後における京都府の勧業関係部署職員数の顕著な増加は一目瞭然である。

あとがき

本書は、私が大学院へ進学して以降取り組んできた研究テーマに関する既発表論文をまとめたものである。その内最も古いものは、発表から三〇年近い年月が経っている。各論文はその時々の学界の研究動向を反映しているが、時の経過はいかんともしがたく、一部内容にふみこんだ修正も行わざるを得なかった。また、各論文への批判のなかで重要と思われるものについては、章末に「補注」を置き見解を記した。

各章の構成及び既発表論文との対応関係は、以下の通りである。

序章　「書評　居石正和著『府県制成立過程の研究』」（『日本史研究』五八六、二〇一一年）、「地域社会の変容と名望家」（『歴史科学』二一九、二〇一五年）

第一部　地方制度の形成と展開

第一章　「連合町村会の展開と郡制の成立」（『日本史研究』三二六、一九八九年）

第二章　「日清戦後の地方制度改革―府県制郡制改正をめぐる政党と官僚―」（『史林』七九―一、一九九六年）

第三章　「日清・日露戦間期の地方制度改革構想―市制町村制改正案の形成過程を中心に―」（山本四郎編『日本近代国家の形成と展開』吉川弘文館、一九九六年）

第四章　「明治中後期の知事と議会」（『日本史研究』四八八、二〇〇三年）

第二部　地方名望家と政党・地域振興

第一章　「初期議会と民党」（明治維新史学会編『講座明治維新第五巻　立憲制と帝国への道』有志舎、二〇一二年）

第二章・第三章　「「対外硬」派・憲政本党基盤の変容―京都府丹後地域を事例に―」（山本四郎編『近代日本の政党と官僚』東京創元社、一九九一年）

終章　「地域社会の変容と名望家」（『歴史科学』二一九、二〇一五年）

大学院進学後に、私が地方制度や地方政治を研究テーマに選んだ背景には、いくつかの場の影響がある。その一つ目は、京都府立丹後郷土資料館の石川登志雄氏に誘われて参加した、丹後での史料調査である。石川氏は史料整理にとても精力的に取り組んでいて、竹野郡の永島家文書や宮津町の三上家文書、丹後の漁業関係文書などの目録を次々に刊行していた。私はこれらの史料調査に足繁く通い、調査を仕切っていた菅原憲二氏や今西一氏・高久嶺之介氏から古文書整理の手ほどきを受けた。また、石川氏と共に加佐郡の上野家文書などの蔵出しを行ったことも忘れられない。私の研究はこれらの史料なくしては存在し得ないが、とりわけ最初の論文である第一部第一章はそうした思いが深い。

第二は、伊藤之雄氏・高橋秀直氏・鈴木栄樹氏といった大学院の先輩たちが、山本四郎先生を代表に招いて行っていた吉田清成関係文書研究会である。月に二日のペースで開かれていた研究会の思い出はつきないが、近代文書の読解能力を培っただけでなく、折々の会話や山本先生の思い出話を通して、歴史研究の奥深さに自然と触れていたのだと思う。伊藤氏はすでに研究成果の量産体制に入っていて、常に自信に満ちていたように思う。高橋秀直氏は苦労していたが、研究の着想や発見の聞き役に回った私は高橋氏から研究上強い影響を受けた。全体の調整役であった鈴木栄樹氏とはいつも気兼ねなく話すことができ、気が付いたら家にも出入りするようになり、私事に至るまでお世話になった。本書第一部第三章と第二部第二章・第三章は、この研究会のメンバーで本を出そうという話になり、何とか書き上げた論文である。

高橋氏の死去という悲しい出来事を乗り越えて、伊藤氏や田中智子氏の尽力で再び研究会を軌道に乗せ、ようやく『吉田清成関係文書』完結の見通しが立ったのはごく最近である。今でも毎回昼食に出てきていただいている山本先生には、感謝の言葉しかない。

もう一つの場は、当時京都大学人文科学研究所の助手であった奥村弘氏の提案から始まった大森鍾一文書研究会である。同志社大学法学部の井ケ田良治先生にお願いして場所を提供していただき、井ケ田先生と居石正和氏、高久嶺之介氏、奥村弘氏、馬場義弘氏などが参加して毎月開いていた研究会は、地味ではあるが研究の醍醐味を知る場となった。また、井ケ田先生の時空を超えた該博な知識にはいつも多くの刺激を受け、高久氏からは地域振興という視点の重要性を教えられた。

確か一九八九年だったと思うが、この研究会の奥村氏・居石氏・私の三名で地方自治の立法資料集の刊行を思い立ち、大阪大学法学部の山中永之佑先生に依頼したところ、監修や出版社との交渉などを快諾していただいた。ここから山中永之佑監修『近代日本地方自治立法資料集成』一明治前期編～五昭和戦前期編（弘文堂、一九九一～九八年）の編纂作業が始まった。取りまとめ役は当時近畿大学法学部に勤めておられた中尾敏充氏で、第一巻の編集には、山中先生と中尾氏・白石玲子氏、大森鍾一文書研究会以来の奥村氏・居石氏・馬場氏と私があたった。第二巻から、新たに三阪佳弘氏・中野目徹氏・住友陽文氏の三氏が加わった。

大森鍾一文書研究会と『近代日本地方自治立法資料集成』の編纂は、私にとっては、資料の収集だけでなく、法制史・法社会史研究との出会いにより、そうした研究方法を取り入れて近代日本の政治や行政を地域社会の側から捉え返すという研究の方向性が定まった点でも重要であった。本書第一部はその成果である。井ケ田先生と山中先生には改めて御礼を申し上げたい。

本書は、行政単位として創出された府県が、人々の共通利害を有する切実な公共空間へと変貌していく過程を描き出したものであり、たとえば現代において道州制の行方を考える際にも参考となるだろう。近代への移行期における地域社会の変容をも組み込んで政治や行政を把握しようとする試みが、現代を考える上でも有効な方法となれば幸いである。

出版事情の厳しいなかで声をかけていただいた吉川弘文館には、心より御礼申し上げる。

最後に私事にわたって恐縮であるが、研究者の道を選んだ私を、何も言わずに見守り続けてくれた今は亡き父と母に、本書を捧げたい。

二〇一七年七月

飯塚一幸

索　　引

Ⅰ 人　　名

あ　行

か　行

さ　行

た　行

な　行

は　行

ま　行

や　行

ら　行

わ　行

Ⅱ 事　　項

あ　行

か　行

さ　行

た 行

な 行

は 行

ま　行

や　行

ら　行

わ　行

著者略歴
一九五八年　長野県に生まれる
一九八二年　京都大学文学部卒業
一九八八年　京都大学大学院博士後期課程単位取得退学
現在、大阪大学大学院人文学研究科教授、博士（文学）

〔主要編著書〕
『田中秀央　近代西洋学の黎明―『憶い出の記』を中心に―』（共編、京都大学学術出版会、二〇〇五年）
『講座明治維新5　立憲制と帝国への道』（共編、有志舎、二〇一二年）
『日本近代の歴史3　日清・日露戦争と帝国日本』（吉川弘文館、二〇一六年）
『近代移行期の酒造業と地域社会―伊丹の酒造家小西家―』（編著、吉川弘文館、二〇二一年）

明治期の地方制度と名望家

二〇一七年（平成二十九）十月二十日　第一刷発行
二〇二三年（令和　五　）五月　十　日　第三刷発行

著　者　飯《いい》塚《づか》一《かず》幸《ゆき》

発行者　吉川道郎

発行所　株式会社　吉川弘文館
郵便番号一一三―〇〇三三
東京都文京区本郷七丁目二番八号
電話〇三―三八一三―九一五一（代）
振替口座〇〇一〇〇―五―二四四番
http://www.yoshikawa-k.co.jp/

組版＝株式会社 三秀舎
印刷・製本＝株式会社 デジタルパブリッシングサービス
装幀＝山崎　登

ISBN978-4-642-03868-3